项目管理工程硕士规划教材

北京市教育委员会人才强教项目基金资助

工程建设法规

何佰洲　主　编

顾永才　宿　辉　副主编

何红锋　主　审

中国建筑工业出版社

图书在版编目(CIP)数据

工程建设法规/何佰洲主编. —北京：中国建筑工业出版社，2011.5
项目管理工程硕士规划教材. 北京市教育委员会人才强教项目基金资助
ISBN 978-7-112-13076-4

Ⅰ. ①工… Ⅱ. ①何… Ⅲ. ①建筑法-中国-研究生-教材
Ⅳ. ①D922.297

中国版本图书馆 CIP 数据核字(2011)第 052984 号

本书是项目管理领域工程硕士规划教材之一，本书的结构分为：基础篇、规划管理篇、市场管理篇、行为管理篇、权益篇。这样的编写结构有助于读者对建设工程法律体系系统的理解。

本书主要是工程硕士所使用的教材，对个别知识点进行了深入的论述。但考虑到工程硕士研究生群体主要是工程建设领域的从业人员，而非专业的法律人士，本书在编写过程中注意使用易于理解的语言，而尽量不采用难以理解的法律语言。这样可以最大限度地确保读者能够轻松、正确地理解法条的内涵。

本书不仅可以作为工程硕士的教材，也可以作为高校本科教学的教材。当作为本科生使用的教材时，其相对深入探讨的理论部分可以仅供部分学生深入理解法条时使用。同时，本书也可作为从事工程实践的项目管理者的参考用书。

责任编辑：牛　松　张　晶
责任设计：赵明霞
责任校对：肖　剑　陈晶晶

项目管理工程硕士规划教材
北京市教育委员会人才强教项目基金资助

工 程 建 设 法 规

何佰洲　主　编
顾永才　宿　辉　副主编
何红锋　主　审

＊

中国建筑工业出版社出版、发行(北京西郊百万庄)
各地新华书店、建筑书店经销
北 京 天 成 排 版 公 司 制 版
世界知识印刷厂印刷

＊

开本：787×1092毫米　1/16　印张：19　字数：395千字
2011年7月第一版　2011年7月第一次印刷
定价：**40.00**元
ISBN 978-7-112-13076-4
(20488)

项目管理工程硕士规划教材编审委员会

序一

近年来，随着经济的快速发展和新型工业化进程的加快，我国各级各类建设项目迅速增加，建设项目资金投入不断增长，近几年我国年固定资产投资额已均在10万亿元以上。但在建设行业蓬勃发展的今天，由于种种原因，有些项目并不成功，在质量、成本或进度上不能完全实现建设目标，造成了一定的资源浪费和经济损失。据调查，造成项目失败的主要原因之一是管理工作跟不上形势要求，特别是项目管理工作不到位。为了提高管理水平，建设领域迫切需要大量既精通专业知识又具备管理能力的项目管理人才。因此，为建设行业培养一大批专业基础扎实、专业技能强、综合素质高、具备现代项目管理能力的复合型、创新型、开拓型人才是高等院校和企业培训部门所面临的艰巨且迫切的任务。

为满足社会对项目管理人才的需求，从2003年开始，我国相继有100多所高校开设了项目管理工程硕士专业学位教育。该项目主要培养对象是具有某一领域的工程技术背景且在实践中从事项目管理工作的工程人员，期望他们通过对项目管理知识的系统学习、结合自身的工作经验，针对工程项目管理中存在的重大问题、重点问题或热点问题作为自己的毕业设计进行研究，这不仅可以很好地提高学员的项目管理能力，也为有效解决工程项目实际中的问题奠定了基础，因此受到了社会的广泛欢迎。本专业学位教育的快速发展，为工程领域培养高层次项目管理人才拓宽了有效的途径。

项目管理工程硕士教育作为一个新兴的领域，开展的时间比较短，各方面经验不足，因此，到目前为止，国内还没有一套能很好满足教学需要的教材。大家知道，项目本身是一个内涵十分广泛的概念，不同类型的项目不仅技术背景截然不同，其管理的内外环境也有很大差异，因此试图满足所有类型项目管理教学需要的教材往往达不到预期效果。同时有些教材在编写的过程中忽视了工程硕士教育的工程背景及实践特征，常常重理论、轻实践，案例针对性差、内容更新缓慢，用于实际教学，效果往往不尽如人意。

鉴于此，中国建筑工业出版社在充分调研的基础上，组织了国内高校及企业界数十位从事项目管理教学、研究及实际工作的专家，历时近两年，编写了这套项目管理工程硕士规划教材。在教材规划及编写过程中，既强调了项目管理知识的系统性，又特别考虑了教材本身的建设工程背景。同时针对工程硕士教育的特点，教材在保持理论体系完整的同时，结合工程项目管理成功案例，增加国内外项目管理前沿发展信息、最新项目管理的思想与理念，着重加大实践及案例讨论的内容。相信这套教材的出版会为本领域的人才培养工作提供有力的支撑。

　　我国正处在加速实现信息化、工业化和城市化的进程之中，今后相当长一段时期内，国家的各项建设事业仍将维持高速发展。真诚希望这套规划教材的出版，能够为项目管理工程硕士培养质量的提高，为越来越多的创新型项目管理人才的培养，为国家和社会的进步与发展作出应有的贡献。

　　同时，真诚欢迎各位专家、领导和广大读者对这套教材提出修改补充与更新完善的意见。

李敏

2008.10.6.

序二

　　工程科学技术在推动人类文明的进步中一直起着发动机的作用，是经济发展和社会进步的强大动力。自20世纪下半叶以来，工程科技以前所未有的速度和规模迅速发展，其重要作用日益突显，并越来越受到人们的重视。

　　当前，我国正处于经济建设快速发展时期，全国各地都在进行类型多样的工程建设，特别是大量的重大工程的建设，标志着我国已经进入工程时代，更凸显了工程科学技术的重要地位和工程管理的巨大作用。

　　在这一大背景下，2007年4月6日，首届中国工程管理论坛在广州召开。这次论坛是由中国工程院发起和组织的第一次全国性工程管理论坛，是我国工程管理界的盛大聚会，吸引了20余位院士、350余名代表齐聚广州。论坛以"我国工程管理发展现状及关键问题"为主题，共同探讨了我国工程管理的现状、成就和未来，提高了工程管理的社会认知度和影响力，促进了我国工程管理学科的发展。

　　一次大会就像播种机，播撒下的种子会默默地发芽、成长，会取得令人意想不到的收获。让人欣慰的是，中国建筑工业出版社以这次会议为契机，组织部分与会专家和代表编写了一套培养"项目管理工程硕士"的教材。这套教材融会了项目管理领域学者们的最新研究和教学成果，它的出版为高水平工程项目管理人才的培养提供了有力保障；对项目管理模式在工程建设领域的普及会产生积极的推动作用。

　　在人类文明的进程中，在中国经济发展和社会进步的潮涌中，需要具有创新思想的人才，需要掌握工程科学技术和先进项目管理思想的人才。日月之行，若出其中；星汉灿烂，若出其里。愿志存高远的青年朋友们，沉志于心、博览群书、勇于实践，以真才实学报效国家和民族，不负时代的期望。

何建善 识
2008.9.18.

序三

　　2007 年年初，当中国建筑工业出版社提出要规划出版一套项目管理工程硕士教材而向我征求意见时，我当即表示支持，并借 2007 年 4 月参加"工程管理论坛"之际参加了出版社在广州组织召开的教材编写工作会议，会上确立了强化工程背景的编写特色，教材编写工作正式启动。如今，在 10 余所高校数十位专家及中国建筑工业出版社的共同努力下，"项目管理工程硕士规划教材"终于面世了，这套教材的出版，必将进一步丰富我国项目管理工程硕士的特色教育资源，对提高我国项目管理工程硕士教育质量也将起到积极的促进作用。

　　现代项目管理学科起源于 20 世纪 50 年代，我国的项目管理则源于华罗庚教授在 1965 年开始从事的统筹法和优选法的研究和推广工作，而具有里程碑意义的项目管理在我国工程中的应用则始于 20 世纪 80 年代的鲁布革水电站引水隧洞工程。国家有关部门 1987 年总结了"鲁布革经验"，在工程建设领域提出了"项目法"施工的改革思路，推动了建筑业生产方式的改革和建筑企业组织结构的调整。考虑到社会对项目管理人才培养的迫切需求，有关行业协会制定了项目经理职业培训和资格认证体制，开展了数十万项目经理的职业培训和资格认证，培养了一支职业化、专业化的现代项目经理队伍。但随着经济的发展和竞争的加剧，各行业领域越来越需要以项目为单元进行精细的管理，而项目管理的国际化、信息化和集成化趋势日益明显，对高层次项目管理人才的需求越来越大。在这种情况下，我国的项目管理工程硕士教育一经推出就受到广泛欢迎并得到了迅猛的发展。

　　我国的项目管理工程硕士教育于 2003 年启动，经过近几年的发展，目前具有项目管理工程硕士学位授予权的高校已达到 103 所，项目管理工程硕士的报名人数及招生人数自 2005 年起一直居 40 个工程硕士领域之首。为促进工程硕士教育与国际接轨，在全国项目管理领域工程硕士教育协作组的积极努力下，促成了项目管理工程硕士与国际两大权威专业团体（IPMA 和 PMI）的实质性合作。与项目管理工程硕士教育的快速发展相比，适用于项目管理工程硕士培养的教材尤其是具有鲜明工程背景的特色教材还十分匮乏，制约了项目管理工程硕士教育的发展和质量的提高。因此，"项目管理工程硕士规划教材"的出版，是非常必要和及时的。

　　这套教材在确定各分册内容时充分考虑了项目管理知识体系的完整性和相对独立性，各分册自成体系又相互依托，力求全面覆盖项目管理工程硕士的培养要求。在编写过程中始终强调理论联系实际，强调培养学生的实际操作能力和解决问题的能力，全面满足项目管理工程硕士教学的需要。

　　这套教材最大的特点是具有鲜明的工程背景，这与全国工程硕士专业学位教育指导委员会一贯倡导的工程硕士教育要强调工程特性的指导思想完全一致。出版社在作者遴选阶段、编写启动阶段及编写过程中，都很好地落实了这一思想，全套教材以土木工程、水利工程、交通工程、电力工程及石油石化工程等为背景，做到了管理科学体系和工程科学体系的紧密结合。另外值得一提的是，这套教材的编写秉承了中国建筑工业出版社50余年来的严谨作风，实行了教材主审制度，每个分册书稿完成后都有一名业内专家进行审阅，进一步保证了本套教材的工程性和权威性。

这套教材除适用于高等学校项目管理工程硕士教育外，也可供管理类及技术类相关专业工程硕士、硕士、博士及工程管理本科生使用，还可作为社会相关专业人员的参考资料。

我衷心祝贺本套教材的出版，也衷心希望我国的项目管理工程硕士教育事业能够健康持续地发展！

（王守清）

清华大学建设管理系　教授

全国项目管理领域工程硕士教育协作组　组长

PMI 全球项目管理认证中心　理事

2008 年 7 月 16 日

前言
Preface

随着我国建筑业的发展和法制建设的完善，建设工程法律越来越得到了广大项目管理者的重视，成为其维护自身权益的重要工具。是否具有法律素质，也成了衡量一个项目管理者是否具有管理素养的重要指标。

而建设工程法律的作用除维护当事人权益外，更主要地表现在其对我国工程建设程序的规范作用。正是由于建设工程法律的日益完善，才使得我国的工程项目管理水平得到了提高，建筑市场得以健康发展。

正是适应这种需要，编写了本书。

本书的编写遵循几个原则：

一、涵盖建设工程建设周期的主要法律法规

建设工程建设周期始于立项，终于项目开始运营。本书中的法律法规涵盖了这个全过程的主要阶段。但是，由于我国建设工程法律体系尚处于不断完善之中，即使涵盖了各个环节，也未能达到有效规范各环节的不同建设行为的程度。

二、选取的法律适用于各个专业

在工程建设法律体系中，有的法律、法规只适用于某个专业。对于这样的法律、法规，本书在编写中尽量不去涉及，除非为了对某个具有公共性质的法律、法规进行解释而引用。这样对于法律、法规的遴选可以使得本书具有更广泛的应用范围。

三、尽量使用易于理解的语言

本书主要是工程硕士所使用的教材，对个别知识点进行了深入的论述。但考虑到工程硕士的群体主要是工程建设领域的从业人员，而非专业的法律人士，本书在编写过程中注意使用易于理解的语言，而尽量不采用难以理解的法律语言。这样可以最大限度地确保读者能够轻松、正确地理解法条的内涵。

本书的结构分为：基础篇、规划管理篇、市场管理篇、行为管理篇、权益篇。这样的编写结构有助于读者对建设工程法律体系系统的理解。

本书不仅可以作为工程硕士的教材，也可以作为高校本科教学的教材。当作为本科生使用的教材时，其相对深入探讨的理论部分可以仅供部分学生深入理解法条时使用。同时，本书也可作为从事工程实践的项目管理者的参考用书。

本书由何佰洲教授主编，顾永才、宿辉担任副主编，李素蕾、张长春、王红春、孙杰、郑宪强、杨宇、卢晓宇、李竹也参与了本书的编写工作，何红锋教授审阅了全书并提出了宝贵意见，在此表示衷心感谢。

由于作者水平有限，本书中存在不足在所难免，恳请广大读者批评指正！

目 录
Contents

基 础 篇

市 场 管 理 篇

第11章 市场准入

第12章 许可

第13章 建筑法

第14章 招标投标法

第15章 劳动法

第16章 房地产管理法

行 为 管 理 篇

第17章 安全生产法

第18章 建设工程安全生产管理条例

第19章 建设工程质量管理条例

第20章 环境保护法

第21章 其他相关法律

权 益 篇

1.1 工程建设法律概述

1.1.1 工程建设法的概念

法律有广义和狭义之分，狭义上的法律，仅指全国人大及其常委会制定的规范性文件。广义上的法律，泛指《立法法》调整的各类法的规范性文件。

工程建设法指的是规范工程建设行为的法律，它不仅包括直接规范工程建设行为的法律，也包括与工程建设行为密切相关的法律。

工程建设法是法律体系的重要组成部分，它直接体现国家组织、管理、协调城市建设、乡村建设、工程建设、建筑业、房地产业、市政公用事业等各项建设活动的方针、政策和基本原则。

工程建设法是调整国家机关、企业、事业单位、经济组织、社会团体，以及公民在工程建设活动中所发生的社会关系的法律规范的总称。工程建设法的调整范围主要体现在三个方面：一是工程建设管理关系，即国家机关及其正式授权的有关机构对工程建设的组织、监督、协调等职能活动；二是工程建设协作关系，即从事工程建设活动的平等主体之间发生的往来、协作关系，如发包人与承包人签订工程建设合同等；三是从事工程建设活动的主体内部劳动关系。如订立劳动合同、规范劳动纪律等。

1.1.2 工程建设法的基本原则

1. 工程建设活动应确保工程建设质量与安全原则

工程建设质量与安全是整个工程建设活动的核心，是关系到人民生命、财产安全的重大问题。工程建设质量是指国家规定和合同约定的对工程建设的适用、安全、经济、美观等一系列指标的要求。

工程建设活动确保工程建设质量就是确保工程建设符合有关适用、安全、经济、美观等各项指标的要求。工程建设的安全是指工程建设对人身和财产的安全。确保工程建设的安全就是确保工程建设不能引起人身伤亡和财产损失。

2. 工程建设活动应当符合国家的工程建设安全标准原则

国家的建设安全标准是指国家标准和行业标准。国家标准是指由国务院行政主管部门制定的在全国范围内适用的统一的技术要求。行业标准是指由国务院有关行政主管部门制定并报国务院标准化行政主管部门备案的，没有国家标准而又需要在全国范围内适用的统一技术要求。工程建设安全标准是对工程建设的设计、施工方法和安全所作的统一要求。工程建设活动符合工程建设安全标准对保证技术进步，提高工程建设质量与安全，发挥社会效益与经济效益，维护国家利益和人民利益具有重要作用。

3. 从事工程建设活动应当遵守法律、法规原则

社会主义市场经济是法制经济，工程建设活动应当依法行事。作为工程建设活动的参与者，从事工程建设勘察、设计的单位、个人，从事工程建设监理的单位、个人，从事工程建设施工的单位、个人，从事建设活动监督和管理的单位、个人以及建设单位等，都必须遵守法律、法规的强制性规定。

4. 不得损害社会公共利益和他人的合法权益原则

社会公共利益是全体社会成员的整体利益，保护社会公共利益是法律的基本出发点，从事工程建设活动不得损害社会公共利益也是维护建设市场秩序的保障。

5. 合法权利受法律保护原则

宪法和法律保护每一个市场主体的合法权益不受侵犯，任何单位和个人都不得妨碍和阻挠依法进行的建设活动，这也是维护建设市场秩序的必然要求。

1.1.3 工程建设法的特征及作用

1. 工程建设法的特征

工程建设法作为调整工程建设管理所发生的社会关系的法律规范，除具备一般法律基本特征外，还具有不同于其他法律的特征。

(1) 行政隶属性

这是工程建设法的主要特征，也是区别于其他法律的主要特征。这一特征决定了工程建设法必然要采用直接体现行政命令的调整方法，即以行政指令为主的方法调整工程建设法律关系。调整方式包括：

1) 授权。国家通过工程建设法律规范，授予国家工程建设管理机关某种管理权限或具体的权利，对工程建设进行监督管理。如规定设计文件的审批权限、工程建设质量监督、工程建设合同的鉴证等。

2) 命令。国家通过工程建设法律规范赋予工程建设法律关系主体某种作为的义务。如限期拆迁房屋，进行企业资质认定，领取开工许可证等。

3) 禁止。国家通过工程建设法律规范赋予工程建设法律关系主体某种不作为的义务，即禁止主体某种行为。如严禁利用工程建设承发包索贿受贿，严禁无证设计、无证施工，严禁工程建设转包、肢解发包、挂靠等行为。

4）许可。国家通过工程建设法律规范，允许特别的主体在法律允许范围内有某种作为的权利。如房屋建筑工程施工总承包企业资质等级，特级企业可承担各类房屋建筑工程的施工；一级企业可承担 40 层以下、各类跨度的房屋建筑工程的施工；二级企业可承担 30 层以下、单跨跨度 36m 以下的房屋建筑工程的施工；三级企业可承担 14 层以下、单跨跨度 24m 以下的房屋建筑工程的施工。

5）免除。国家通过工程建设法律规范，对主体依法应履行的义务在特定情况下予以免除。如用炉渣、粉煤灰等废渣作为主要原料生产建筑材料的可享有减、免税的优惠等。

6）确认。国家通过工程建设法律规范，授权工程建设管理机关依法对争议的法律事实和法律关系进行认定，并确定其是否存在，是否有效。如各级工程建设质量监督站检查受监工程的勘察、设计、施工单位和建筑构件厂的资质等级和营业范围，监督勘察、设计、施工单位和建筑构件厂是否严格执行技术标准，并检查其工程(产品)质量等。

7）计划。国家通过工程建设法律规范，对工程建设进行计划调节。计划可分为两种：一种是指令性计划，一种是指导性计划。指令性计划具有法律约束力，具有强制性。当事人必须严格执行，违反指令性计划的行为，要承担法律责任。指令性计划本身就是行政管理。指导性计划一般不具有约束力，是可以变动的，但是在条件可能的情况下也是应该遵守的。工程建设必须执行国家的固定资产投资计划。

8）撤销。国家通过工程建设法律规范，授予工程建设行政管理机关，运用行政权力对某些权利能力或法律资格予以撤销或消灭。如没有落实工程建设投资计划的项目必须停建、缓建。对无证设计、无证施工、转包和挂靠予以坚决取缔等。

(2) 经济性

工程建设法是经济法的重要组成部分。经济性是工程建设法的又一重要特征。工程建设活动直接为社会创造财富，为国家增加积累。工程建设法的经济性既包括财产性，也包括其与生产、分配、交换、消费的联系性。如工程建设勘察设计、施工安装等都直接为社会创造财富，随着工程建设的发展，其在国民经济中的地位日益突出。邓小平同志早在 1980 年 4 月曾明确指出：建筑业是可以为国家增加积累的一个重要产业部门。许多国家把建筑业看作是国民经济的强大支柱之一，不是没有道理的。可见，作为调整建筑等行业的工程建设法的经济性是非常明显的。

(3) 政策性

工程建设法律规范体现着国家的工程建设政策。它一方面是实现国家工程建设政策的工具，另一方面也把国家工程建设政策规范化。国家工程建设形势总是处于不断发展变化之中，工程建设法要随着工程建设政策的变化而变化，灵活而机敏地适应变化了的工程建设形势的客观需要，政策性比较强。

(4) 技术性

技术性是工程建设法律规范一个十分重要的特征。工程建设的发展与人类的生存、进步息息相关。工程建设产品的质量与人民的生命财产紧紧连在一起。为保证工程建设产品的质量和人民生命财产的安全，大量的工程建设法规是以技术规范形式出现的，具有直接、具体、严密、系统等特征，便于广大工程技术人员及管理机构遵守和执行。如各种设计规范、施工规范、验收规范、产品质量监测规范等。有些非技术规范的工程建设法律规范中也带有技术性的规定。如《城乡规划法》就含有计量、质量、规划技术、规划编制内容等技术性规范。

2. 工程建设法的作用

工程建设法律的作用具体表现为五方面：

（1）指引作用

指引作用是指法对本人的行为具有引导作用。通过法律的规定，明确了工程建设行为的正确方向，可以引导工程建设从业人员按照正确的行为规范进行活动。

（2）评价作用

评价作用是指法律作为一种行为标准，具有判断、衡量他人行为合法与否的评判作用。通过与工程建设法律中的具体规定相对比，可以判断某主体的行为是否是正确的，该主体是否应当为其行为承担法律责任。

（3）教育作用

教育作用是指通过法的实施使法律对一般人的行为产生影响。这种作用具体表现为示警作用和示范作用。通过对违法案例的处理，对守法案例的褒扬，可以对人们产生守法的教育作用。

（4）预测作用

预测作用是指凭借法律的存在，可以预先估计到人们相互之间会如何行为。工程建设法律作为规范的存在，为预测人们的行为提供了依据。因为，一般情况下，人们都会依法行事。

（5）强制作用

强制作用是指法可以通过制裁违法犯罪行为来强制人们遵守法律。强制作用的对象是违法行为。通过对违法犯罪分子的制裁，目的在于能够使得法律的规定得以落实。

1.2　工程建设法律体系

工程建设法律体系的结构可分为纵向的结构与横向的结构。

1.2.1　工程建设法律的纵向结构

工程建设法律的纵向结构指的是工程法律的层次，也就是广义的法律所包含的各种规范性文件的效力的层次。具体包括：

1. 宪法

当代中国法的渊源主要是以宪法为核心的各种制定法。宪法是每一个民主国家最根本的法的渊源，其法律地位和效力是最高的。

2. 法律

这里的法律指的是狭义上的法律。法律的效力低于宪法，但高于其他的广义上的法律。

按照法律制定的机关及调整的对象和范围不同，法律可分为基本法律和一般法律。

基本法律是由全国人民代表大会制定和修改的，规定和调整国家和社会生活中某一方面带有基本性和全面性的社会关系的法律，如《民法通则》、《合同法》、《刑法》和《民事诉讼法》等。

一般法律是由全国人民代表大会常务委员会制定或修改的，规定和调整除由基本法律调整以外的，涉及国家和社会生活某一方面的关系的法律，如《建筑法》、《招标投标法》、《安全生产法》和《仲裁法》等。

3. 行政法规

行政法规是最高国家行政机关即国务院制定的规范性文件，如《建设工程质量管理条例》、《建设工程勘察设计管理条例》、《建设工程安全生产管理条例》、《安全生产许可证条例》和《建设项目环境保护管理条例》等。行政法规的效力低于宪法和法律。

4. 地方性法规

地方性法规是指省、自治区、直辖市以及省、自治区人民政府所在地的市和经国务院批准的较大的市的人民代表大会及其常委会，在其法定权限内制定的法律规范性文件，如《黑龙江省建筑市场管理条例》、《内蒙古自治区建筑市场管理条例》、《北京市招标投标条例》、《深圳经济特区建设工程施工招标投标条例》等。地方性法规只在本辖区内有效，其效力低于法律和行政法规。

地方性法规由于其仅适用于本辖区，不具有共性，所以，本书不作介绍。

5. 行政规章

行政规章是由国家行政机关制定的法律规范性文件，包括部门规章和地方政府规章。

部门规章是由国务院各部、委制定的法律规范性文件，如《工程建设项目施工招标投标办法》（2003 年 3 月 8 日国家发改委等 7 部委 30 号令）、《评标委员会和评标方法暂行规定》（2001 年 7 月 5 日国家发改委等 7 部委第 12 号令）、《建筑业企业资质管理规定》（2007 年 6 月 26 日建设部第 159 号令）等。部门规章的效力低于法律、行政法规。

由于部门规章仅在本行业内有效，本书仅就建设部颁发的部门规章作简要介绍，其余不作详细介绍。

地方政府规章是由省、自治区、直辖市以及省、自治区人民政府所在地的市和国务院批准的较大的市的人民政府所制定的法律规范性文件。地方政府规章的效力低于法律、行政法规，低于同级或上级地方性法规。

地方性规章由于其仅适用于本行政区域，不具有共性，所以，本书不作介绍。

《中华人民共和国立法法》第 85 条规定：地方性法规、规章之间不一致时，由有关机关依照下列规定的权限作出裁决：

(1)同一机关制定的新的一般规定与旧的特别规定不一致时，由制定机关裁决；

(2)地方性法规与部门规章之间对同一事项的规定不一致，不能确定如何适用时，由国务院提出意见，国务院认为应当适用地方性法规的，应当决定在该地方适用地方性法规的规定；认为应当适用部门规章的，应当提请全国人民代表大会常务委员会裁决；

(3)部门规章之间、部门规章与地方政府规章之间对同一事项的规定不一致时，由国务院裁决。

6. 最高人民法院司法解释规范性文件

最高人民法院对于法律的系统性解释文件和对法律适用的说明，对法院审判有约束力，具有法律规范的性质，在司法实践中具有重要的地位和作用。在民事领域，最高人民法院制定的司法解释文件有很多，例如：《关于贯彻执行〈中华人民共和国民法通则〉若干问题的意见(试行)》、《关于审理建设工程施工合同纠纷案件适用法律问题的解释》等。

7. 国际条约

国际条约是指我国作为国际法主体同外国缔结的双边、多边协议和其他具有条约、协定性质的文件，如《建筑业安全卫生公约》等。国际条约是我国法的一种形式，具有法律效力。

此外，自治条例和单行条例、特别行政区法律等，也属于我国法的形式。自治条例和单行条例依法对法律、行政法规、地方性法规作变通规定的，在本自治地方适用自治条例和单行条例的规定。经济特区法规根据授权对法律、行政法规、地方性法规作变通规定的，在本经济特区适用经济特区法规的规定。

1.2.2 工程建设法律的横向结构

工程建设法律的横向结构指的是工程建设法律的涵盖范围。主要包括：

1. 决策阶段

规范决策阶段的工程法律主要有：

(1)《中华人民共和国城乡规划法》；

(2)《中华人民共和国土地管理法》；

(3)《中华人民共和国环境保护法》。

2. 招标投标阶段

规范招标投标阶段的工程法律主要有：

(1)《中华人民共和国招标投标法》；

(2)《工程建设项目勘察设计招标投标办法》；

(3)《工程建设项目施工招标投标办法》；

(4)《工程建设项目货物招标投标办法》。

3. 勘察设计阶段

规范勘察设计阶段的工程法律主要有：

(1)《建设工程勘察设计管理条例》；

(2)《建设工程勘察设计市场管理规定》；

(3)《建设工程勘察设计企业资质管理规定》。

4. 施工阶段

规范施工阶段的工程法律主要有：

(1)《安全生产许可证条例》；

(2)《建设工程质量管理条例》；

(3)《建设工程安全生产管理条例》。

除了上述涉及建设工程各主要阶段的主要的法律、法规外，还包括涵盖了整个建设工程的《中华人民共和国建筑法》以及与工程建设活动相关的法律、法规。这些有着各自调整范围的法律、法规构成了工程建设法律的横向结构。

2.1 民事法律关系

2.1.1 民事法律关系的要素

民事法律关系是由民法规范调整的以权利义务为内容的社会关系，包括人身关系和财产关系。

民事法律关系包括主体、客体和内容三个要素。这三个要素统一存在于某一个特定的法律关系之中，其中的任何一个要素要是发生了变化，就必然导致这个特定的法律关系发生变化。

1. 民事法律关系主体

民事法律关系主体(简称民事主体)，是指民事法律关系中享受权利，承担义务的当事人和参与者，包括自然人、法人和其他组织。

(1) 自然人

自然人不仅包括公民，还包括外国人和无国籍人。他们都可以成为民事法律关系的主体。

我国《宪法》规定，凡具有中华人民共和国国籍的人都是中华人民共和国公民。不具有中华人民共和国国籍的人不是我国的公民，但是依然属于自然人的范畴。

自然人作为民事主体的一种，能否通过自己的行为取得民事权利、承担民事义务，取决于其是否具有民事行为能力。所谓民事行为能力，是指民事主体通过自己的行为取得民事权利、承担民事义务的资格。民事行为能力分为完全民事行为能力、限制民事行为能力和无民事行为能力三种：

1) 完全民事行为能力

这是指达到一定法定年龄、智力健全，能够对自己的行为负完全责任的自然人(公民)。

《民法通则》第11条规定："18周岁以上的公民

是成年人，具有完全民事行为能力，可以独立进行民事活动，是完全民事行为能力人。16 周岁以上不满 18 周岁的公民，以自己的劳动收入为主要生活来源的，视为完全民事行为能力人。"

2）限制民事行为能力

限制民事行为能力又称为限制民事能力或部分民事行为能力。是指行为能力受到限制，只具有部分行为能力的公民。

《民法通则》第 12 条第 1 款规定："10 周岁以上的未成年人是限制民事行为能力人，可以进行与他的年龄、智力相适应的民事活动；其他民事活动由他的法定代理人代理，或者征得他的法定代理人的同意。"

《民法通则》第 13 条第 2 款还规定："不能完全辨认自己行为的精神病人是限制民事行为能力人，可以进行与他的精神健康状况相适应的民事活动；其他民事活动由他的法定代理人代理，或者征得他的法定代理人的同意。"

3）无民事行为能力

这是指完全不能以自己的行为行使权利、履行义务的公民。

《民法通则》第 12 条第 2 款规定："不满 10 周岁的未成年人是无民事行为能力人，由他的法定代理人代理民事活动。"

《民法通则》第 13 条第 1 款规定："不能辨认自己行为的精神病人是无民事行为能力人，由他的法定代理人代理民事活动。"

各国法律对成年年龄、构成限制民事行为能力的条件的规定是不同的。对于此，我国《民法通则》第 143 条规定："中华人民共和国公民定居国外的，他的民事行为能力可以适用定居国法律。"《最高人民法院关于贯彻执行《中华人民共和国民法通则》若干问题的意见（试行）》进一步作出了补充：

1）定居国外的我国公民的民事行为能力，如其行为是在我国境内所为，适用我国法律；在定居国所为，可以适用其定居国法律。

2）外国人在我国领域内进行民事活动，如依其本国法律为无民事行为能力，而依我国法律为有民事行为能力，应当认定为有民事行为能力。

3）无国籍人的民事行为能力，一般适用其定居国法律；如未定居的，适用其住所地国法律。

（2）法人

《民法通则》第 36 条规定："法人是具有民事权利能力和民事行为能力，依法独立享有民事权利和承担民事义务的组织。"

根据《民法通则》第 37 条的规定，法人应当具备四个条件：

1）依法成立；

2）有必要的财产或者经费；

3）有自己的名称、组织机构和场所；

4）能够独立承担民事责任。

法人也具有行为能力，其行为能力总是有限的，由其成立的宗旨和业务范围所决定。法人的行为能力始于法人的成立而止于法人的撤销。

《民法通则》把法人分为企业法人和非企业法人两大类。非企业法人又可分为机关法人、事业单位法人和社会团体法人。企业法人是指以营利为目的的法人，是法人中数量最大的一种。

(3) 其他组织

根据我国《合同法》及相关法律的规定，法人以外的其他组织也可以成为民事法律关系的主体，称为非法人组织。根据最高人民法院《关于适用〈中华人民共和国民事诉讼法〉若干问题的意见》第 40 条的规定，其他组织是指合法成立、有一定的组织机构和财产，但又不具备法人资格的组织。

2. 民事法律关系客体

民事法律关系客体，是指民事法律关系之间权利和义务所指向的对象。因为法律关系的建立总是为了保护某种利益，获得某种利益或转移、分配某种利益，因此，任何外在的客体，一旦它承载了某种利益价值，就可能成为法律关系客体。

法律关系客体的种类包括：

(1) 物

物是指法律关系主体支配的、在生产上和生活上所需要的客观实体。例如，施工中使用的各种建筑材料、施工机械就都属于物的范围。

(2) 行为

作为法律关系客体的行为是指义务人所要完成的能满足权利人要求的结果。这种结果表现为两种：物化的结果与非物化的结果。

物化的结果指的是义务人的行为凝结于一定的物体，产生一定的物化产品。例如，房屋、道路等建设工程项目。

非物化的结果即义务人的行为没有转化为物化实体，而仅表现为一定的行为过程，最终产生了权利人所期望的法律效果。例如，企业对员工的培训行为。

(3) 智力成果

智力成果是指通过某种物体或大脑记载下来并加以流传的思维成果。例如，文学作品就是这种智力成果。智力成果属于非物质财富，也称为精神产品。

上述各种客体并不是孤立地存在于法律关系之中的，在一个特定的法律关系中往往会同时存在不同的客体。

3. 民事法律关系内容

民事法律关系内容，是指法律关系主体之间基于民事法律关系客体所形成的民事权利和民事义务。

这种法律权利和法律义务的来源可以分为法定的权利、义务和约定的权利、义务。

权利和义务都是在一定范围内存在的权利和义务，超过了范围的权利是不受法律保护的。同样，要求义务人履行超出范围的义务也同样不受法律支持。

[案例 2-1]

例如，某建筑公司(施工单位)与某开发公司(建设单位)签订了一个施工承包合同，由建筑公司承建一个 20 层的办公楼。合同中约定开工日期为 2006 年 4 月 8 日，竣工日期为 2007 年 8 月 8 日。每月 26 日，按照当月所完成的工程量，开发公司向建筑公司支付工程进度款。这个法律关系的构成要素如下：

1. 主体：

某建筑公司、某开发公司。

2. 客体：

办公楼、工程款。

3. 内容：

(1) 建筑公司按期开工、按期竣工并提交合格工程；

(2) 开发公司按合同约定支付工程进度款。

2.1.2　民事法律行为

所谓民事法律行为，是指民事主体设立、变更、终止民事权利和民事义务的合法行为。

民事法律行为不同于民事行为。民事行为指民事主体以发生一定的法律后果为目的而进行的行为。民事行为如果符合法律规定的有效条件，就发生法律效力，构成民事法律行为；如果不具备法律规定的生效条件，将自始不发生法律效力，也即不能转化为民事法律行为。

1. 民事法律行为的分类

民事法律行为有多种分类方法，这里仅介绍两种常见的分类。

(1) 单方法律行为和双方法律行为

根据民事法律行为所需的意思表示的构成，民事法律行为可分为以下两种：

1) 单方法律行为

单方法律行为是指基于当事人一方的意思表示就可以发生法律效力的民事法律行为。例如，在开标前，投标方不需要经过招标方同意就可以撤销投标。

2) 双方法律行为

双方法律行为是指基于双方当事人意思表示一致才能够发生法律效力的民事法律行为。在实践中，民事法律行为绝大多数都是双方法律行为，而双方法律行为则更多地表现为合同的设立、变更、终止等行为。

(2) 要式法律行为和不要式法律行为

根据民事法律行为的成立是否必须采用特定形式，民事法律行为可分为以下两种：

1) 要式法律行为

要式法律行为指法律规定应当采用特定形式的民事法律行为。《民法通则》第 56 条规定："民事法律行为可以采取书面形式、口头形式或者其他形式。法律规定是特定形式的，应当依照法律规定。"例如，根据《合同法》第 270 条的规定，建设工程合同应当采用书面形式。因此，订立建设工程合同的行为，属于要式法律行为。

2）不要式法律行为

不要式法律行为指法律没有规定特定形式，当事人选择采用书面、口头或其他任何形式均可成立的民事法律行为。

[案例 2-2]

某开发公司计划开发建设一个居民小区，由于该小区在设计上采用了特殊工艺，经有关主管部门批准，开发公司于 2005 年 6 月 1 日将小区的设计任务直接发包给了某设计院。但是，双方并没有签订书面合同。

2005 年 12 月 8 日，设计院完成了工程设计。开发公司以没有书面合同不符合《合同法》中关于"建设工程合同应当采用书面形式"为由，拒绝支付设计费。开发公司的做法是否正确？

分析：开发公司的做法是不正确的。

尽管《合同法》第 270 条对建设工程合同的形式作出了规定，使得签订建设工程合同成为了要式民事行为，但是，《合同法》第 36 同时规定，法律、行政法规规定或者当事人约定采用书面形式订立合同，当事人未采用书面形式但一方已经履行主要义务，对方接受的，该合同成立。

在这里，我们要理解"应当"的含义。"应当"在法律上的意思是"必须"的意思。但是，这个"必须"是建立在除了特殊情况之外的"必须"，而并不是涵盖任何情况。上面的《合同法》第 36 条就是《合同法》第 270 条的"特殊情况"。

因此，我们对于要式民事行为的理解不能僵化，认为只要属于要式民事行为就都必须要按照法律、法规要求的形式去做。事实上，这些要式民事行为是要在法律、法规所规定原则的基础上结合具体情况、参照具体的特殊规定来确认其效力的。

2. 民事法律行为的要件

根据《民法通则》第 55 条、第 56 条的规定，民事法律行为应当具备下列条件：

（1）行为人具有相应的民事权利能力和民事行为能力

民事权利能力是法律确认的自然人享有民事权利、承担民事义务的资格。自然人只有具备了民事权利能力，才能参加民事活动。《民法通则》第 9 条规定："公民从出生时起到死亡时止，具有民事权利能力，依法享有民事权利，承担民事义务。"

民事行为能力的内容上文已有介绍，这里就不详细说明了。

具有民事权利能力，是自然人获得参与民事活动的资格，但能不能运用这一资格，还受自然人的理智、认识能力等主观条件制约。有民事权利能力者，不一定具有民事行为能力。

（2）意思表示真实

意思表示真实指的是行为人内心的效果意思与表示意思一致。也即不存在认识错误、欺诈、胁迫等外在因素而使得表示意思与效果意思不一致。

但是，意思表示不真实的行为也不是必然的无效行为，因其导致意思不真实的原因不同，可能会发生无效或者被撤销的法律后果。

（3）不违反法律或者社会公共利益

这种要求表现在三个方面：

1）标的合法

民事法律行为的标的即意思的内容合法。不得违反强制性法律规范和损害社会公共利益。

2）形式合法

对于要式民事法律行为，如果当事人没有按照法律规定去实施行为就不能使得行为发生法律效力。

3）不存在以合法形式掩盖非法目的

以合法形式掩盖非法目的的行为尽管在外在形式上看并没有违反法律或者社会公共利益，但是由于该行为的进一步法律后果违反了法律或者社会公共利益，也会使得该行为无效。例如，《合同法》中关于撤销权的规定就是属于这种情形。

［案例 2-3］

张某是某公路公司聘用的试验人员，合同中约定，张某的任务是编造实验数据。

由于工程进展很快，张某编造实验数据的速度没能达到施工的进度要求。为此，项目经理要求张某承担违约责任，向公路公司支付违约金。张某拒绝了公路公司的要求。公路公司的要求是否应该予以支持？

分析：公路公司的要求是违法的，不应该予以支持。因为他们所签订的合同的标的，即编造实验数据的行为就是违法的。根据《合同法》的规定，此合同属于无效合同。无效合同自始没有法律约束力，公路公司不可以据此要求张某承担违约责任。

2.2 代理

2.2.1 代理的含义

代理是指代理人以被代理人的名义，在代理权限范围内与第三人为法律行为，其法律后果直接由被代理人承受的民事法律制度。

《民法通则》第 63 条规定："代理人在代理权限内，以被代理人名义实施民事法律行为，被代理人对代理人的代理行为，承担民事责任"。代理涉及三方当事人，分别是被代理人、代理人和代理关系所涉及的第三人。

《民法通则》第 63 条同时规定："依照法律规定或者按照双方当事人约定，应当由本人实施的民事法律行为，不得代理。"

民事主体都可成为代理人，但法律对代理人资格有特别规定的除外。例如，《招标投标法》中规定，招标投标活动中的招标代理机构应当依法设立，并具备法律规定的条件。

2.2.2　代理的种类

根据《民法通则》第 64 条第 1 款的规定，代理包括委托代理、法定代理和指定代理。

1. 委托代理

委托代理是代理人根据被代理人委托而进行的代理。在工程建设领域，通过委托代理实施民事法律行为的情形较为常见。

《民法通则》第 65 条规定，民事法律行为的委托代理，可以用书面形式，也可以用口头形式。法律规定用书面形式的，应当用书面形式。书面委托代理的授权委托书应当载明下列事项并由委托人签字或者盖章：

1）代理人的姓名或者名称；

2）代理事项、权限和期间。

2. 法定代理

法定代理是根据法律的直接规定而产生的代理。法定代理主要是为了维护限制民事行为能力人或者无民事行为能力人的合法权益而设定的。法定代理不同于委托代理，属于全权代理，法定代理人原则上应代理被代理人的有关财产方面的一切民事法律行为和其他允许代理的行为。

《民法通则》第 14 条规定："无民事行为能力人、限制民事行为能力人的监护人是他们的法定代理人。"

3. 指定代理

指定代理是根据人民法院或者有关机关的指定而产生的代理。例如，根据最高人民法院《关于适用〈中华人民共和国民事诉讼法〉若干问题的意见》第 67 条的规定，在诉讼中，如果无民事行为能力人、限制民事行为能力人事先没有确定监护人，有监护资格的人又协商不成的，由人民法院在他们之间指定的人担任诉讼之中的代理人。

指定代理在本质上也属于法定代理。其与法定代理的区别在于前者的代理无须指定，而后者则需要有指定的过程。

2.2.3　代理人与被代理人的责任承担

1. 授权不明确的责任承担

《民法通则》第 65 条规定："委托书授权不明的，被代理人应当向第三人承担民事责任，代理人负连带责任。"

2. 无权代理的责任承担

《民法通则》第 66 条规定："没有代理权、超越代理权或者代理权终止后的行为，只有经过被代理人的追认，被代理人才承担民事责任。未经追认的行为，由行为人承担民事责任。本人知道他人以本人名义实施民事行为而不作否认表示的，视为同意。"

《民法通则》第 66 条同时规定："第三人知道行为人没有代理权、超越代理权或者代理权已终止还与行为人实施民事行为给他人造成损害的，由第三人和行为人负连带责任。"

3. 代理人不履行职责的责任承担

《民法通则》第 66 条规定："代理人不履行职责而给被代理人造成损害的，应当承担民事责任。代理人和第三人串通，损害被代理人的利益的，由代理人和第三人负连带责任。"

4. 代理事项违法的责任承担

《民法通则》第 67 条规定："代理人知道被委托代理的事项违法仍然进行代理活动的，或者被代理人知道代理人的代理行为违法不表示反对的，由被代理人和代理人负连带责任。"

5. 转托他人代理的责任承担

《民法通则》第 68 条规定："委托代理人为被代理人的利益需要转托他人代理的，应当事先取得被代理人的同意。事先没有取得被代理人同意的，应当在事后及时告诉被代理人，如果被代理人不同意，由代理人对自己所转托的人的行为负民事责任，但在紧急情况下，为了保护被代理人的利益而转托他人代理的除外。"

[案例 2-4]

赵某是某监理公司派出的监理人员，由于工作的需要，赵某需要长年住在施工单位。长时间的接触使得赵某与施工单位的人员建立起了很好的私人关系。

一天，施工单位的主要负责人找到了赵某，向赵某述说了目前的困难。原来，施工单位正在施工沥青混凝土面层，但是由于所在地区不生产碱性石料，导致进度迟缓，希望赵某能够允许施工单位以一部分酸性石料代替碱性石料使用。赵某很清楚拌制沥青混凝土不可以使用酸性石料，但是碍于双方的密切关系，赵某同意了这个要求。

后来，使用酸性石料拌制的沥青混凝土出现了沥青与石料的剥离现象，不得不进行大面积返工，给建设单位造成了巨大损失。为此，建设单位要求某监理公司予以赔偿，这个要求是否合理？

分析：要求是合理的。工程监理单位接受建设单位的委托，代表建设单位进行项目管理。工程监理单位就是建设单位的代理人。赵某是某监理公司派出的监理人员，其行为就代表了工程监理单位。赵某与施工单位串通，为施工单位谋取非法利益，工程监理单位和施工单位要为此承担连带责任。因此，建设单位要求工程监理单位予以赔偿是合理的要求。

2.2.4 表见代理

表见代理是指虽无代理权，但表面上有足以使人相信有代理权而须由被代理人负授权之责的代理。

1. 表见代理的构成要件

（1）行为人没有代理权；

（2）没有代理权的代理人实施了代理的行为；

（3）善意相对人有正当理由相信行为人有代理权。

2. 表见代理的法律后果

《合同法》第 49 条规定："行为人没有代理权、超越代理权或者代理权终止后以被代理人名义订立合同，相对人有理由相信行为人有代理权的，该代理行为有效。"

该条规定在于保护善意相对人的合法权益，如果相对人知道行为人没有代理权而与之实施民事法律行为，就适用于《民法通则》第 66 条（见上文）的规定了。

2.2.5 代理的终止

1. 委托代理的终止

有下列情形之一的，委托代理终止：

（1）代理期间届满或者代理事务完成；

（2）被代理人取消委托或者代理人辞去委托；

（3）代理人死亡；

（4）代理人丧失民事行为能力；

（5）作为被代理人或者代理人的法人终止。

2. 法定代理或指定代理的终止

有下列情形之一的，法定代理或者指定代理终止：

（1）被代理人取得或者恢复民事行为能力；

（2）被代理人或者代理人死亡；

（3）代理人丧失民事行为能力；

（4）指定代理的人民法院或者指定单位取消指定；

（5）由其他原因引起的被代理人和代理人之间的监护关系消灭。

［案例 2-5］

王某注册了一家公司，主营业务是对外租赁建筑机械。

2005 年 3 月 8 日，王某委托李某去购买一台压路机。于是，李某启程去外地压路机的生产厂家。王某在等待中由于心脏病突发而死亡。由于王某去世的时候身边没有人，三天后，在外工作的儿子回家才发现父亲已经去世。此时，李某已经购买了王某委托购买的压路机。

李某回到王某的家中，向王某的儿子说明了购买压路机的事宜。但是，王某的儿子以父亲已经于签订购买压路机的合同之前就去世了。他与李某的委托代理终止，李某要自行为购买压路机承担责任。王某的儿子的说法你认为正确吗？

分析：这种说法是不正确的。

《民法通则》中仅仅规定了代理人死亡会导致委托代理的终止，而没有规定被代理人死亡也会导致委托代理的终止。事实上，被代理人死亡不一定导致委托代理的终止。最高人民法院《民通意见》第82条规定了四种情况下，被代理人死亡的，委托代理人实施的代理行为有效。

1. 代理人不知道被代理人死亡的；

2. 被代理人的继承人均予承认的；

3. 被代理人与代理人约定到代理事项完成时代理权终止的；

4. 在被代理人死亡前已经进行，而在被代理人死亡后为了被代理人的利益继续完成的。

李某在外购买压路机，并不知道王某已经死亡，所以其代理行为依然是有效的，其发生的费用由王某所遗留的遗产中支付。

2.3　债权

2.3.1　债的概念

根据《民法通则》的规定，债是按照合同的约定或者依照法律的规定，在当事人之间产生的特定的权利和义务关系。例如，在建设工程合同关系中，承包人有请求发包人按照合同约定支付工程价款的权利，而发包人则相应地有按照合同约定向承包人支付工程价款的义务。又如，根据《民法通则》的有关规定，在公共场所、道旁或者通道上挖坑、修缮安装地下设施等，没有设置明显标志和采取安全措施造成他人损害的，施工人依法应当承担赔偿损失等民事责任，而受害人则相应的具有依法要求施工人赔偿损失的权利。这些都是特定当事人之间的民事法律关系，都是债的关系。

2.3.2　债的发生根据

根据《民法通则》的有关规定，债的发生根据主要包括如下几种：

1. 合同

合同是平等主体的自然人、法人和其他组织之间设立、变更、终止民事权利义务关系的协议。当事人之间通过订立合同设立的以债权债务为内容的民事法律关系，称为合同之债。

2. 不当得利

不当得利是指没有合法根据，取得不当利益，造成他人损失。当发生不当得利时，由于一方取得的利益没有法律或合同根据且给他人造成损害，在这种情况下，受损失一方依法有请求不当得利人返还其所得利益的权利，而不当得利人则依法负有返还义务。这样，在当事人之间即发生债权债务关系。这种因不当得利所发生的债，称为不当得利之债。

3. 无因管理

无因管理是指没有法定的或者约定的义务，为避免他人利益受损失而进行管理或者服务的行为。无因管理发生后，管理人依法有权要求受益人偿付因其实施无因管理而支付的必要费用。这种由于无因管理而产生的债，称为无因管理之债。

4. 侵权行为

侵权行为是指侵害他人财产或人身权利的违法行为。在民事活动中，一方实施侵权行为时，根据法律规定，受害人有权要求侵害人承担赔偿损失等责任，而侵害人则有负责赔偿的义务。因此，侵权行为会引起侵害人和受害人之间的债权债务关系。这种因侵权行为而产生的债，称为侵权行为之债。

[案例 2-6]

某采石场专门生产建筑用石料，2006 年 7 月 5 日，采石场将应该发给某建筑公司的 5000m³ 碎石发给了某路桥公司。2006 年 7 月 20 日，采石场向路桥公司索取这批石料，但是路桥公司却以采石场要支付这些天的保管费用为归还石料的前提，路桥公司的要求合理吗？

分析：合理。本案例中路桥公司与采石场都负有债务，路桥公司的债是基于不当得利的债，应该将所得的石料归还给采石场。采石场所负的债是基于无因管理的债，应该向路桥公司支付这批石料的保管费用。

2.3.3 债的常见分类方式

债的分类方式有很多种，最常见的分类方式主要有以下几种：

1. 意定之债与法定之债

按照债的设定及其内容是否允许当事人以自由意思决定，债可以分为意定之债与法定之债。

意定之债是指债的发生及其内容由当事人依其意思决定的债。最常见到的意定之债就是合同之债，另外单方允诺之债也属于意定之债。

法定之债是指债的发生及其内容均由法律予以规定的债。不当得利之债、无因管理之债、侵权行为之债都属于法定之债。

2. 按份之债和连带之债

这是对多数人之债的进一步分类。根据多数债权人或多数债务人之间对债权或债务的承受情况，可将债分为按份之债和连带之债。

(1) 按份之债

按份之债是指债的一方主体为多数人，各自按照一定的份额享有权利或者承担义务的债。《民法通则》第 86 条规定："债权人为二人以上的，按照确定的份额分享权利。债务人为二人以上的，按照确定的份额分担义务。"

(2) 连带之债

连带之债，是指债的具有多数人的主体一方之间有连带关系的债，包括连带债权和连带债务(或连带责任)。《民法通则》第 87 条规定："债权人或者债务人一方人数为二人以上的，依照法律的规定或者当事人的约定，享有连带权利的每个债权人，都有权要求债务人履行义务；负有连带义务的每个债务人，都负有清偿全部债务的义务，履行了义务的人，有权要求其他负有连带义务的人偿付他应当承担的份额。"

连带之债既可因法律的直接规定而产生，也可因当事人之间的约定而产生。多数人之债中不分份额地承担债务，其中每一个人都有义务向债权人履行全部债务的多数债务人称为连带债务人。

连带责任具有如下特点：

1）连带债务人的每一方都负有清偿全部债务的义务；

2）债权人可以向其中任何一个或者多个债务人请求履行任何比例债务，债务人不得以债务人之间对债务分担比例有约定而拒绝履行；

3）连带债务人一人或多人履行了全部债务后，其他债务人对债权人的债务即行解除；

4）履行债务超过其应承担份额的债务人，有权向其他债务人追偿。

2.4　物权

2.4.1　物权的概念

物权，是指权利人依法对特定的物享有直接支配和排他的权利，包括所有权、用益物权和担保物权。

物权具有以下法律特征：

1. 物权是权利人直接支配物并享受物的利益的权利

所谓直接支配物，指的是物权人可以依自己的意思对标的物直接行使其权利，无需他人的意思或义务人行为的介入。

由于权利人可以自由支配物，自然也就可以自由享有物所承载的利益。

例如，施工单位可以直接使用本单位所有的施工机械用于生产而不需要征得其他人的同意。

2. 物权是排他权利

既然权利人享有直接支配物的权利，就必然会享有排他性权利，否则直接支配物的权力就不能得到保证。所以，物权人有权排除他人对自己行使物权的干涉。

2.4.2　物权的种类

物权的种类主要包括：

1. 所有权

所有权人对自己的不动产或者动产，依法享有占有、使用、收益和处分的权利。所有权人有权在自己的不动产或者动产上设立用益物权和担保物权。用益物权人、担保物权人行使权利，不得损害所有权人的权益。

为了公共利益的需要，依照法律规定的权限和程序可以征收集体所有的土地和单位、个人的房屋及其他不动产。

征收集体所有的土地，应当依法足额支付土地补偿费、安置补助费、地上附着物和青苗的补偿费等费用，安排被征地农民的社会保障费用，保障被征地农民的生活，维护被征地农民的合法权益。

征收单位、个人的房屋及其他不动产，应当依法给予拆迁补偿，维护被征收人的合法权益；征收个人住宅的，还应当保障被征收人的居住条件。

2. 用益物权

用益物权是指当事人依照法律规定，用益物权人对他人所有的不动产或者动产，依法享有占有、使用和收益的权利。

主要包括土地承包经营权、建设用地使用权、宅基地使用权、地役权、居住权等。

（1）土地承包经营权，指土地承包经营权人依法对其承包经营的耕地、林地、草地等享有占有、使用和收益的权利，有权从事种植业、林业、畜牧业等农业生产。

（2）建设用地使用权，指建设用地使用权人依法对国家所有的土地享有占有、使用和收益的权利，有权利用该土地建造建筑物、构筑物及其附属设施。

（3）宅基地使用权，指宅基地使用权人依法对集体所有的土地享有占有和使用的权利，有权依法利用该土地建造住宅及其附属设施。

（4）地役权，地役权是指地役权人有权按照合同约定，利用他人的不动产，以提高自己的不动产的效益。这里所称他人的不动产为供役地，自己的不动产为需役地。

3. 担保物权

担保物权是指担保物权人在债务人不履行到期债务或者发生当事人约定的实现担保物权的情形，依法享有就担保财产优先受偿的权利。

包括抵押权、质权和留置权。

2.4.3　物权的保护

物权受到侵害的，权利人可以通过和解、调解、仲裁、诉讼等途径解决。

物权的保护应当采取如下方式：

（1）因物权的归属、内容发生争议的，利害关系人可以请求确认权利。

（2）无权占有不动产或者动产的，权利人可以请求返还原物。

（3）妨害物权或者可能妨害物权的，权利人可以请求排除妨害或者消除危险。

（4）造成不动产或者动产毁损的，权利人可以请求修理、重作、更换或者恢复原状。

（5）侵害物权，造成权利人损害的，权利人可以请求损害赔偿，也可以请求承担其他民事责任。

这里的物权保护方式，可以单独适用，也可以根据权利被侵害的情形合并适用。

侵害物权，除承担民事责任外，违反行政管理规定的，依法承担行政责任；构成犯罪的，依法追究刑事责任。

2.5 诉讼时效

2.5.1 诉讼时效的概念

诉讼时效，是指权利人在法定期间内，未向人民法院提起诉讼请求保护其权利时，法律规定消灭其胜诉权的制度。

超过诉讼时效期间，在法律上发生的效力是权利人的胜诉权消灭。超过诉讼时效期间权利人起诉，如果符合民事诉讼法规定的起诉条件，法院仍然应当受理。但是，如果法院经受理后查明无中止、中断、延长事由的，判决驳回诉讼请求。

应当注意的是，超过诉讼时效期间，权利人虽然丧失胜诉权，但是实体权利本身并不消灭。根据《民法通则》第138条的规定，超过诉讼时效期间，当事人自愿履行的，不受诉讼时效限制。最高人民法院《关于贯彻执行〈中华人民共和国民法通则〉若干问题的意见(试行)》第171条则进一步规定，过了诉讼时效期间，义务人履行义务后又以超过诉讼时效为由反悔的，不予支持。

2.5.2 诉讼时效期间的种类

根据我国《民法通则》及有关法律的规定，诉讼时效期间通常可划分为四类。

1. 普通诉讼时效

向人民法院请求保护民事权利的期间。普通诉讼时效期间通常为2年。

2. 短期诉讼时效

下列诉讼时效期间为1年：身体受到伤害要求赔偿的；延付或拒付租金的；出售质量不合格的商品未声明的；寄存财物被丢失或损毁的。

3. 特殊诉讼时效

特殊诉讼时效不是由民法规定的，而是由特别法规定的诉讼时效。例如，《合同法》第129条规定涉外合同期间为4年。《海商法》第257条规定，就海上货物运输向承运人要求赔偿的请求权，时效期间为1年。

4. 权利的最长保护期限

诉讼时效期间从知道或应当知道权利被侵害时起计算。但是，从权利被侵害之日起超过20年的，人民法院不予保护。

[案例 2-7]

某建筑公司(施工单位)与某开发公司(建设单位)签订了一个施工承包合同。合同中约定竣工日期为2002年9月28日，竣工验收合格后14天内(即最迟于2002年10月12日)开发公司向建筑公司支付全部工程款。2002年9月28日，建筑公司按时竣工，经验收符合合同要求。但是，开发公司却迟迟不予支付工程款。由于建筑公司的总经理与开发公司的总经理私人关系很好，建筑公司也就没有去催要这笔工程款。到了2005年3月1日，由于资金紧张，建筑公司向开发公司催要这笔工程款，但是开发公司拒绝支付。于是，2005 年 3 月 5 日建筑公司提起诉讼。法院经审理认为开发公司尽管应该支付这笔工程款，但是由于建筑公司怠于行使权利，已经超过了诉讼时效期间，法律已经消灭了它的胜诉权，开发公司可以不予支付。

分析：建筑公司的诉讼时效期间始于 2002 年 10 月 12 日，诉讼时效期间为 2 年(参见下文)，将截止于 2004 年 10 月 12 日。而建筑公司在诉讼时效期间并没有主张自己的权利，其胜诉权已经消灭。

2.5.3 诉讼时效期间的起算

《民法通则》第 137 条规定，诉讼时效期间从知道或者应当知道权利被侵害时起计算。

在下列情况下，诉讼时效期间的计算方法是：

(1) 未定有清偿期的债权，自债权人请求时起算；

(2) 附停止条件的请求权，自条件成就之时起算。因为条件成就前，其权利尚属不可行使的期待权；

(3) 对于债务不履行而发生的债权的损害赔偿请求权，自债务不履行时起算；

(4) 对于人身伤害而发生的损害赔偿请求权，伤害明显的，从受伤害之日起算；伤害当时未曾发现，后经检查确诊并能证明是由侵害引起的，从伤势确诊之日起算；

(5) 对于其他的因侵权行为而发生的损害赔偿请求权，其诉讼时效期间应自权利人已知或应知其权利受损害及侵害人为谁时起计算。

[案例 2-8]

李某开了一家工程试验用品商店，由于其器具和药品种类齐全且质量优良，赢得了广泛的赞誉。

刘某是某路桥公司的试验人员，也是李某的好朋友。自 2000 年始，刘某就到李某的商店取三氯乙烯用于试验，每次都是打个欠条，欠条上面的字样都是相同的：某年某月某日，取走三氯乙烯 10 箱。所有欠条上都没有写明还款日期。

2005 年 2 月 2 日，李某向刘某追讨所欠的药品费用，刘某以超过了诉讼时效期限为由拒绝偿还。你认为刘某的理由成立吗？

分析：理由不成立。

尽管此案例的诉讼时效期间是 2 年，但是，此诉讼时效期间始于当事人知道或者应当知道自己的权益受到侵害。在李某没有追讨欠款前，他并不知道自己的权益受到了侵害，只是在刘某拒绝还债的情况下才知道自己的权益受到了侵害。此时不仅没有超过诉讼时效期间，恰恰相反，诉讼时效期间才刚刚开始。

2.5.4 诉讼时效中止和中断

1. 诉讼时效中止

《民法通则》第 139 条规定，在诉讼时效期间的最后六个月内，因不可抗力或者其他障碍不能行使请求权的，诉讼时效中止。从中止时效的原因消除之日起，诉讼时效期间继续计算。

根据上述规定，诉讼时效中止，应当同时满足以下两个条件：

(1) 权利人由于不可抗力或者其他障碍，不能行使请求权

其中，不可抗力是指不能预见、不能避免、并不能克服的客观情况；其他障碍，根据最高人民法院《关于贯彻执行〈中华人民共和国民法通则〉若干问题的意见(试行)》第172条的规定，主要是指在诉讼时效期间的最后6个月内，权利被侵害的无民事行为能力人、限制民事行为能力人没有法定代理人，或者法定代理人死亡、丧失代理权，或者法定代理人本人丧失行为能力的。

(2) 导致权利人不能行使请求权的事由发生在诉讼时效期间的最后6个月内

如果发生在诉讼时效期间截止之前6个月以前的时间内，则不发生诉讼时效中止的效力。如果虽然有关事由开始时，诉讼时效还有6个月以上的时间，但是事由延续到了6个月以内，则从诉讼时效期间的最后6个月的开始时刻，发生诉讼时效中止。

符合上述两个条件，诉讼时效中止，即诉讼时效期间暂时停止计算。等到导致诉讼时效中止的原因消除后，也就是权利人开始可以行使请求权时起，诉讼时效期间继续计算。

2. 诉讼时效中断

《民法通则》第140条规定，诉讼时效因提起诉讼、当事人一方提出要求或者同意履行义务而中断。从中断时起，诉讼时效期间重新计算。

根据《民法通则》的上述规定，导致诉讼时效中断的情形包括以下三种：

(1) 起诉

权利人依法向法院提起诉讼，是导致诉讼时效中断的重要原因。特别是当权利人没有证据证明导致诉讼时效中断的其他情形时，向法院起诉将是权利人确保不丧失诉讼时效的重要手段。除向法院起诉外，其他与起诉性质相似的法律行为，如向法院申请支付令，或向仲裁机构申请仲裁等，均可产生诉讼时效中断的法律后果。

(2) 债权人提出要求

实践中，债权人直接向债务人主张权利，是诉讼时效中断最常见的情形。但是，权利人应当注意保全有关证据。

根据最高人民法院《关于贯彻执行〈中华人民共和国民法通则〉若干问题的意见(试行)》的有关规定，债权人除了向债务人本人直接主张权利以外，向债务保证人、债务人的代理人或者财产代管人主张权利的，也可导致诉讼时效中断。

(3) 债务人同意履行义务

债务人通过一定的方式向债权人表示同意履行债务，将使当事人之间的债权债务关系变得明确，因此也将产生诉讼时效中断的法律后果。如果债务人没有直接表示同意履行债务，但是明确承认了债务的存在，或者同意分期履行债务等，均可发生诉讼时效中断。

[案例 2-9]

2003 年 3 月 1 日，某建筑公司与某水泥厂签订了一个购买水泥的合同，合同中约定水泥厂于 2003 年 4 月 12 日将 100 吨水泥运至建筑公司的施工现场，建筑公司验收货物后三天内支付水泥款。

2003 年 4 月 12 日，水泥厂如约将水泥运至建筑公司的施工现场并通过了建筑公司的验收。但是，建筑公司却一直没有支付水泥款。

2003 年 5 月 4 日，水泥厂计划起诉，但是，由于 2003 年 5 月 4 日至 6 月 4 日发生了洪水导致交通中断，使得起诉活动无法进行。

2005 年 4 月 20 日，水泥厂正式提起诉讼，要求建筑公司偿还水泥款。但是，法院却以超过了诉讼时效期间为由对其请求不予支持。水泥厂认为，由于不可抗力的原因使得诉讼时效中止，目前还没有超过诉讼时效。你认为水泥厂的观点正确吗？

分析：水泥厂的观点是错误的。由于不可抗力导致无法进行诉讼的事由必须是发生在诉讼时效期间的最后 6 个月才能导致诉讼时效中止。本案例并不符合这个条件，因此，不能导致诉讼时效中止。已经超过了诉讼时效期间。

3.1 合同的订立

合同订立，在合同法中具有重要意义。合同订立解决的是合同是否存在的问题，如果合同不存在，也就谈不上合同履行等问题；尽管合同订立并不意味着合同生效，但二者密切联系，合同订立是合同生效的前提。

《合同法》第13条规定："当事人订立合同，采取要约、承诺方式。"

3.1.1 要约

1. 要约的概念

《合同法》第14条规定："要约是希望和他人订立合同的意思表示，该意思表示应当符合下列规定：

1）内容具体确定；

2）表明经受要约人承诺，要约人即受该意思表示约束。"

2. 要约的构成要件

（1）要约是由特定人作出的意思表示

要约人如果不特定，则受要约人无法对之作出承诺，也就无法与之签订合同。这样的意思表示就不能称得上是要约。例如，某承包商在街头见到一张出售建筑材料的广告，但是广告上面并没有材料供应商的姓名、地址和联系方式，则即使该承包商计划购买这批材料，也由于无法找到材料供应商而不能签订购买材料的合同。

所以，无法确定要约人的意思表示就不能称得上要约。

（2）要约必须具有订立合同的意思表示

由于要约一经受要约人承诺，要约人即受该意思表示约束。因此，没有订立合同意图的意思表示不能是要约。例如，某承包商与某材料供应商聚会，交谈之中，材料供应商向承包商介绍了自己目前存有大量的建筑材料，并对该批材料的性能进行了详细地描述。这不能认为是要约，因为材料供应商并没有将这批材料出售给承包商的意图。

所以，没有订立合同意图的意思表示也不能称得上是要约。

(3) 要约必须向要约人希望与之订立合同的受要约人发出

要约只有发出，才能唤起受要约人的承诺。如果没有发出要约，受要约人就无从知道要约的内容，自然也就无法作出承诺。

受要约人必须是要约人希望与之订立合同的人。可以是特定的人，也可以是不特定的人。例如，某投标人计划对某开发商的建设项目进行投标，但是在投递标书的时候却误将标书送给了另一个开发商。尽管要约已经发出，但是由于该受要约人不是要约人希望与之签订合同的受要约人，因此，该要约不发生法律效力。

所以，受要约人错误的意思表示也不能称得上是要约。

(4) 要约的内容必须具体明确

这是《合同法》对要约的明确规定。如果要约的内容不具体明确，受要约人就无法对之作出承诺。如果受要约人对之进行了补充修改而作出了承诺，就要认为受要约人对要约的内容进行了实质性变更，其承诺也就不能是承诺了。

所以，要约的内容不明确的意思表示也不能称得上是要约，而仅能视为要约邀请。

3. 要约的生效

要约的生效是指要约开始发生法律效力。自要约生效起，其一旦被有效承诺，合同即告成立。

《合同法》第16条规定："要约到达受要约人时生效。"

要约可以以书面形式作出，也可以以口头对话形式作出，而书面形式包括了信函、电报、传真、电子邮件等数据电文等可以有形地表现所载内容的形式。除法律明确规定外，要约人可以视具体情况自主选择要约的形式。

生效的情形具体可表现为：

(1) 口头形式的要约自受要约人了解要约内容时发生效力；

(2) 书面形式的要约自到达受要约人时发生效力；

(3) 采用数据电子文件形式的要约，当收件人指定特定系统接收电文的，自该数据电文进入该特定系统的时间(视为到达时间)，该要约发生效力；若收件人未指定特定系统接收电文的，自该数据电文进入收件人任何系统的首次时间(视为到达时间)，该要约发生效力。

4. 要约的撤回与要约的撤销

要约的撤回，指在要约发生法律效力之前，要约人使其不发生法律效力而取消要约的行为。

《合同法》第17条规定："要约可以撤回。撤回要约的通知应当在要约到达受要约人之前或者与要约同时到达受要约人。"

要约的撤销，指在要约发生法律效力之后，要约人使其丧失法律效力而取消要约的行为。

《合同法》第 18 条规定："要约可以撤销。撤销要约的通知应当在受要约人发出承诺通知之前到达受要约人。"

为了保护当事人的利益，《合同法》第 19 条同时规定了有下列情形之一的，要约不得撤销：

（1）要约人确定了承诺期限或者以其他形式明示要约不可撤销；

（2）受要约人有理由认为要约是不可撤销的，并已经为履行合同作了准备工作。

要约的撤回与要约的撤销在本质上是一样的，都是否定了已经发出去的要约。其区别在于：要约的撤回发生在要约生效之前，而要约的撤销则是发生在要约生效之后。

5. 要约的失效

《合同法》第 20 条规定：有下列情形之一的，要约失效：

（1）拒绝要约的通知到达要约人；

收到拒绝要约的通知后，要约人就可以不再遵守"经受要约人承诺，要约人受该意思表示约束"了。也就是说，即使之后再次收到受要约人同意要约的意思表示，要约人也可以自由选择是否接受了。

（2）要约人依法撤销要约；

依法撤销要约后，要约自然就失效了。即使此时受要约人做出了承诺，要约人也可以拒绝接受了。

（3）承诺期限届满，受要约人未作出承诺；

要约中可以约定承诺的期限，在约定的期限内，受要约人作出的承诺是有效的。超过了这个期限而作出的承诺是否有效就不一定了。

超过承诺期限的承诺涉及承诺超期和承诺延误的知识，后面会详细说明。

（4）受要约人对要约的内容作出实质性变更。

实质性变更指的是将使要约的内容产生实质性变化的变更。由于受要约人对要约进行了实质性变更，已经不是要约人自己的意思表示了，所以，要约人可以不受该意思表示约束。

6. 要约邀请

要约邀请是希望他人向自己发出要约的意思表示。

寄送的价目表、拍卖公告、招标公告、招股说明书、商业广告等为要约邀请。但是如果商业广告的内容符合要约规定的，视为要约。

要约邀请的目的在于诱使他人向自己发出要约，既不能因相对人的承诺而成立合同，也不能因自己作出了某种承诺而约束要约人。行为人撤回其要约邀请，只要没给善意相对人造成信赖利益的损失，不承担法律责任。

[案例 3-1]

某水泥厂向某建筑公司发出了一份本厂所生产的各种型号水泥的性能的广告，

你认为该广告是要约还是要约邀请？

分析：

不一定，需要看具体的条件。如果该广告上仅仅写明了各种型号水泥的价格，而没有其他的内容，则该广告属于要约邀请。而如果该广告的内容不仅仅包含各种型号的水泥的性能，同时还包括合同的一般条款，也即只要某建筑公司同意，双方就可以按照该广告上面的内容完成水泥的采购，则该广告就不再视为要约邀请了，而要视为要约。

3.1.2　承诺

1. 承诺的概念

承诺是受要约人同意要约的意思表示

承诺应当以通知的方式作出，但根据交易习惯或者要约表明可以通过行为作出承诺的除外。

2. 承诺的构成要件：

(1) 承诺必须由受要约人作出

作出承诺的可以是受要约人本人，也可以是其授权代理人。受要约人以外的任何第三人即使知道要约的内容并就此作出同意的意思表示，也不能认为是承诺。

(2) 承诺须向要约人作出

承诺是对要约内容的同意，须由要约人作为合同一方当事人。因此，承诺只能向要约人本人或其授权代理人作出，具有绝对的特定性，否则不为承诺。

(3) 承诺的内容必须与要约的内容一致

若受要约人对要约的内容作实质性变更，则不为承诺，而视为新要约。

实质性变更指包括合同标的、质量、数量、价款或酬金、履行期限、履行地点和方式、违约责任和争议解决办法等的变更。

若承诺对要约的内容作出非实质性变更的，除要约人及时表示反对或者要约表明承诺不得对要约的内容作出任何变更的以外，该承诺有效，合同的内容以承诺的内容为准。

(4) 承诺应在有效期内作出

若要约指定了有效期，则应在该有效期内作出承诺；若要约未指定有效期，则应在合理期限内作出承诺。

要约以信件或者电报作出的，承诺期限自信件载明的日期或者电报交发之日开始计算。信件未载明日期的，自投寄该信件的邮戳日期开始计算。要约以电话、传真等快速通信方式作出的，承诺期限自要约到达受要约人时开始计算。

3. 承诺的生效

(1) 承诺生效时刻的确认

《合同法》规定：承诺应当在要约确定的期限内到达要约人。承诺不需要通知的，根据交易习惯或者要约的要求作出承诺的行为时生效。

采用数据电文形式订立合同的，收件人指定特定系统接收数据电文的，该数据电文进入该特定系统的时间，视为到达时间；未指定特定系统的，该数据电文进入收件人的任何系统的首次时间，视为到达时间。

承诺生效时合同成立。

（2）承诺期限的计算

依据《合同法》，要约以信件或者电报作出的，承诺期限自信件载明的日期或者电报交发之日开始计算。信件未载明日期的，自投寄该信件的邮戳日期开始计算。要约以电话、传真等快速通信方式作出的，承诺期限自要约到达受要约人时开始计算。

要约没有确定承诺期限的，承诺应当依照下列规定到达：

1）要约以对话方式作出的，应当即时作出承诺，但当事人另有约定的除外；

2）要约以非对话方式作出的，承诺应当在合理期限内到达。

4. 承诺的撤回

承诺的撤回是指承诺发出之后，生效之前，承诺人阻止承诺发生法律效力的行为。

《合同法》第 27 条规定："承诺可以撤回。撤回承诺的通知应当在承诺通知到达要约人之前或者与承诺通知同时到达要约人。"

需要注意的是，要约可以撤回，也可以撤销。但是承诺却只可以撤回，而不可以撤销。

5. 承诺超期与承诺延误

承诺超期是指受要约人主观上超过承诺期限而发出承诺导致承诺迟延到达要约人。

《合同法》第 28 条规定："受要约人超过承诺期限发出承诺的，除要约人及时通知受要约人该承诺有效的以外，为新要约。"

承诺延误是指受要约人发出的承诺由于外界原因而延迟到达要约人。

《合同法》第 29 条规定："受要约人在承诺期限内发出承诺，按照通常情形能够及时到达要约人，但因其他原因承诺到达要约人时超过承诺期限的，除要约人及时通知受要约人因承诺超过期限不接受该承诺的以外，该承诺有效。"

［案例 3-2］

2006 年 8 月 8 日，某建筑公司向某水泥厂发出了一份购买水泥的要约。要约中明确规定承诺期限为 2006 年 8 月 12 日 12：00。为了保证工作的快捷，要约中同时约定了采用电子邮件方式作出承诺并提供了电子信箱。水泥厂接到要约后经过研究，同意出售给建筑公司水泥。水泥厂于 2006 年 8 月 12 日 11：30 给建筑公司发出了同意出售水泥的电子邮件。但是，由于建筑公司所在地区的网络出现故障，直到当天下午 15：30 才收到邮件。你认为该承诺是否有效？

分析：

该承诺是否有效由建筑公司决定。

根据《合同法》，采用数据电文形式订立合同的，收件人指定特定系统接收数据电文的，该数据电文进入该特定系统的时间，视为到达时间。同时，《合同法》第 29 条规定："受要约人在承诺期限内发出承诺，按照通常情形能够及时到达要约人，但因其他原因承诺到达要约人时超过承诺期限的，除要约人及时通知受要约人因承诺超过期限不接受该承诺的以外，该承诺有效。"

水泥厂于 2006 年 8 月 12 日 11：30 发出电子邮件，正常情况下，建筑公司即时即可收到承诺，但是却由于外界原因而没有在承诺期限内收到承诺。此时，根据《合同法》第 29 条，建筑公司可以承认该承诺的效力，也可以不承认。如果不承认该承诺的效力，就要及时通知水泥厂。若不及时通知，就视为已经承认该承诺的效力。

3.1.3 合同条款

1. 合同的一般条款

《合同法》第 12 条规定，下述条款为合同一般条款。

(1) 当事人的名称或姓名和住所

该条款主要反映合同当事人基本情况，明确合同主体。

确定名称的方法是：法人或其他组织应当以营业执照或者登记册上的名称为准；自然人应当以身份证载明的姓名为准。

确定住所的办法是：法人或者其他组织的主要办事机构所在地或者主要营业地为住所地，通过营业执照或者登记册上载明信息来判断其住所是较安全的办法；自然人的户口所在地为住所地，若其经常居住地与户口所在地不一致的，以其经常居住地作为住所地。

确定住所对于合同义务的履行以及确定诉讼管辖具有重要意义。

(2) 标的

标的是合同当事人权利义务指向的对象，是合同法律关系的客体。法律禁止的行为或者禁止流通物不得作为合同标的。

合同标的主要有财产、行为和工作成果。

财产包括有形财产和无形财产。所谓有形财产是具有一定实物形态且具备价值及使用价值的客观实体，如货币、房产等。所谓无形财产，是不具实物形态但具备价值及使用价值的财产，如电力、著作权、发明专利权等。

行为指以人的活动为表现形式的劳动或服务等，如受他人之托保管建筑材料的行为。

工作成果是通过工作获得的满足特定要求的结果。建设工程合同就是一种以特定工作成果即工程项目为标的的合同。

(3) 数量

数量是以数字和计量单位来衡量合同标的的尺度，决定标的大小、多少、轻重等。建设工程合同的数量条款应当注意遵守法定计量规则。

(4) 质量

质量是标的内在质的规定性和外观形态的综合，包括标的内在的物理、化学、机械、生物等性质的规定性，以及性能、稳定性、能耗指标、工艺要求等。

在建设工程合同中，质量条款是由多方面构成的，分布于合同的各个部分，例如，适用的标准或者规范要求、图纸标示或者描述、合同条款的界定。

（5）价款或酬金

价款或酬金指取得标的物或接受劳务的当事人所支付的对价。在以财产为标的的合同中，这一对价称为价款；在以劳务和工作成果为标的的合同中，这一对价称为酬金。

在建设工程合同中，价款或者酬金的条款通常涉及金额、计价模式、计价规则、调价安排、支付安排等内容。

（6）履行期限、地点和方式

1）履行期限

合同的履行期限是指享有权利的一方要求义务相对方履行义务的时间范围。它是权利方要求义务方履行合同的依据，也是检验义务方是否按期履行或迟延履行的标准。

在建设工程合同中，履行期限条款是那些约定施工工期或者提交成果的条款。

2）履行地点

合同履行地点是合同当事人履行和接受履行合同义务的地点。

建设工程施工合同的主要履行地点条款内容相对容易确定，即项目所在地。

3）履行方式

履行方式是指当事人采取什么办法来履行合同规定的义务。

建设工程施工合同中有关施工组织设计的条款，即为履行方式条款。

（7）违约责任

违约责任指违反合同义务应当承担的责任。违约责任条款设定的意义在于督促当事人自觉适当地履行合同，保护非违约方的合法权利。但是，违约责任的承担不一定通过合同约定。即使合同中未约定违约条款，只要一方违约并造成他方损失，就应依法承担违约责任。

（8）解决争议的方法

解决争议的方法指一旦发生纠纷，将以何种方式解决纠纷。合同当事人可以在合同中约定争议解决方式。

约定争议解决方式，主要是在仲裁与诉讼之间作选择。和解与调解并非争议解决的必经阶段。

2. 格式条款

格式条款是当事人为了重复使用而预先拟定，并在订立合同时未与对方协商的条款。工程建设过程中也经常使用格式条款。

（1）提供格式条款一方的责任

《合同法》第 39 条规定："采用格式条款订立合同的，提供格式条款的一方应当遵循公平原则确定当事人之间的权利和义务，并采取合理的方式提请对方注意免除或者限制其责任的条款，按照对方的要求，对该条款予以说明。"

(2) 对格式条款的理解

由于语言文字解释的多样性，经常会发生对格式条款存在不同理解的情况。对此，《合同法》第 41 条规定："对格式条款的理解发生争议的，应当按通常理解予以解释。对格式条款有两种以上解释的，应当作出不利于提供格式条款一方的解释。格式条款和非格式条款不一致的，应当采用非格式条款。"

[案例 3-3]

2003 年 6 月 26 日，某科技公司(甲方)委托某货运服务有限公司(乙方)办理公路货物运输业务，双方在乙方提供的托运单上完成签署，约定了收货人、发货单位、货物名称笔记本电脑，件数 2 台，运费 40 元。在该托运单上附有运输协议条款，其中载明：发货人应保价运输，保价运输的，在承运期内造成货物丢失损坏的按托运单填写的实际价值的 80% 赔偿；未保价的，按运费的 5～10 倍赔偿，最高不超过 800 元，低于运费 10 倍的按实际金额赔偿；保价栏未填写内容和未付保价金的视为放弃报价运输。

托运单签署后，甲方将某品牌某型号笔记本电脑 2 台交付给乙方。但乙方未将托运标的物送达，后确认均已丢失。

随后，甲方起诉乙方，要求其赔偿 2 台笔记本电脑价款 2.6 万元损失；乙方抗辩认为，应当按照托运单上约定的赔偿办法赔偿甲方损失(最高不超过 800 元)。

生效判决认为，托运单上的条款是乙方事先拟定、未经双方充分协商且反复使用，属于"格式条款"。在使用前，乙方并未采取合理方式提醒甲方注意，且该格式条款免除了乙方部分赔偿责任，违反了《合同法》第 40 条的禁止性规定，属于无效条款。乙方无权使用托运单上的条款免除自身赔偿责任。

分析：《合同法》第 40 条规定，"提供格式条款一方免除其责任、加重对方责任、排除对方主要权利的，该条款无效。"本案中，作为格式条款提供方的运输人，在托运单上事先载明未保价者自身最高赔偿限额为 800 元的条款，违反了前述禁止性规定而无效。

3.1.4 合同的形式

合同的形式指订立合同的当事人达成一致意思表示的表现形式。

《合同法》第 10 条规定："当事人订立合同，有书面形式、口头形式和其他形式。法律、行政法规规定采用书面形式的，应当采用书面形式。当事人约定采用书面形式的，应当采用书面形式。"

1. 口头形式

口头形式合同是当事人以直接对话方式订立的合同。口头合同在现实生活中广泛应用，凡当事人无约定或法律未规定特定形式的合同，均可采取口头形式。

合同采用口头形式的优点是简便易行，缺点是发生纠纷时难以取证，难以分清责任。所以，口头合同一般适用于即时结清的小额合同，对于不能即时结清或数额较大的合同，为保证交易安全，一般不采用口头合同。

2. 书面形式

书面形式是指合同书、信件和数据电文（包括电报、电传、传真、电子数据交换和电子邮件）等可以有形地表现所载内容的形式。

书面形式合同的优点是权利义务明确记载，便于履行，纠纷时易于举证和分清责任；缺点是制订过程比较复杂。

《合同法》第 36 条规定，法律、行政法规规定或者当事人约定采用书面形式订立合同，当事人未采用书面形式但一方已经履行主要义务，对方接受的，该合同成立。

3. 其他形式

其他形式指口头形式、书面形式之外的合同形式，即行为推定形式。例如，乘客购买了车票，就默认为乘客与运输公司之间签订了运输合同。

[案例 3-4]

A 建筑公司作为施工总承包单位，将所承揽的施工项目分包给了 B 建筑公司。双方仅仅口头约定了合同中的事项而没有签订书面合同。2006 年 9 月 8 日，B 建筑公司完成了合同中约定的施工项目，向 A 建筑公司要求支付工程款。A 建筑公司以没有签订书面合同，不符合法律规定为由拒绝承担支付工程款的义务。你认为 A 建筑公司的观点正确吗？

分析：

不正确。《合同法》第 270 条规定："建设工程合同应当采用书面形式。"这里的"应当"是必须的意思，也就是说当事人必须要签订书面合同。但是这个"必须"是除了特殊情况之外的"必须"。《合同法》第 36 条就规定了例外的情况。《合同法》第 36 条规定："法律、行政法规规定或者当事人约定采用书面形式订立合同，当事人未采用书面形式但一方已经履行主要义务，对方接受的，该合同成立。"施工分包合同作为建设工程合同应当采用书面形式而没有采用，但是 B 建筑公司已经履行了主要义务，因此该合同是成立的，A 建筑公司应当支付工程款。

3.1.5　缔约过失责任

1. 缔约过失责任含义

缔约过失责任是指在订立合同过程中，一方因违背诚实信用原则所要求的义务而致使另一方信赖利益遭受损失，依法应承担的民事责任。

2. 缔约过失责任的构成要件

构成缔约过失责任应具备如下条件：

(1) 该责任发生在订立合同的过程中

这是违约责任与缔约过失责任的根本区别。只有合同尚未生效，或者虽已生效但被确认无效或被撤销时，才可能发生缔约过失责任。合同是否有效存在，是判定是否存在缔约过失责任的关键。

(2) 当事人违反了诚实信用原则所要求的义务

由于合同未成立，因此当事人并不承担合同义务。但是，在订约阶段，依据诚实信用原则，当事人人负有保密、诚实等法定义务，这种义务也称前合同义务。若当事人因过错违反此义务，则可能产生缔约过失责任。

(3) 受害方的信赖利益遭受损失

所谓信赖利益损失，指一方实施某种行为(如订约建议)后，另一方对此产生信赖(如相信对方可能与自己立约)，并为此发生了费用，后因前者违反诚实信用原则导致合同未成立或者无效，该费用未得到补偿而受到的损失。

3. 缔约过失责任的主要情形

《合同法》第 42 条规定了缔约过失责任主要包括如下三种情形：

(1) 假借订立合同，恶意进行磋商

恶意磋商是在缺乏订立合同真实意愿情况下以订立合同为名目与他人磋商。其真实目的可能是破坏对方与第三方订立合同，也可能是贻误竞争对手商机等。

(2) 故意隐瞒与订立合同有关的重要事实或者提供虚假情况

依诚实信用原则，缔约当事人负有如实告知义务，主要包括：告知自身财务状况和履约能力；告知标的物真实状况(包括瑕疵、性能、使用方法等)。若违反此项义务，即构成欺诈；若因此致对方受到损害，应负缔约过失责任。

(3) 其他违背诚实信用原则的行为

主要有如下几种情形：违反有效要约和要约邀请，违反初步协议，未尽保护、照顾、通知、保密等附随义务，违反强制缔约义务。

[案例 3-5]

2006 年 8 月 8 日，A 建筑公司收到了建设单位发来的某住宅小区施工项目的中标通知书。但 A 建筑公司由于其他业务需要首先考虑而没有立即为此项目做准备。2006 年 8 月 10 日 A 建筑公司又收到了建设单位发来的通知，通知中告知 A 建筑公司已经被取消中标人资格，中标人改为排名第二位的 B 建筑公司。你认为建设单位的做法是否合理？

分析：

是否合理取决于多方面原因。

首先，应该看建设单位是否有合适的理由取消 A 建筑公司的中标资格。《招标投标法》第 49～55 条、57 条规定了中标无效的情形。如果该案例符合这些情形中的某一种，则建设单位的做法是合理的。

其次，如果不符合《招标投标法》关于中标无效的规定，则建设单位的做法不合理。《招标投标法》第四十五条规定："中标人确定后，招标人应当向中标人发出中标通知书，并同时将中标结果通知所有未中标的投标人。中标通知书对招标人和中标人具有法律效力。中标通知书发出后，招标人改变中标结果的，或者中标人放弃中标项目的，应当依法承担法律责任。"这里应当承担的责任就是缔约过失责任。此案例中，即使 A 建筑公司没有为此项目做准备，但是由于其投标的费用已经发生，依然是有损失的。

3.2 合同的效力

3.2.1 合同成立与合同生效

1. 合同成立

合同成立是指当事人完成了签订合同过程，并就合同内容协商一致。合同成立不同于合同生效。合同生效是法律认可合同效力，强调合同内容合法性。因此，合同成立体现了当事人的意志，而合同生效体现国家意志。

(1) 合同成立的一般要件

1) 存在订约当事人

合同成立首先应具备双方或者多方订约当事人，只有一方当事人不可能成立合同。例如，某人以某公司的名义与某团体订立合同，若该公司根本不存在，则可认为只有一方当事人，合同不能成立。

2) 订约当事人对主要条款达成一致

合同成立的根本标志是订约双方或者多方经协商，就合同主要条款达成一致意见。

3) 经历要约与承诺两个阶段

《合同法》第13条规定，"当事人订立合同，采取要约、承诺方式。"缔约当事人就订立合同达成合意，一般应经过要约、承诺阶段。若只停留在要约阶段，合同根本未成立。

(2) 合同成立时间

合同成立时间关系到当事人何时受合同关系拘束，因此合同成立时间具有重要意义。确定合同成立时间，遵守如下规则：

根据《合同法》第32条，"当事人采用合同书形式订立合同的，自双方当事人签字或者盖章时合同成立。"各方当事人签字或者盖章的时间不在同一时间的，最后一方签字或者盖章时合同成立。

根据《合同法》第33条，"当事人采用信件、数据电文等形式订立合同的，可以在合同成立之前要求签订确认书。签订确认书时合同成立。"此时，确认书具有最终正式承诺的意义。

(3) 合同成立地点

合同成立地点可能成为确定法院管辖的依据，因此具有重要意义。确定合同成立地点，遵守如下规则：

根据《合同法》第34条，"承诺生效的地点为合同成立的地点。采用数据电文形式订立合同的，收件人的主营业地为合同成立的地点；没有主营业地的，其经常居住地为合同成立的地点。当事人另有约定的，按照其约定。"

根据《合同法》第35条，"当事人采用合同书形式订立合同的，双方当事人签字或者盖章的地点为合同成立的地点。"

2. 合同生效

合同生效指合同具备生效条件而产生法律效力。所谓产生法律效力指合同对当事人各方产生法律拘束力，即当事人的合同权利受法律保护，当事人的合同义务具有法律上的强制性。

合同生效需要具备以下要件：

(1) 订立合同的当事人必须具有相应民事权利能力和民事行为能力

《合同法》第9条规定，"当事人订立合同，应当具有相应的民事权利能力和民事行为能力。"主体不合格，所订立的合同不能发生法律效力。

至于法人权利能力和行为能力，按照我国原来法律规定及相关理论，其签订的合同严格受其宗旨、目的、章程及经营范围的限制。超越经营范围的合同无效。这种做法受到近期法学理论批评，同时，相当数量法院判例已经转变原来立场，认为在不违反法律、行政法规强制性规范时，即使超越经营范围签订合同也认定有效。最高人民法院《关于适用〈中华人民共和国合同法〉若干问题的解释(一)》第10条规定，"当事人超越经营范围订立合同，人民法院不因此认定合同无效。但违反国家限制经营、特许经营以及法律、行政法规禁止经营规定的除外。"

关于法人之外其他组织权利能力和行为能力，在特定情况下，不具有法人资格的其他组织可以自己名义签订合同，如领取营业执照的法人分支机构具有订约资格。

(2) 意思表示真实

所谓意思表示真实指表意人的表示行为真实反映其内心的效果意思，即表示行为应当与效果意思相一致。

意思表示真实是合同生效的重要构成要件。在意思表示不真实的情况下，合同可能无效，如被欺诈、胁迫致使行为人表示于外的意思与其内心真意不符，且涉及国家利益受损的情况；合同也可能被撤销或者变更，如被欺诈、胁迫致使行为人表示于外的意思与其内心真意不符，但未违反法律和行政法规强制性规定及社会公共利益的情况。

(3) 不违反法律、行政法规的强制性规定，不损害社会公共利益

这里的"法律"是狭义的法律，即全国人民代表大会及其常务委员会依法通过的规范性文件。这里的"行政法规"是国务院依法制定的规范性文件。所谓强制性规定是，当事人必须遵守的不得通过协议加以改变的规定。通常，在法律条文中以"可以"等提示性或者建议性用语表述的内容只是任意性规范，而不是强制性规范，它不要求当事人必须执行。而强制性规范通常以"必须"、"不得"等词语表述，它要求当事人必须严格遵守。

有效合同不仅不得违反法律、行政法规的强制性规定，而且不得损害社会公共利益。社会公共利益是一个抽象的概念，内涵丰富、范围宽泛，包含了政治基础、社会秩序、社会公共道德要求，可以弥补法律行政法规明文规定的不足。对于那些表面上虽未违反现行法律明文强制性规定但实质上损害社会公共利益的合同行为，具有重要的否定作用。

（4）具备法律所要求的形式

《民法通则》第 56 条规定，"民事法律行为可以采取书面形式、口头形式或者其他形式。法律规定是特定形式的，应当依照法律规定。"又根据《合同法》第 44 条，"依法成立的合同，自成立时生效。法律、行政法规规定应当办理批准、登记等手续生效的，依照其规定。"

可见我国法律承认当事人可以依法自主选择合同形式，除非法律、行政法规另有特别规定。

根据最高人民法院《关于适用〈中华人民共和国合同法〉若干问题的解释（一）》第 9 条规定，"法律、行政法规规定合同应当办理登记手续，但未规定登记后生效的，当事人未办理登记手续不影响合同的效力，合同标的物所有权及其他物权不能转移。"因此，法律法规规定的登记备案手续不全是合同生效要件，而应当进一步考察法律行政法规是否明确将该登记备案手续作为合同生效要件。

3.2.2　无效合同

1. 无效合同的类型

无效合同，指合同虽然已经成立，但因其严重欠缺生效要件而不产生合同法律效力的合同。

根据《合同法》第 52 条规定，无效合同的主要类型如下：

（1）一方以欺诈、胁迫的手段订立合同，损害国家利益

根据最高人民法院《关于贯彻执行〈中华人民共和国民法通则〉若干问题的意见（试行）》第 68 条规定，所谓欺诈是，"一方当事人故意告知对方虚假情况，或者故意隐瞒真实情况，诱使对方当事人作出错误意思表示"的行为。

根据最高人民法院《关于贯彻执行〈中华人民共和国民法通则〉若干问题的意见（试行）》第 69 条规定，所谓胁迫是，"以给公民及其亲友的生命健康、荣誉、名誉、财产等造成损害或者以给法人的荣誉、名誉、财产等造成损害为要挟，迫使对方作出违背真实的意思表示"的行为。

并非所有通过欺诈、胁迫的手段订立的合同都是无效合同，只有合同损害了国家利益才能导致合同无效。没有损害国家利益的合同是可撤销合同。

（2）恶意串通，损害国家、集体或第三人利益的合同

恶意串通的合同是指当事人同谋，共同订立某种合同，造成国家、集体或者第三人利益损害的合同。这种无效合同特征如下：

1）当事人出于恶意

恶意是指，行为人明知或者应知某种行为将造成对国家、集体或者第三者的损害而故意为之。

2）当事人之间相互串通

首先，当事人都具有主观恶意，而不只是一人或者一方具有恶意；共同进行意思联络、沟通；既可以表现为当事人事先达成的合谋，也可表现为一方明确表示意思，另一方与其达成默契进行接受。

其次，除了主观恶意外，当事人在客观上相互配合或者共同实施了该串通行为。

3) 损害国家、集体或第三人利益

行为人恶意串通的结果是损害了国家、集体或者第三人利益，在串通行为与损害结果之间具有因果关系。

(3) 以合法形式掩盖非法目的

以合法形式掩盖非法目的是指当事人实施的行为在形式上是合法的，但在内容上或者目的上是非法的。

须注意的是：以合法形式掩盖非法目的的合同并不要求造成损害后果，即无论造成损害与否，只要符合上述特征，即可构成。

(4) 损害社会公共利益

社会公共利益的内涵丰富、外延宽泛。相当一部分社会公共利益的保护，已经纳入法律、行政法规明文规定；但是，仍有部分并未被法律、行政法规所规定，特别是涉及社会公共道德的部分。将损害社会公共利益的合同规定为无效合同，利用"社会公共利益"概念定义的弹性，有助于弥补现行法律、行政法规规定的缺失。

(5) 违反法律、行政法规的强制性规定

合同无效，应当以全国人大及其常委会制定的法律和国务院制定的行政法规为依据，不得以地方性法规、行政规章为依据。同时，必须是违反了法律、行政法规的强制性规范才导致合同无效，违反其中任意性规范并不导致合同无效。所谓任意性规范是，当事人可以通过约定排除其适用的规范，即任意性规范赋予当事人依法进行意思自治。

2. 免责条款无效

免责条款，是指当事人在合同中约定免除或者限制其未来责任的合同条款；免责条款无效，是指没有法律约束力的免责条款。

《合同法》第53条规定："合同中的下列免责条款无效：

1) 造成对方人身伤害的；

2) 因故意或者重大过失造成对方财产损失的。"

造成对方人身伤害就侵犯了对方的人身权，造成对方财产损失就侵犯了对方的财产权。人身权和财产权是法律赋予公民的权利，如果合同中的条款对此权利予以了侵犯，该条款就是违法的条款，这样的免责条款自然就是无效的。

3.2.3 可变更、可撤销合同

1. 可变更、可撤销合同的种类

可变更、可撤销合同，是指合同当事人订立的合同欠缺生效条件时，一方当事人可以依照自己的意思，请求人民法院或仲裁机构作出裁定，从而使合同的内容变更或者使合同的效力归于消灭的合同。

依据《合同法》第54条，下列合同属于可变更、可撤销合同：

(1) 因重大误解订立的合同

在合同实践中，所谓的误解指，合同当事人因自己过错（如误认或者不知情等）而对合同的内容发生错误而订立了合同。《民法通则》第 59 条、《合同法》第 54 条规定了因重大误解订立的合同为可撤销合同。

重大误解的构成条件如下：

1）表意人因为误解作出了意思表示

表意人对合同的相关内容产生了错误认识，并且基于这种错误认识进行了意思表示行为。即表意人的意思表示与其错误认识之间具有因果关系。

2）表意人的误解是重大的

一般的误解并不足以造成合同可变更或撤销。对因误解导致合同可变更或撤销是对误解者的保护，但是，该误解却是误解者自己过错造成的，因此，若不对误解的程度加以限定，将对相对人相当不公平。鉴于此，只有因"重大"误解订立的合同才是可变更或撤销的。

在何谓"重大"的问题上，我国当前司法实践认为，只有对合同主要条款发生误解才构成重大误解。根据最高人民法院《关于贯彻执行〈中华人民共和国民法通则〉若干问题的意见（试行）》第 71 条规定，"行为人因为对行为的性质、对方当事人、标的物的品种、质量、规格和数量等的错误认识，使行为的后果与自己的意思相悖，并造成较大损失的，可以认定为重大误解。"

3）误解是由表意人自己的过失造成的

通常情况下，误解是由表意人自己过失造成，如不注意、不谨慎，而不是受他人欺诈或者其他不正当影响。

4）误解不应是表意人故意发生的

法律不允许当事人在故意发生错误的情况下，借重大误解为由，规避对其不利的后果。如果表意人在缔约时故意发生错误（如保留其真实意思），则表明其追求其意思表示产生的效果，不存在意思表示不真实的情况，不应按重大误解处理。

(2) 在订立合同时显失公平的合同

显失公平合同是合同当事人的权利、义务明显不对等，使某方遭受重大不利，而其他方获得不平衡的重大利益。《合同法》第 54 条规定，在订立合同时显失公平的，当事人一方有权请求人民法院或者仲裁机构变更或者撤销。

显失公平导致合同可变更、可撤销在法律上具有如下特点：

1）合同在订立时就显失公平

可变更、可撤销的显失公平合同要求这种明显失衡的利益安排在合同订立时就已形成，而不是在合同订立以后形成。如果在合同订立之后因为非当事人原因导致合同对一方当事人很不公平，则应属于情势变更问题，不应当按照显失公平合同来处理。

2）合同的内容在客观上利益严重失衡

某当事人获得的利益超过法律允许的限度，而其他方获得的利益与其义务不相称。在我国法律实践中，就显失公平的判断，绝大多数情况下，并未规定具体的数量标准，而留待法院裁量。根据最高人民法院《关于人民法院审理借贷案件的若干意见》规定，民间借贷利率如果高于银行同期同类贷款利率的 4 倍，构成显失公平，超过的部分不受法律保护。

3) 受有过高利益的当事人在主观上具有利用对方的故意

一般认为，在显失公平合同下，遭受不利后果的一方当事人存在轻率、无经验等不利因素，而受益一方故意利用了对方的这种轻率、无经验，或者利用了自身交易优势。

(3) 因欺诈胁迫而订立的合同

根据我国合同法，因欺诈、胁迫而订立的合同应区分为两类：一类是欺诈、胁迫的手段订立合同而损害国家利益的，应作为无效合同对待；另一类是以欺诈、胁迫的手段订立合同但未损害国家利益的，应作为可变更、可撤销合同处理，即被欺诈人、被胁迫人有权将合同变更或撤销。

合同法未将欺诈、胁迫订立的合同一律作无效处理，充分体现了民法的意思自治原则，充分尊重被欺诈人、被胁迫人的意愿，并对维护交易安全具有重要意义。

(4) 乘人之危而订立的合同

根据最高人民法院《关于贯彻执行〈中华人民共和国民法通则〉若干问题的意见(试行)》的解释，乘人之危指一方当事人乘对方处于危难之机，为牟取不正当利益，迫使对方作出不真实的意思表示，从而严重损害对方利益的行为。

同样，合同法将乘人之危订立的合同作为可变更、可撤销合同而不是无效合同处理，体现了对受害人意愿的尊重，并对维护交易安全具有重要意义。

2. 撤销权的行使

(1) 行使撤销权的主体

如果出现上述可变更、可撤销合同，撤销权由重大误解的误解人、显失公平的受害人、被欺诈方、被胁迫方、乘人之危的受害方行使。只有这些合同当事人才有权行使合同撤销权，对方当事人不享有撤销权。

(2) 撤销权的内容

根据《合同法》第54条，一旦合同是可撤销的，则撤销权人可以申请法院或者仲裁机构撤销合同，也可以申请法院或者仲裁机构变更合同，当然，还可以不行使撤销权继续认可该合同的权利。如果撤销权人请求变更的，法院或者仲裁机构不得撤销。

(3) 撤销权的行使范围

《合同法》第56条规定："无效的合同或者被撤销的合同自始没有法律约束力。合同部分无效，不影响其他部分效力的，其他部分仍然有效。"

(4) 可撤销合同被撤销的后果

《合同法》第57条规定："合同无效、被撤销或者终止的，不影响合同中独立存在的有关解决争议方法的条款的效力。"

合同是否无效，是否可被变更或撤销本身就属于争议的范畴之内，如果合同中有关解决争议方法的条款无效，则就无法确定确认合同本身是否有效或者是否可被变更或撤销的途径了。

《合同法》第 58 条规定："合同无效或者被撤销后，因该合同取得的财产，应当予以返还；不能返还或者没有必要返还的，应当折价补偿。有过错的一方应当赔偿对方因此所受到的损失，双方都有过错的，应当各自承担相应的责任。"

《合同法》第 59 条规定："当事人恶意串通，损害国家、集体或者第三人利益的，因此取得的财产收归国家所有或者返还集体、第三人。"

（5）撤销权的消灭

可变更、可撤销合同的效力状态完全取决于撤销权人是否行使撤销权，以及如何行使撤销权。在其行动之前，合同效力状态是不确定的。为了维护交易秩序，法律不允许合同效力状态长期处于不稳定。

为此，《合同法》第 55 条规定，"有下列情形之一的，撤销权消灭：

1）具有撤销权的当事人自知道或者应当知道撤销事由之日起一年内没有行使撤销权；

2）具有撤销权的当事人知道撤销事由后明确表示或者以自己的行为放弃撤销权。"

3.2.4 效力待定合同

1. 效力待定合同的类型

效力待订合同是指合同订立后尚未生效，须权利人追认才能生效的合同。

效力待定合同在订立时是无效的，只有经过追认才转化为有效合同，未经追认，就永远处于无效状态。

依据《合同法》，效力待定合同主要包括四种类型：

（1）限制民事行为能力人依法不能独立签订的合同

1）效力待定的原因

《民法通则》规定，限制民事行为能力人包括两种：10 周岁以上不满 18 周岁的未成年人和不能完全辨认自己行为的精神病人。限制民事行为能力人可以进行与他的年龄、智力相适应的民事活动；其他民事活动由他的法定代理人代理，或者征得他的法定代理人的同意。所以，限制民事行为能力人签订的合同效力待定。

2）此类合同是否有效的决定因素

《合同法》第 47 条规定："限制民事行为能力人订立的合同，经法定代理人追认后，该合同有效，但纯获利益的合同或者与其年龄、智力、精神健康状况相适应而订立的合同，不必经法定代理人追认。

相对人可以催告法定代理人在一个月内予以追认。法定代理人未作表示的，视为拒绝追认。合同被追认之前，善意相对人有撤销的权利。撤销应当以通知的方式作出。"

《合同法》中没有明确规定无民事行为能力人订立的合同是否属于效力待定的合同。但是由于无民事行为能力人所为的民事行为与限制民事行为能力人在超越其年龄、智力、精神健康状况而为的民事行为在本质上是一样的，所以，无民事行为能力人签订的合同也属于效力待定的合同。

（2）无权代理人以被代理人名义订立的合同

1）效力待定的原因

《民法通则》第 63 条规定："公民、法人可以通过代理人实施民事法律行为。

代理人在代理权限内，以被代理人的名义实施民事法律行为。被代理人对代理人的代理行为，承担民事责任。"

根据《合同法》第 48 条，无权代理包括如下三种：

① 行为人没有代理权；

② 行为人超越代理权；

③ 代理权终止后仍以被代理人的名义订立合同。

由于无权代理人不能合法有效代理被代理人，所以其签订的合同效力待定。

2）此类合同是否有效的决定因素

《合同法》第 48 条规定："行为人没有代理权、超越代理权或者代理权终止后以被代理人名义订立的合同，未经被代理人追认，对被代理人不发生效力，由行为人承担责任。

相对人可以催告被代理人在一个月内予以追认。被代理人未作表示的，视为拒绝追认。合同被追认之前，善意相对人有撤销的权利。撤销应当以通知的方式作出。"

同时，《合同法》第 49 条规定："行为人没有代理权、超越代理权或者代理权终止后以被代理人名义订立合同，相对人有理由相信行为人有代理权的，该代理行为有效。"这个条款中的代理就是表见代理。

（3）越权订立的合同

1）效力待定的原因

任何一个单位都有自己的组织结构，组织设计里面都包含组织权限分工。每个岗位都有自己的责任和权利。如果超越了自己的权力范围而为民事行为，其行为就不是必然有效的行为了。这种行为是否有效，需要结合其他因素确定。

2）此类合同是否有效的决定因素

《合同法》第 50 条规定："法人或者其他组织的法定代表人、负责人超越权限订立的合同，除相对人知道或者应当知道其超越权限的以外，该代表行为有效。"

可见，超越权限订立的合同是否有效取决于相对人是否知道行为人超越权限。如果明知其超越权限还依然与之签订合同，合同就是无效的；如果不知道其越权而与之签订合同，则合同就是有效的。

（4）无处分权人订立的合同

1）效力待定的原因

有处分权人处分自己的财产是有效的行为，但是没有处分权人处分了他人的财产已经侵犯了有处分权人的财产权了，就不能视为当然有效的行为了。但是，在一定条件下，这种行为也可以转化为有效的行为。所以，无处分权人处分了他人的财产而签订的合同属于效力待定合同。

2）此类合同是否有效的决定因素

《合同法》第 51 条规定："无处分权的人处分他人财产，经权利人追认或者无处分权的人订立合同后取得处分权的，该合同有效。"

其中，经权利人追认这种情形与"无权代理人以被代理人名义订立的合同"在本质上是一致的，在此就不予解释了。

另一种情形是无处分权人订立合同后取得处分权的。指的是处分人在处分财产时并没有对该财产的处分权，但是对没有处分权的财产处分后取得了处分权，则原来签订的无处分权的处分财产的合同就是有效的了。

3.2.5 附条件和附期限合同

1. 附条件合同

所谓附条件合同是指在合同中规定了一定的条件，并且把该条件的成就与否作为合同效力发生或者效力消灭的根据的合同。附条件合同的主要作用在于反映当事人订立合同的动机，从而满足当事人的不同需要；而一般的合同只反映当事人的目的，而不反映当事人的动机。根据条件对合同效力的影响，可将所附条件分为生效条件和解除条件。

《合同法》第 45 条规定："当事人对合同的效力可以约定附条件。附生效条件的合同，自条件成就时生效。附解除条件的合同，自条件成就时失效。"

在附条件合同的条件成就之前，当事人不应违背法律或者诚实信用原则，为自己利益不正当促成或者阻止条件的成就，而应听任条件的自然发生，否则，应承担不利后果。为此，《合同法》第 45 条规定："当事人为自己的利益不正当地阻止条件成就的，视为条件已成就；不正当地促成条件成就的，视为条件不成就。"

2. 附期限合同

附期限合同指当事人在合同中设定一定的期限，并把未来期限的到来作为合同效力发生或者效力消灭的根据的合同。根据期限对合同效力的影响，可将所附期限分为生效期限和终止期限。

《合同法》第 46 条规定，"当事人对合同的效力可以约定附期限。附生效期限的合同，自期限届至时生效。附终止期限的合同，自期限届满时失效。"

附期限合同与合同履行期限不同。附期限合同是针对合同的效力，期限是否届满将决定合同生效或者失效。合同履行期限是针对当事人的实际履行行为，该期限将决定当事人是否需要实际实施履行合同，但不排除在该期限到来之前合同已经发生效力。

3.3 合同的履行

3.3.1 合同履行的原则

合同履行，是指合同当事人双方依据合同条款的规定，实现各自享有的权利，并承担各自负有的义务。合同的履行，就其实质来说，是合同当事人在合同生效后，全面地、适当地完成合同义务的行为。

从合同关系消灭的角度看，债务人全面适当地履行合同且债权人实现了合同目的，导致合同关系消灭；合同履行是合同关系消灭的主要的正常的原因。因此，合同履行又称为"债的清偿"。

《合同法》第 60 条规定："当事人应当按照约定全面履行自己的义务。

当事人应当遵循诚实信用原则，根据合同的性质、目的和交易习惯履行通知、协助、保密等义务。"根据这条规定，合同当事人履行合同时，应遵循以下原则：

1. 全面、适当履行的原则

全面、适当履行，是指合同当事人按照合同约定全面履行自己的义务，包括履行义务的主体、标的、数量、质量、价款或者报酬以及履行的方式、地点、期限等，都应当按照合同的约定全面履行。

2. 遵循诚实信用的原则

诚实信用原则，是我国《民法通则》的基本原则，也是《合同法》的一项十分重要的原则，它贯穿于合同的订立、履行、变更、终止等全过程。因此，当事人在订立合同时，要讲诚实，要守信用，要善意，当事人双方要互相协作，合同才能圆满地履行。

3. 公平合理，促进合同履行的原则

合同当事人双方自订立合同起，直到合同的履行、变更、转让以及发生争议时对纠纷的解决，都应当依据公平合理的原则，按照《合同法》的规定，根据合同的性质、目的和交易习惯善意地履行通知、协助和保密等附随义务。

4. 当事人一方不得擅自变更合同的原则

合同依法成立，即具有法律约束力，因此，合同当事人任何一方均不得擅自变更合同。《合同法》在若干条款中根据不同的情况对合同的变更，分别作了专门的规定。这些规定更加完善了我国的合同法律制度，并有利于促进我国社会主义市场经济的发展和保护合同当事人的合法权益。

3.3.2　合同履行的主体

合同履行的主体包括完成履行的一方（履行人）和接受履行的一方（履行受领人）。

完成履行的一方首先是债务人，也包括债务人的代理人，但是法律规定、当事人约定或者性质上必须由债务人本人亲自履行者除外。另外，当事人约定的债务人之外第三人也可为履行人。但是，约定代为履行债务的第三人的不履行责任却要由原债务人承担。《合同法》第 65 条："第三人不履行债务或者履行债务不符合约定，债务人应当向债权人承担违约责任。"

接受履行的一方首先是债权人，由债权人享有给付请求权及受领权。但是，在某些情况下，接受履行者也可以是债权人之外的第三人，如当事人约定由债务人向第三人履行债务。但是，债务人如果没有向约定受偿的第三人履行债务，却要向原合同的债权人承担违约责任。《合同法》第 64 条规定："债务人未向第三人履行债务或者履行债务不符合约定，应当向债权人承担违约责任。"

举例：某承包人委托某进出口代理商进口成套设备，该代理商依约以自己名义与境外设备供应商订立进口合同，该合同双方约定该供应商将设备运至项目现场，接受人为该承包人。本例即属于上述"当事人约定由债务人向第三人履行债务"的情形。

3.3.3 合同条款空缺

1. 合同条款空缺的含义

合同条款空缺是指所签订的合同中约定的条款存在缺陷或者空白点，使得当事人无法按照所签订的合同履约的法律事实。

当事人订立合同时，对合同条款的约定应当明确、具体，以便于合同履行。然而，由于某些当事人因合同法律知识的欠缺，对事物认识上的错误以及疏忽大意等原因，而出现欠缺某些条款或者条款约定不明确，致使合同难以履行，为了维护合同当事人的正当权益，法律规定允许当事人之间可以约定，采取措施，补救合同条款空缺的问题。

2. 解决合同条款空缺的原则

为了解决合同条款空缺的问题，《合同法》第 61 条给出了原则性规定："合同生效后，当事人就质量、价款或者报酬、履行地点等内容没有约定或者约定不明确的，可以协议补充；不能达成补充协议的，按照合同有关条款或者交易习惯确定。"

3. 解决合同条款空缺的具体规定

(1) 适用于普通商品的具体规定

《合同法》第 62 条规定，"当事人就有关合同内容约定不明确，依照本法第 61 条的规定仍不能确定的，适用下列规定：

1) 质量要求不明确的，按照国家标准、行业标准履行；没有国家标准、行业标准的，按照通常标准或者符合合同目的的特定标准履行。

2) 价款或者报酬不明确的，按照订立合同时履行地的市场价格履行；依法应当执行政府定价或者政府指导价的，按照规定履行。

3) 履行地点不明确，给付货币的，在接受货币一方所在地履行；交付不动产的，在不动产所在地履行；其他标的，在履行义务一方所在地履行。

4) 履行期限不明确的，债务人可以随时履行，债权人也可以随时要求履行，但应当给对方必要的准备时间。

5) 履行方式不明确的，按照有利于实现合同目的的方式履行。

6) 履行费用的负担不明确的，由履行义务一方负担。"

(2) 适用于政府定价或者政府指导价商品的具体规定

政府定价是指对于一些特殊的商品，政府不允许当事人根据供给和需求自行决定价格，而是由政府直接为该商品确定价格。

政府指导价是指对于一些特殊的商品，政府不允许当事人根据供给和需求自行决定价格，而是由政府直接为该商品确定价格的浮动区间。

政府定价或者政府指导价的商品由于其具有自身的特殊性，《合同法》作出了单独规定。《合同法》第 63 条规定："执行政府定价或者政府指导价的，在合同约定的交付期限内政府价格调整时，按照交付时的价格计价。逾期交付标的物的，遇价格上涨时，按照原价格执行；价格下降时，按照新价格执行。逾期提取标的物或者逾期付款的，遇价格上涨时，按照新价格执行；价格下降时，按照原价格执行。"

[案例 3-6]

2006 年 6 月 8 日，某建筑公司与某炼油厂签订了购买汽油的合同。合同中约定 2006 年 12 月 8 日由炼油厂将所购买的 100 吨汽油运至建筑公司施工现场。为了保证合同的履行，建筑公司应炼油厂的要求交付了 5 万元保证金。但是炼油厂没有按时交货，直到 2007 年 1 月 20 日才将汽油运至建筑公司的施工现场。此时汽油已经降价。你认为建筑公司最终应支付给炼油厂的费用如何得出？

分析：

首先，要确定适用哪个价格？由于属于炼油厂没能按时交货，依据《合同法》第 63 条的"逾期交付标的物的，遇价格上涨时，按照原价格执行；价格下降时，按照新价格执行。"应该执行 2007 年 1 月 20 日已经降低的价格。

其次，建筑公司应该要求炼油厂支付合同中约定的违约金。如果由于炼油厂的违约而导致的建筑公司的损失超过了违约金的数额，建筑公司可以要求其增加违约金。

第三，确认违约金的数额是否高于采用定金条款所能获得的利益，如果高于定金条款所能获得的利益，则采用违约金条款，否则采用定金条款。

第四，如果采用了违约金条款，建筑公司所提交的定金由于其没有违约可以收回。

综上即可得出建筑公司应该支付给炼油厂的全部费用。

3.3.4 抗辩权

抗辩权是指在双务合同中，在符合法定条件时，当事人一方可以暂时拒绝对方当事人的履行要求的权利。包括同时履行抗辩权、先履行抗辩权和不安抗辩权。

双务合同是指当事人双方都有义务的合同。例如，施工承包合同就是双务合同，施工单位有义务要修建工程，建设单位有义务要支付工程款。只有一方有义务的合同称为单务合同，例如赠与合同就是单务合同。抗辩权必须适用于双务合同。

双务合同中的抗辩权是对抗辩权人的一种保护措施，免除抗辩权人履行后得不到对方对应履行的风险；使对方当事人产生及时履行合同的压力；是重要的债权保障制度。行使抗辩权是正当的权利，而非违约，应受到法律保护，而不应当使行使抗辩权人承担违约责任等不利后果。

需要注意的是，抗辩权的行使只能暂时拒绝对方的履行请求，即中止履行，而不能消灭对方的履行请求权。一旦抗辩权事由消失，原抗辩权人仍应当履行其债务。

1. 同时履行抗辩权

(1) 同时履行抗辩权的含义

同时履行，是指合同订立后，在合同有效期限内，当事人双方不分先后地履行各自的义务的行为。

同时履行抗辩权，是指在没有规定履行顺序的双务合同中，当事人一方在当事人另一方未为对待给付以前，有权拒绝先为给付的权利。

《合同法》第66条规定："当事人互负债务，没有先后履行顺序的，应当同时履行。一方在对方履行之前有权拒绝其履行要求。一方在对方履行债务不符合约定时，有权拒绝其相应的履行要求。"

(2) 同时履行抗辩权的成立条件

1) 由同一双务合同产生互负的债务

双务合同是产生抗辩权的基础，单务合同中不存在抗辩权的问题。同时，当事人只有通过不履行本合同中的义务来对抗对方在本合同中的不履行，而不能用一个合同中的权利去对抗另一个合同。

2) 在合同中未约定履行顺序

这正是同时履行的本质。如果约定了履行顺序，其抗辩权就不是同时履行抗辩权，而是后面要提到的异时履行抗辩权了。

3) 当事人另一方未履行债务

只有一方未履行其义务，另一方才具有行使抗辩权的基本条件。

4) 对方的对待给付是可能履行的义务

倘若对方所负债务已经没有履行的可能性，即同时履行的目的已不可能实现时，则不发生同时履行抗辩问题，当事人可依照法律规定解除合同。

2. 先履行抗辩权

(1) 先履行抗辩权的含义

先履行抗辩权是指当事人互负债务，有先后履行顺序的，先履行一方未履行债务或者履行债务不符合约定，后履行一方有权拒绝先履行一方的履行的请求。

《合同法》第67条规定："当事人互负债务，有先后履行顺序，先履行一方未履行的，后履行一方有权拒绝其履行要求。先履行一方履行债务不符合约定的，后履行一方有权拒绝其相应的履行要求。"

(2) 先履行抗辩权的成立条件

1) 由同一双务合同产生互负的对待给付债务；

2) 合同中约定了履行的顺序；

3) 应当先履行的合同当事人没有履行合同债务或者没有正确履行债务；

4) 应当先履行的对待给付是可能履行的义务。

3. 不安抗辩权

(1) 不安抗辩权的含义

不安抗辩权是指具有先给付义务的一方当事人，当相对人财产明显减少或欠缺信用，不能保证对待给付时，拒绝自己给付的权利。

依据《合同法》第 68 条，应当先履行债务的当事人，有确切证据证明对方有下列情形之一的，可以中止履行：

1）经营状况严重恶化；

2）转移财产、抽逃资金，以逃避债务；

3）丧失商业信誉；

4）有丧失或者可能丧失履行债务能力的其他情形。

当事人没有确切证据中止履行的，应当承担违约责任。

(2) 不安抗辩权的成立条件

1）双方当事人基于同一双务合同而互负债务；

2）债务履行有先后顺序；

3）履行顺序在后的一方履行能力明显下降，有丧失或者可能丧失履行债务能力的情形；

4）履行顺序在后的当事人未提供适当担保。

(3) 先履行一方的权利和义务

先履行义务一方可以依法行使不安抗辩权，在行使不安抗辩权的过程中依法享有权利并承担义务。

《合同法》第 69 条规定："当事人依照本法第 68 条的规定中止履行的，应当及时通知对方。对方提供适当担保时，应当恢复履行。中止履行后，对方在合理期限内未恢复履行能力并且未提供适当担保的，中止履行的一方可以解除合同。"

3.3.5 代位权

1. 代位权的含义

代位权，是指债权人为了保障其债权不受损害，而以自己的名义代替债务人行使债权的权利。

关于债权，债权人只能向债务人请求履行，原则上是不涉及第三人的。但是，当债务人与第三人的行为危害到债权人的利益时，法律规定允许债权人对债务人与第三人的行为行使一定权利，以排除对其债权的危害。

《合同法》第 73 条规定："因债务人怠于行使到期债权，对债权人造成损害的，债权人可以向人民法院请求以自己的名义代位行使债务人的债权，但该债权专属于债务人自身的除外。

代位权的行使范围以债权人的债权为限。债权人行使代位权的必要费用，由债务人负担。"

2. 代位权行使的条件

根据《最高人民法院关于适用〈中华人民共和国合同法〉若干问题的解释（一）》第 11 条规定，债权人提起代位权诉讼，应当符合下列条件：

(1) 债权人对债务人的债权合法

债权人与债务人之间的债权债务关系必须合法存在，否则代位权就失去其存在的基础。因此，如果合同未成立、合同被宣告无效或者合同被撤销，或者合同关系已经被解除，则不存在行使代位权的可能。

必须指出的是，债权人对债务人的债权还应该是确定的。这里所指的确定是，债务人对于债权的存在及其内容并无异议，或者该债权经过了法院或者仲裁机构裁判后所作的确定。因为，如果债权人的债权不确定却允许其行使代位权，则可能导致债务人不能有效抗辩，或者可能给债务人造成不必要的损害。

(2) 债务人怠于行使其到期债权，对债权人造成损害

债务人怠于行使其到期债权，意味着债务人对其债务人享有债权，且该债权已届清偿期，而债务人却不积极主张该债权。但是，如何认定"债务人怠于行使其到期债权"呢？为此，《最高人民法院关于适用〈中华人民共和国合同法〉若干问题的解释(一)》第13条规定，"'债务人怠于行使其到期债权，对债权人造成损害的'，是指债务人不履行其对债权人的到期债务，又不以诉讼方式或者仲裁方式向其债务人主张其享有的具有金钱给付内容的到期债权，致使债权人的到期债权未能实现。"

因此，债务人怠于行使到期债权是有客观明确的标准，即债务人不以诉讼方式或者仲裁方式向次债务人主张到期债权。此外，债务人怠于行使对对其债务人的到期债权与债务人不能清偿自己对债权人的到期债务之间具有因果关系。

(3) 债务人的债权已到期

债务人的债权已到期是债权人可以对其债务人行使债权的条件，而债权人的代位权是代位行使本属于债务人的债权，因此，债务人债权已到期也是债权人行使代位权的条件。

(4) 债务人的债权不是专属于债务人自身的债权

根据《合同法》第73条规定，债权人可以代位行使的权利必须是专属于债务人的权利。至于什么是专属于债务人的权利，《最高人民法院关于适用〈中华人民共和国合同法〉若干问题的解释(一)》第12条规定，"基于扶养关系、抚养关系、赡养关系、继承关系产生的给付请求权和劳动报酬、退休金、养老金、抚恤金、安置费、人寿保险、人身伤害赔偿请求权等权利。"

上述司法解释列举的专属于债务人的权利，都带有人身性质，且关系到债务人的基本生存条件，因此，不应由债权人代位行使。

3. 代位权行使的效力

在债务链中，如果原债务人的债务人向原债务人履行债务，原债务人拒绝受领时，则债权人有权代原债务人受领。但在接受之后，应当将该财产交给原债务人，而不能直接独占财产。然后，再由原债务人向债权人履行其债务。如原债务人不主动履行债务时，债权人可请求强制履行受偿。

3.3.6 撤销权

1. 撤销权的含义

撤销权，是指债权人对于债务人危害其债权实现的不当行使，有请求人民法院予以撤销的权利。

在合同履行过程中，当债权人发现债务人的行为将会危害自身的债权实现时，可以行使法定的撤销权，以保障合同中约定的合法权益。

《合同法》第74条规定："因债务人放弃其到期债权或者无偿转让财产，对债权人造成损害的，债权人可以请求人民法院撤销债务人的行为。债务人以明显不合理的低价转让财产，对债权人造成损害，并且受让人知道该情形的，债权人也可以请求人民法院撤销债务人的行为。撤销权的行使范围以债权人的债权为限。债权人行使撤销权的必要费用，由债务人负担。"

2. 撤销权的构成要件

根据《合同法》第74条及其他相关条款来看，债权人行使撤销权须具备一定条件，而且还要区分债务人的行为是否有偿而导致该条件的不同。债权人行使撤销权的具体条件如下。

(1) 债务人实施了处分财产的行为

根据《合同法》第74条规定，可能导致债权人行使撤销权的债务人行为包括如下三种情形：

1）债务人放弃到期债权。也就是说，债务人享有对第三人的到期债权，但是，债务人免除了该第三人（即债务人的债务人）的债务。

2）债务人无偿转让财产。这主要指，债务人将其财产赠与他人。

3）债务人以明显不合理的低价转让财产。诸如，以1千元的价格转让价值10万元的财产等。此等行为多是隐匿财产、逃避债务的表现。

但是，在债务人所从事的下列行为中，虽然有可能使债务人财产减少，或者本应增加的财产没有增加，但是，债权人仍然不能行使撤销权：

1）债务人拒绝接受某种可能使之获利的行为。这是因为，撤销权目的在于防止债务人财产减少，并恢复债务人财产状况，而不在于增加债务人的财产。

2）债务人从事的减少财产行为与其身份密切相关，诸如收养子女。这是因为，撤销权针对的是财产行为，而不包括身份行为。

3）不作为的行为。此类行为属于消极行为，债权人无从撤销。

(2) 债务人处分财产的行为发生在债权人的债权成立之后

之所以要求债务人处分财产的行为应发生在债权成立之后，是因为只有这样才能体现债务人侵害债权人债权的恶意。如果债务人处分财产的行为发生在债权人债权成立之前，则债权人对债务人处分行为能够有所了解，对债务人的财产状况也能够有所了解。在这种情况下，债权人仍然愿意与债务人订立合同，则应属于债权人愿意自担风险，债权人就不能再享有撤销权。

(3) 债权人处分财产的行为已经发生效力

债权人的撤销权建立在债务人处分财产的行为已经生效的基础上。如果债务人的行为没有成立和生效，或者就是无效行为，就不必由债权人行使撤销权。因为，未成立和生效的行为无从撤销；无效行为可以通过法律上的无效制度请求法院宣告该行为无效。

（4）债务人处分财产的行为侵害债权人债权

并非债务人任何处分财产行为都导致债权人行使撤销权，只有当债务人处分财产的行为已经或者将要严重侵害债权人的债权时，债权人才能行使撤销权。一般认为，当债务人实施处分财产后，其资产已经不够向债权人清偿债务，就可以认定为其行为有害于债权人的债权。

（5）在债务人处分行为是有偿时，债务人和第三人在主观上具有恶意

如果债务人处分行为是无偿的，诸如"放弃其到期债权或者无偿转让财产"，则不要求债务人和第三人在主观上具有恶意，只要符合前文提及的四方面条件，债权人即可行使撤销权。

如果债务人处分行为是有偿的，则要求债务人和第三人在主观上具有恶意。

虽然《合同法》第 74 条没有明确规定债务人主观恶意，但是我国通说认为，此时对于债务人仍有主观要件的要求。

合同法第 74 条明确规定了第三人在主观上应为恶意，即"受让人知道该情形"。因此，即使债务人恶意处分自己财产且侵害债权人利益，但是，如果第三人在与债务人交易时是善意的、无过失的、不知情的，就应保护这种交易，债权人的撤销权不应支持。

3. 撤销权的行使期限

《合同法》第 75 条规定："撤销权自债权人知道或者应当知道撤销事由之日起一年内行使。自债务人的行为发生之日起五年内没有行使撤销权的，该撤销权消灭。"

3.4　合同的变更、转让与终止

3.4.1　合同的变更

合同的变更有广义与狭义的区分。

狭义的变更是指合同内容的某些变化，是在主体不变的前提下，在合同没有履行或没有完全履行前，由于一定的原因，由当事人对合同约定的权利义务进行局部调整。这种调整，通常表现为对合同某些条款的修改或补充。

广义的合同变更是指除包括合同内容的变更外，还包括合同主体的变更。即由新的主体取代原合同的某一主体。这实质上是合同的转让。

1. 合同变更的分类

合同变更分为约定变更和法定变更。

（1）约定变更

当事人经过协商达成一致意见，可以变更合同。

《合同法》第 77 条规定："当事人协商一致，可以变更合同。法律、行政法规规定变更合同应当办理批准、登记等手续的，依照其规定。"

（2）法定变更

法律也规定了在特定条件下，当事人可以不必经过协商而变更合同。《合同法》第 308 条规定："在承运人将货物交付收货人之前，托运人可以要求承运人中止运输、返还货物、变更到达地或者将货物交给其他收货人，但应当赔偿承运人因此受到的损失。"

2. 合同变更的成立条件

（1）合同关系已经存在

合同变更是针对已经存在的合同，无合同关系就无从变更。合同无效、合同被撤销，视为无合同关系，也不存在合同变更的可能。

（2）合同内容发生变化

合同内容变更可能涉及合同标的、数量、质量、价款或者酬金、期限、地点、计价方式等等变更。建设工程施工承包领域的设计变更即为涉及合同内容的变更。《合同法》第 78 条规定："当事人对合同变更的内容约定不明确的，推定为未变更。"

（3）经合同当事人协商一致，或者法院、仲裁庭裁决，或者援引法律直接规定

（4）符合法律、行政法规要求的方式

如果法律、行政法规对合同变更方式有要求，则应遵守这种要求。例如《中外合作经营企业法（2000 年修正）》第 7 条规定，"中外合作者在合作期限内协商同意对合作企业合同作重大变更的，应当报审查批准机关批准"，该批准程序即是法律明确规定的合同变更形式。

［案例 3-7］

某建筑公司在施工的过程中发现所使用的水泥混凝土的配合比无法满足强度要求，于是将该情况报告给了建设单位，请求改变配合比。建设单位经过与施工单位负责人协商认为可以将水泥混凝土的配合比作一下调整。于是双方就改变水泥混凝土配合比重新签订了一个协议，作为原合同的补充部分。你认为该新协议有效吗？

分析：

无效。尽管该新协议是建设单位与施工单位协商一致达成的，但是由于违反法律规定而无效。《建设工程勘察设计管理条例》第 28 条规定："建设单位、施工单位、监理单位不得修改建设工程勘察、设计文件；确需修改建设工程勘察、设计文件的，应当由原建设工程勘察、设计单位修改。经原建设工程勘察、设计单位书面同意，建设单位也可以委托其他具有相应资质的建设工程勘察、设计单位修改。"所以，没有设计单位的参与，仅仅建设单位与施工单位达成的协议是无效的。

3.4.2　合同的转让

合同转让是指合同当事人一方依法将合同权利、义务全部或者部分转让给他人。

合同转让，在习惯上又称为合同主体的变更，是以新的债权人代替了原合同的债权人，或者以新的债务人代替了原合同的债务人。

合同转让是债的转让的一种，体现了债权债务关系是动态的财产关系这一特征。

1. 合同转让的分类

合同转让的类型有：

(1) 合同权利转让；

(2) 合同义务转移；

(3) 合同权利义务概括转让(也称概括转移)。

2. 合同权利转让

(1) 合同权利转让的含义

合同权利转让是指在不改变合同权利义务内容基础上，享有合同权利的当事人将其权利转让给第三人享有。合同权利转让包括合同权利部分转让和合同权利全部转让。

合同权利部分转让是第三人(受让人)与合同原债权人共同享有债权，可以约定是按份分享合同债权，也可以约定连带共享债权。如果没有约定，一般推定为连带共享债权。合同权利全部转让是第三人(受让人)取代合同原债权人而成为新债权人，原债权人脱离合同关系。

(2) 合同权利转让的条件

合同权利只有在一定条件下方可转让。

1) 被转让的合同权利须有效存在

无效合同或者已经被终止的合同不产生有效合同权利，不产生有效的合同权利转让。

2) 转让人与受让人达成合同权利转让的协议

受让人如果不接受该权利，合同权利是不能被转让的。

3) 被转让的合同权利应具有可转让性

《合同法》第 79 条规定："债权人可以将合同的权利全部或者部分转让给第三人，但有下列情形之一的除外：

① 根据合同性质不得转让；

② 按照当事人约定不得转让；

③ 依照法律规定不得转让。"

4) 符合法定的程序

《合同法》第 80 条规定："债权人转让权利的，应当通知债务人。未经通知，该转让对债务人不发生效力。

债权人转让权利的通知不得撤销，但经受让人同意的除外。"

《合同法》第 87 条规定："法律、行政法规规定转让权利或者转移义务应当办理批准、登记等手续的，依照其规定。"

(3) 合同权利转让的效力

1) 受让人成为合同新债权人

有效的合同转让将使转让人（原债权人）脱离原合同，受让人取代其法律地位而成为新的债权人。但是，在债权部分转让时，只发生部分取代，而由转让人和受让人共同享有合同债权。

2）其他权利随之转移

① 从权利随之转移。《合同法》第81条规定："债权人转让权利的，受让人取得与债权有关的从权利，但该从权利专属于债权人自身的除外。"

合同可以分为主合同和从合同。

主合同是指不以其他合同的存在为前提而独立存在和独立发生效力的合同。

从合同又称附属合同，是指不具备独立性，以其他合同的存在为前提而成立并发生效力的合同。

例如在借贷合同与担保合同中，借贷合同属于主合同，因为它能够单独存在，并不因为担保合同不存在而失去法律效力；而担保合同则属于从合同，它仅仅是为了担保借贷合同的正常履行而存在的，如果借贷合同因为借贷双方履行完合同义务而宣告合同效力解除后，担保合同就因为失去存在条件而失去法律效力。主合同和从合同的关系为：主合同和从合同并存时，两者发生互补作用。主合同无效或者被撤销，从合同也将失去法律效力；而从合同无效或者被撤销一般不影响主合同的法律效力。

主合同中的权利和义务称为主权利、主义务，从合同中的权利和义务称为从权利、从义务。

② 抗辩权的行使对象随之转移。由于债权已经转让，原合同的债权人已经由第三人代替，所以，债务人的抗辩权就不能再向原合同的债权人行使了，而要向接受债权的第三人行使。

《合同法》第82条规定："债务人接到债权转让通知后，债务人对让与人的抗辩，可以向受让人主张。"

③ 抵消权的转移。如果原合同当事人存在可以依法抵消的债务，则在债权转让后，债务人的抵消权可以向受让人主张。

《合同法》第83条规定："债务人接到债权转让通知时，债务人对让与人享有债权，并且债务人的债权先于转让的债权到期或者同时到期的，债务人可以向受让人主张抵消。"

3. 合同义务转移

(1) 合同义务转移的含义

合同义务转移是指在不改变合同权利义务内容基础上，承担合同义务的当事人将其义务转由第三人承担。合同义务转移可以分为合同义务全部转让和合同义务部分转让。

合同义务部分转移指合同原债务人并不脱离合同关系，而由第三人与原债务人共同承担债务。原债务人与第三人承担连带债务，除非当事人另有特别约定。

合同义务全部转移指第三人取代合同原债务人地位而承担全部债务，并使原债务人脱离合同关系。

(2) 合同义务转移的条件

合同义务只有在一定条件下方可转移。

1) 被转移的债务有效存在

本来不存在的债务、无效的债务或者已经终止的债务，不能成为债务承担的对象。

2) 第三人须与债务人达成协议

第三人如果不接受该债务，债务人是不可以将债务强行转移给第三人的。

3) 被转移的债务应具有可转移性

如下合同不具有可转移性：

其一，某些合同债务与债务人的人身有密切联系，诸如，以特定债务人特定技能为基础的合同(例如演出合同)，以特别人身信任为基础的合同(例如委托合同)，一般情况下，此类合同义务不具有可转移性。

其二，如果当事人特别约定合同债务不得转移，则这种约定应当得到遵守。

其三，如果法律强制性规范规定不得转让债务，则该合同债务不得转移。例如《建筑法》第 28 条规定，禁止承包单位将其承包的全部建筑工程转包给他人。这就属于法律强制性规范规定债务不得转移的情形。

4) 符合法定的程序

《合同法》第 84 条规定："债务人将合同的义务全部或者部分转移给第三人的，应当经债权人同意。"

债务转移同时也要遵守《合同法》第 87 条的规定，即："法律、行政法规规定转让权利或者转移义务应当办理批准、登记等手续的，依照其规定。"

(3) 合同义务转移的效力

1) 承担人成为合同新债务人

就合同义务全部转移而言，承担人取代债务人成为新的合同债务人，若承担人不履行债务，将由承担人直接向债权人承担违约责任；原债务人脱离合同关系。就合同义务部分转移而言，债务人与承担人成为连带债务人。

2) 抗辩权随之转移

由于债务已经转移，原合同的债务人已经由第三人代替，所以，债务人的抗辩权就只能由接受债务的第三人行使了。

《合同法》第 85 条规定："债务人转移义务的，新债务人可以主张原债务人对债权人的抗辩。"

3) 从债务随之转移

《合同法》第 86 条规定："债务人转移义务的，新债务人应当承担与主债务有关的从债务，但该从债务专属于原债务人自身的除外。"

4. 合同权利义务概括转让

(1) 合同权利义务概括转移的含义

合同权利义务概括转移是指合同当事人一方将其合同权利义务一并转让给第三方，由该第三方继受这些权利义务。

合同权利义务概括转移包括了全部转移和部分转移。全部转移指合同当事人原来一方将其权利义务全部转移给第三人。部分转移指合同当事人原来一方将其权利义务的一部分转移给第三人；此时转让人和承受人应约定各自分得的债权债务的份额和性质，若没有约定或者约定不明，应视为连带之债。

（2）债权债务的概括转移的条件

1）转让人与承受人达成合同转让协议

这是债权债务的概括转移的关键。如果承受人不接受该债权债务，则无法发生债权债务的转移。

2）原合同必须有效

原合同无效不能产生法律效力，更不能转让。

3）原合同为双务合同

只有双务合同才可能将债权债务一并转移，否则只能为债权让与或者是债务承担。

4）符合法定的程序

《合同法》第88条规定："当事人一方经对方同意，可以将自己在合同中的权利和义务一并转让给第三人。"可见，经对方同意是概括转让的一个必要条件。因为概括转让包含了债务转移，而债务转移要征得债权人的同意。

《合同法》第89条规定："权利和义务一并转让的，适用本法第79条、第81条至第83条、第85条至第87条的规定。"这些条款涉及概括转移的效力，上文都有叙述，此处就不再对这些条款进行解释了。

（3）企业的合并与分立涉及权利义务概括转移

企业合并指两个或者两个以上企业合并为一个企业。企业分立则指一个企业分立为两个及两个以上企业。

企业合并或者分立均可能出现某个企业被注销（被终止主体资格）的情况，那么该被注销的企业在合并或者分立之前所订立的合同权利义务如何处置呢？就此，《民法通则》第44条第2款规定，"企业法人分立、合并，它的权利和义务由变更后的法人享有和承担。"《合同法》第90条规定，"当事人订立合同后合并的，由合并后的法人或者其他组织行使合同权利，履行合同义务。当事人订立合同后分立的，除债权人和债务人另有约定的以外，由分立的法人或者其他组织对合同的权利和义务享有连带债权，承担连带债务。"

企业合并或者分立，原企业的合同权利义务将全部转移给新企业，这属于法定的权利义务概括转移，因此，不需要取得合同相对人的同意。

[案例3-8]

A开发公司是某家园住宅小区的建设单位；B建筑公司是该项目的施工单位；C采石场是为B建筑公司提供建筑石料的材料供应商。

2006年9月18日，住宅小区竣工。按照施工合同约定，开发公司应该于2006年9月30日向建筑公司支付工程款。而按照材料采供合同约定，建筑公司应该于同一天向采石场支付材料款。

2006 年 9 月 28 日，建筑公司负责人与采石场负责人协议并达成一致意见，由开发公司代替建筑公司向采石场支付材料款。建筑公司将该协议的内容通知了开发公司。

2006 年 9 月 30 日，C 采石场请求 A 开发公司支付材料款，但是 A 开发公司却以未经其同意为由拒绝支付。你认为 A 开发公司的拒绝应该予以支持吗？

分析：

不应该支持。《合同法》第 80 条规定："债权人转让权利的，应当通知债务人。未经通知，该转让对债务人不发生效力。债权人转让权利的通知不得撤销，但经受让人同意的除外。"可见，债权转让的时候无须征得债务人的同意，只要通知债务人即可。该案例中，B 建筑公司已经将债权转让事宜通知了债务人 A 开发公司，所以，该转让行为是有效的。建设单位必须支付材料款。

3.4.3　合同的权利义务终止

1. 合同的权利义务终止的含义

合同权利义务终止是指由于一定的法律事实发生，使合同设定的权利义务归于消灭的法律现象。

合同权利义务终止是合同效力停止的表现，即合同当事人不再受合同约束。合同权利义务的终止与当事人的利益密切相关，因此合同管理者或者合同当事人需要掌握导致合同权利义务终止的原因、条件和程序。

2. 合同解除

合同解除是指在合同有效成立之后而没有履行完毕之前，当事人双方通过协议或者一方行使约定或法定解除权的方式，使当事人设定的权利义务关系终止的行为。

(1) 合同解除的特征

合同解除的特征包括：

1) 合同解除是以有效成立的合同为对象

对于无效合同，因其自始不发生履行效力，不能也无须适用解除的规则。

2) 合同解除须具备必要的解除条件

这里的解除条件包括约定的解除条件和法定的解除条件。不具备解除条件的合同不能被解除。

3) 合同解除应当通过解除行为

如果具备合同解除条件，但是合同当事人未进行合同解除行为，将不发生合同自动解除的效果。

4) 合同解除的效果是合同关系消灭

合同解除的效果是使合同关系归于消灭，当事人不再受合同约束。

(2) 合同解除的分类

根据《合同法》相关规定，合同解除可分为：

1) 约定解除。

《合同法》第93条规定："当事人协商一致，可以解除合同。

当事人可以约定一方解除合同的条件。解除合同的条件成就时，解除权人可以解除合同。"

通过这个条款，我们可以将约定解除再进一步分为：

① 协商解除。协商解除是当事人就解除合同进行协商，达成一致意见后解除的合同。协商解除是当事人"以第二个合同解除第一个合同"。

② 行使约定解除权的解除。当事人在签订合同时就约定了解除合同的条件，条件成就时，一方当事人就可以行使解除权而解除合同。

2) 法定解除

法定解除是指在符合法定条件时，当事人一方有权通知另一方解除合同。

《合同法》第94条规定：有下列情形之一的，当事人可以解除合同：

① 因不可抗力致使不能实现合同目的；

② 在履行期限届满之前，当事人一方明确表示或者以自己的行为表明不履行主要债务；

③ 当事人一方迟延履行主要债务，经催告后在合理期限内仍未履行；

④ 当事人一方迟延履行债务或者有其他违约行为致使不能实现合同目的；

⑤ 法律规定的其他情形。

(3) 解除权的行使

法定解除和行使约定解除权的解除并不是依法自动解除。

1) 解除权行使的期限

《合同法》第95条规定："法律规定或者当事人约定解除权行使期限，期限届满当事人不行使的，该权利消灭。

法律没有规定或者当事人没有约定解除权行使期限，经对方催告后在合理期限内不行使的，该权利消灭。"

2) 解除权行使的方式

《合同法》第96条规定："当事人一方依照本法主张解除合同的，应当通知对方。合同自通知到达对方时解除。对方有异议的，可以请求人民法院或者仲裁机构确认解除合同的效力。

法律、行政法规规定解除合同应当办理批准、登记等手续的，依照其规定。"

(4) 合同解除的法律后果

《合同法》第97条规定："合同解除后，尚未履行的，终止履行；已经履行的，根据履行情况和合同性质，当事人可以要求恢复原状、采取其他补救措施，并有权要求赔偿损失。"

[案例3-9]

A开发公司作为建设单位与施工单位B建筑公司签订了某住宅小区的施工承包合同。合同中约定该项目于2006年6月6日开工，2008年8月8日竣工。2007

年 1 月 20 日，有群众举报该建设项目存在严重的偷工减料行为。经权威部门鉴定确认该工程已完部分(大约为整个项目工程量的三分之一)为"豆腐渣"工程。A开发公司以此为由单方面与 B 建筑公司解除了合同。B 建筑公司认为解除合同需要当事人双方协商一致方可解除。你认为 B 建筑公司的观点正确吗?

分析

不正确。合同的解除分为约定解除与法定解除两种情形。根据《合同法》第 94条，当事人一方迟延履行债务或者有其他违约行为致使不能实现合同目的，当事人可以解除合同。该解除属于法定解除，无须与对方协商。B 建筑公司的偷工减料行为是违法行为，也是违约行为，该违约行为导致了"获得一个合格工程"的目的无法实现，A 开发公司可以与 B 建筑公司解除合同而不需要征得 B 建筑公司的同意。

3. 权利义务终止的其他情形

根据《合同法》第 91 条规定，合同终止的原因有如下几类:

(1) 合同因履行而终止

通过履行，合同当事人按照合同的约定实现债权，该债权即因达到目的而消灭，相应的合同债务随之消灭，即合同因履行而终止，也称合同因清偿而终止。

(2) 合同因解除而终止

因合同当事人发出解除合同的意思表示，而使合同关系归于消灭，即合同因解除而终止。

(3) 合同因抵消而终止

抵消，指双方互负债务且种类相同时，一方的债务与对方的债务在对等范围内相互消灭。在抵消范围内，合同关系因此而消灭。

根据《合同法》第 99 条规定，债务抵消应同时满足如下条件:

1) 双方当事人互负债务

抵消产生的基础是任一方当事人对于对方既负有债务，又享有债权。

2) 双方债务的种类、品质相同

如果双方的债务种类不同，例如在通常的买卖合同下，一方债务是支付货款，另一方债务是交付货物，则不得主张抵消。因此，能够主张抵消限于同种类的债务，尤其是金钱之债适于主张抵消。此外，即使互负同种类债务，但是品质不同，也不得主张债务抵消，例如双方均负有向对方提供水泥义务，但是可能因为散装水泥与袋装水泥之间的品质差别而不能主张抵消，除非合同当事人另有约定同意不同品质标的抵消。

3) 债权已届履行期

根据《合同法》第 99 条第 1 款，双方债权均届履行期是主张抵消的条件。

4) 并非依照法律规定或者按照合同性质不得抵消的债务

依照法律规定不得抵消的债务，诸如根据《民事诉讼法》第 222 条规定，人民法院有权扣留、提取被执行人(债务人)收入用以抵消其债务，但是，作为被执行人及其所抚养家属生活必须的费用不得扣留提取。在此，法律规定排除了特定情况下适用抵消的可能，以保障被执行人及其所抚养家属的基本生存条件。

依照性质不得抵消的债务，诸如，合同债务不得与侵权债务进行抵消。如下例子可以说明：甲欠乙到期买卖合同债务 10 万元，在某日乙向甲催要再次未果时，乙一怒之下将甲打伤，甲花费了 1 万元医药费，则乙不应在 10 万元债权（合同之债）内对其应当赔偿给甲的 1 万医药费（侵权之债）主张抵消。

(4) 合同因提存而终止

提存，是指债权人无正当理由拒绝接受履行或其下落不明，或数人就同一债权主张权利，债权人一时无法确定，致使债务人一时难以履行债务，经公证机关证明或人民法院的裁决，债务人可以将履行的标的物提交有关部门保存的行为。

提存是债务履行的一种方式。如果超过法律规定的期限，债权人仍不领取提存标的物的，应收归国库所有。

自提存之日起，债务人的债务消灭，债权人的债权得到清偿，标的物所有权转归债权人。根据《合同法》第103条，自提存起，标的物毁损、灭失的风险也转归债权人。

提存部门有保管提存标的物的权利和义务，应采取适当措施保管提存标的物，有权收取提存费用。

根据《合同法》第104条，债权人有权随时领取提存物，但债权人对债务人负有到期债务的，在债权人未履行债务或者提供担保之前，提存部门根据债务人的要求应当拒绝其领取提存物。但是，债权人领取提存物的权利，自提存之日起五年内不行使而消灭，提存物扣除提存费用后归国家所有。

(5) 合同因免除债务而终止

根据《合同法》第105条，免除债务指债权人可以依法全部或者部分抛弃自己的债权，从而全部或部分终止合同关系。免除是债权人处分自己权利的行为，但是，如果债权人对其债权丧失处分权（如债权人破产了）就不得任意作出免除行为。

债权人免除债务意思，应由债权人向债务人作出表示，方式没有限制：可以口头，也可以书面，或者以行为，或者默示。一旦债权人作出免除的意思表示，就产生效力，不得任意撤回。

(6) 合同因混同而终止

混同是指合同债权和债务同归一人。根据《合同法》第106条，混同通常使合同关系消灭，但是涉及第三人的利益除外。

混同的原因有：继承（债权人继承债务人财产，或者，债务人继承债权人的债权）；作为债权人与债务人双方的企业合并；债务人的债务由债权人承担；债务人受让了债权人的债权。

3.5 违约责任

3.5.1 违约责任的含义

违约责任是指合同当事人不履行合同或者履行合同不符合约定而应承担的民事

责任。

违约责任源于违约行为。违约行为，是指合同当事人不履行合同义务或者履行合同义务不符合约定条件的行为。根据不同标准，可将违约行为作以下分类：

（1）单方违约与双方违约；

（2）预期违约与实际违约。

违约责任是财产责任。这种财产责任表现为支付违约金、定金、赔偿损失、继续履行、采取补救措施等。尽管违约责任含有制裁性，但是，违约责任的本质不在于对违约方的制裁，而在于对被违约方的补偿，更主要表现为补偿性。

3.5.2　违约责任的构成要件

违约责任的构成要件包括主观要件和客观要件。

1. 主观要件

主观要件是指作为合同当事人，在履行合同中不论其主观上是否有过错，即主观上有无故意或过失，只要造成违约的事实，均应承担违约法律责任。

2. 客观要件

客观要件是指合同依法成立、生效后，合同当事人一方或者双方未按照法定或约定全面地履行应尽的义务，也即出现了客观的违约事实，即应承担违约的法律责任。

违约责任实行严格责任原则。严格责任原则是指有违约行为即构成违约责任，只有存在免责事由的时候才可以免除违约责任。

例如，某施工单位与建设单位签订了一个施工承包合同，合同中约定 2005 年 10 月 1 日竣工。2005 年 8 月 1 日，该地区发生了地震，使得在建的工程坍塌。导致施工单位没能按时交付工程。

这种情况下，施工单位没能按时交付工程是不是违约呢？

答案是肯定的。尽管发生地震不是施工单位的过错，但是由于这个施工单位没能够按照合同的约定按时交付工程，即客观上存在违约的事实，即构成违约。但由于这个违约行为是由于不可抗力所导致，施工单位可以申请免除责任或者部分免除责任。免除其违约责任并不意味着它没有违约，因为只有首先确定为违约，确定为应该承担违约责任，才能谈得到违约责任的免除的问题。

3.5.3　先期违约

先期违约，也叫预期违约，是指当事人一方在合同约定的期限届满之前，明示或默示其将来不能履行合同。

《合同法》第 108 条规定："当事人一方明确表示或者以自己的行为表明不履行合同义务的，对方可以在履行期限届满之前要求其承担违约责任。"

先期违约的构成要件有：

（1）违约的时间必须在合同有效成立后至合同履行期限截止前；

（2）违约必须是对根本性合同义务的违反，即导致合同目的的落空。

3.5.4 违约责任的一般承担方式

《合同法》第107条规定："当事人一方不履行合同义务或者履行合同义务不符合约定的，应当承担继续履行、采取补救措施或者赔偿损失等违约责任。"

1. 继续履行

实际履行，是指在某合同当事人违反合同后，非违约方有权要求其依照合同约定继续履行合同，也称强制实际履行。《合同法》第109条规定："当事人一方未支付价款或者报酬的，对方可以要求其支付价款或者报酬。"这就是关于实际履行的法律规定。

继续履行必须建立在能够并应该实际履行的基础上。《合同法》第110条规定：当事人一方不履行非金钱债务或者履行非金钱债务不符合约定的，对方可以要求履行，但有下列情形之一的除外：

(1) 法律上或者事实上不能履行；

(2) 债务的标的不适于强制履行或者履行费用过高；

(3) 债权人在合理期限内未要求履行。

2. 采取补救措施

违约方采取补救措施可以减少非违约方所受的损失。根据《合同法》第111条，质量不符合约定的，应当按照当事人的约定承担违约责任。对违约责任没有约定或者约定不明确，或不能确定的，受损害方根据标的的性质以及损失的大小，可以合理选择要求对方承担修理、更换、重作、退货、减少价款或者报酬等违约责任。

3. 赔偿损失

根据《合同法》，当事人一方不履行合同义务或者履行合同义务不符合约定的，在履行义务或者采取补救措施后，对方还有其他损失的，应当赔偿损失。

当事人一方不履行合同义务或者履行合同义务不符合约定，给对方造成损失的，损失赔偿额应当相当于因违约所造成的损失，包括合同履行后可以获得的利益，但不得超过违反合同一方订立合同时预见到或者应当预见到的因违反合同可能造成的损失。

3.5.5 违约责任的特殊承担方式

1. 当事人双方都违约的情形

《合同法》第120条规定："当事人双方都违反合同的，应当各自承担相应的责任。"

当事人双方违约，是指当事人双方分别违反了自身的义务。依照法律规定，双方违约责任承担的方式是由违约方分别各自承担相应的违约责任，即由违约方向非违约方各自独立地承担自己的违约责任。

2. 因第三人员而违约的情形

《合同法》第121条规定："当事人一方因第三人的原因造成违约的，应当向对方承担违约责任。当事人一方和第三人之间的纠纷，依照法律规定或者按照约定解决。"

3. 违约与侵权竞合的情形

《合同法》第 122 条规定："因当事人一方的违约行为，侵害对方人身、财产权益的，受损害方有权选择依照本法要求其承担违约责任或者依照其他法律要求其承担侵权责任。"

3.5.6　违约金与定金

1. 违约金

违约金，是指当事人在合同中或合同订立后约定因一方违约而应向另一方支付一定数额的金钱。违约金可分为约定违约金和法定违约金。

违约金的根本属性是其制裁性，此外还具有补偿性。

《合同法》第 114 条规定："当事人可以约定一方违约时应当根据违约情况向对方支付一定数额的违约金，也可以约定因违约产生的损失赔偿额的计算方法。

约定的违约金低于造成的损失的，当事人可以请求人民法院或者仲裁机构予以增加；约定的违约金过分高于造成的损失的，当事人可以请求人民法院或者仲裁机构予以适当减少。

当事人就迟延履行约定违约金的，违约方支付违约金后，还应当履行债务。"

2. 定金

定金，是合同当事人一方预先支付给对方的款项，其目的在于担保合同债权的实现。定金是债权担保的一种形式，定金之债是从债务，因此，合同当事人对定金的约定是一种从属于被担保债权所依附的合同的从合同。

《合同法》第 115 条规定："当事人可以依照《中华人民共和国担保法》约定一方向对方给付定金作为债权的担保。债务人履行债务后，定金应当抵作价款或者收回。给付定金的一方不履行约定的债务的，无权要求返还定金；收受定金的一方不履行约定的债务的，应当双倍返还定金。"

3. 违约金与定金的选择

违约金存在于主合同之中，定金存在于从合同之中。它们可能单独存在，也可能同时存在。

《合同法》第 116 条规定："当事人既约定违约金，又约定定金的，一方违约时，对方可以选择适用违约金或者定金条款。"

[案例 3-10]

A 建筑公司与 B 采石场签订了一个购买石料的合同，合同中约定了违约金的比例。为了确保合同的履行，双方还签订了定金合同。A 建筑公司交付了 5 万元定金。

2007 年 4 月 5 日是合同中约定交货的日期，但是 B 采石场却没能按时交货。A 建筑公司要求其支付违约金并返还定金。但是 B 采石场认为如果 A 建筑公司选择适用了违约金条款，就不可以要求返还定金了。你认为 B 采石场的观点正确吗？

分析：

不正确。

《合同法》第116条规定："当事人既约定违约金，又约定定金的，一方违约时，对方可以选择适用违约金或者定金条款。"B 采石场违约，A 建筑公司可以选择违约金条款，也可以选择定金条款。

A 建筑公司选择了违约金条款，并不意味着定金不可以收回。定金无法收回的情况仅仅发生在给付定金的一方不履行约定的债务的情况下。本案例中不存在这个前提条件，A 建筑公司是可以收回定金的。

3.5.7　不可抗力及违约责任的免除

1. 不可抗力的含义

不可抗力，是指不能预见、不能避免并不能克服的客观情况。构成不可抗力需要具备三个条件：

（1）不能预见

不能预见指的对事件的发生不可预见。这里的不可预见指的是"一个有经验的承包商也无法预见到的"。而不能依据当事人自身是否预见到了事件的发生来确定。例如，打钻孔桩的时候，在 20 米深处遇到一块孤立的岩石，使得钻孔无法进行，造成了损失。该事件可以称为不可预见，因为再有经验的承包商也无法预见到这里会存在一块孤立的岩石。

（2）不能避免

不能避免指的是即使当事人预见到了该事件的发生，但是也无法制止其发生。例如，尽管当事人收到了地震的预报，但是也无法避免地震的发生，这就是无法避免。如果事件通过当事人的努力是可以不发生的，即使发生了也不能构成不可抗力。

（3）不能克服

不能克服指的是对于已经发生的事件，当事人无法通过自己的努力消除或减弱该事件的负面影响。例如，发生了地震，当事人无法将已完工程移离地震地区，只能任其坍塌。如果通过当事人的努力可以将损失避免，对于这部分损失而言，该事件不能认定为不可抗力。

我国法律并没有明确规定不可抗力的范围，各国对于不可抗力的范围更没有统一的规定。不可抗力一般包括如下情况：

1）自然事件，如地震、洪水、火山爆发、海啸等；

2）社会事件，如战争、暴乱、骚乱、特定的政府行为等。

2. 通知与减损

《合同法》规定，当事人一方因不可抗力不能履行合同的，应当及时通知对方，以减轻可能给对方造成的损失，并应当在合理期限内提供证明。

当事人一方违约后，对方应当采取适当措施防止损失的扩大；没有采取适当措施致使损失扩大的，不得就扩大的损失要求赔偿。

当事人因防止损失扩大而支出的合理费用，由违约方承担。

3. 违约责任的免除

违约责任免责，是指在履行合同的过程中，因出现法定的免责条件或者合同约定的免责事由导致合同不履行的，合同债务人将被免除合同履行义务。

(1) 约定的免责

合同中可以约定在一方违约的情况下免除其责任的条件，这个条款称为免责条款。免责条款并非全部有效，侵犯对方人身权或财产权的免责条款是无效的。

(2) 法定的免责

法定的免责是指出现了法律规定的特定情形，即使当事人违约也可以免除违约责任。

《合同法》第117条规定："因不可抗力不能履行合同的，根据不可抗力的影响，部分或者全部免除责任，但法律另有规定的除外。当事人迟延履行后发生不可抗力的，不能免除责任。"

[案例 3-11]

2005 年 3 月 5 日，A 路桥公司与建设单位签订了某高速公路的施工承包合同。合同中约定 2005 年 5 月 8 日开始施工，于 2006 年 9 月 28 日竣工。结果路桥公司在 2006 年 10 月 3 日才竣工。建设单位要求路桥公司承担违约责任。但是路桥公司以施工期间累计下了 10 天雨，属于不可抗力为由请求免除违约责任。你认为顺达路桥公司的理由成立吗？

分析：

我们首先分析下雨是否属于不可抗力。

下雨要分为两种情况：正常的下雨与非正常的下雨。正常的下雨不属于不可抗力，因为每年都会下雨，属于常识，谈不上不能预见。而且，对其结果也是可以采取措施减少损失的；非正常的下雨属于不可抗力，例如多年不遇的洪涝灾害。但是正常与非正常的界限在法律上并没有严格的界定。

本案例中的施工期间累计下雨 10 天显然不属于非正常的下雨，不属于不可抗力。在投标的时候是可以预见的，不能以此作为免责的理由。

合同的担保是指合同当事人一方或第三方以确保合同能够切实履行为目的，应另一方要求，而采取的保证措施。

在工程建设活动中常见的担保形式有：预付款支付担保、投标担保、履约担保和工程款支付担保。

在担保法律关系中，担保权人就是债权人，担保人可能是债务人或者第三人。我国《担保法》规定了五种担保形式，即：保证、抵押、质押、留置和定金。其中，保证的担保人只能是第三人；抵押和质押的担保人可以是债务人也可以是第三人；留置和定金的担保人只能是债务人。

4.1 保证

4.1.1 保证的含义

保证，是指保证人和债权人约定，当债务人不履行债务时，保证人按照约定履行债务或者承担责任的行为。

保证担保的当事人包括：债权人、债务人、保证人。

保证人与债权人应当以书面形式订立保证合同。保证合同应当包括以下内容：

（1）被保证的主债权种类、数额；

（2）债务人履行债务的期限；

（3）保证的方式；

（4）保证担保的范围；

（5）保证的期间；

（6）双方认为需要约定的其他事项。保证合同不完全具备前款规定内容的，可以补正。

保证人与债权人可以就单个主合同分别订立保证合同，也可以协议在最高债权额限度内就一定期

第4章 担保法

间连续发生的借款合同或者某项商品交易合同订立一个保证合同。

4.1.2 担保范围

保证担保的范围包括主债权及利息、违约金、损害赔偿金和实现债权的费用。保证合同另有约定的，按照约定。

当事人对保证担保的范围没有约定或者约定不明确的，保证人应当对全部债务承担责任。保证人承担保证责任后，有权向债务人追偿。

4.1.3 保证人的资格条件

《担保法》第 7 条规定："具有代为清偿债务能力的法人、其他组织或者公民，可以作保证人。"

同时，《担保法》也规定了下列单位不可以作保证人：

（1）国家机关不得为保证人，但经国务院批准为使用外国政府或者国际经济组织贷款进行转贷的除外。

（2）学校、幼儿园、医院等以公益为目的的事业单位、社会团体不得为保证人。

（3）企业法人的分支机构、职能部门不得为保证人。企业法人的分支机构有法人书面授权的，可以在授权范围内提供保证。

4.1.4 保证方式

保证的方式分为：一般保证和连带责任保证。当事人对保证方式没有约定或者约定不明确的，按照连带责任保证承担保证责任。

1. 一般保证

一般保证是指债权人和保证人约定，首先由债务人清偿债务，当债务人不能清偿债务时，才由保证人代为清偿债务的保证方式。

《担保法》第 17 条规定："一般保证的保证人在主合同纠纷未经审判或者仲裁，并就债务人财产依法强制执行仍不能履行债务前，对债权人可以拒绝承担保证责任。"

2. 连带责任保证

连带责任保证是指当事人在保证合同中约定保证人与债务人对债务承担连带责任的保证方式。

《担保法》第 18 条规定："连带责任保证的债务人在主合同规定的债务履行期届满没有履行债务的，债权人可以要求债务人履行债务，也可以要求保证人在其保证范围内承担保证责任。"

4.1.5 保证期间

1. 保证期间的含义

保证期间是指保证人承担保证责任的期间。

《担保法》规定：一般保证的保证人与债权人未约定保证期间的，保证期间为主债务履行期届满之日起六个月。在合同约定的保证期间和前款规定的保证期间，债权人未对债务人提起诉讼或者申请仲裁的，保证人免除保证责任；债权人已提起诉讼或者申请仲裁的，保证期间适用诉讼时效中断的规定。

连带责任保证的保证人与债权人未约定保证期间的，债权人有权自主债务履行期届满之日起六个月内要求保证人承担保证责任。在合同约定的保证期间和前款规定的保证期间，债权人未要求保证人承担保证责任的，保证人免除保证责任。

2. 保证期间的合同变更

保证期间，债权人依法将主债权转让给第三人的，保证人在原保证担保的范围内继续承担保证责任。保证合同另有约定的，按照约定。

保证期间，债权人许可债务人转让债务的，应当取得保证人书面同意，保证人对未经其同意转让的债务，不再承担保证责任。

债权人与债务人协议变更主合同的，应当取得保证人书面同意，未经保证人书面同意的，保证人不再承担保证责任。保证合同另有约定的，按照约定。

4.2 抵押

4.2.1 抵押的含义

抵押，是指债务人或者第三人不转移对财产的占有，将该财产作为债权的担保。债务人不履行债务时，债权人有权依照《担保法》的规定以该财产折价或者以拍卖、变卖该财产的价款优先受偿的担保方式。

抵押担保的当事人包括：抵押权人、抵押人、债务人。其中，抵押权人就是债权人，抵押人包括债务人或者第三人。提供担保的财产为抵押物。

抵押人和抵押权人应当以书面形式订立抵押合同。抵押合同应当包括以下内容：

（1）被担保的主债权种类、数额；

（2）债务人履行债务的期限；

（3）抵押物的名称、数量、质量、状况、所在地、所有权权属或者使用权权属；

（4）抵押担保的范围；

（5）当事人认为需要约定的其他事项。抵押合同不完全具备前款规定内容的，可以补正。

订立抵押合同时，抵押权人和抵押人在合同中不得约定在债务履行期届满抵押权人未受清偿时，抵押物的所有权转移为债权人所有。

4.2.2 抵押担保范围

抵押担保的范围包括主债权及利息、违约金、损害赔偿金和实现抵押权的费用。抵押合同另有约定的，按照约定。

为债务人抵押担保的第三人，在抵押权人实现抵押权后，有权向债务人追偿。

4.2.3　抵押物

1. 可以作为抵押物的财产

根据《担保法》，下列财产可以抵押：

（1）抵押人所有的房屋和其他地上定着物；

（2）抵押人所有的机器、交通运输工具和其他财产；

（3）抵押人依法有权处分的国有土地使用权、房屋和其他地上定着物；

（4）抵押人依法有权处分的国有的机器、交通运输工具和其他财产；

（5）抵押人依法承包并经发包方同意抵押的荒山、荒沟、荒丘、荒滩等荒地的土地使用权；

（6）依法可以抵押的其他财产。

抵押人可以将前款所列财产一并抵押。

以依法取得的国有土地上的房屋抵押的，该房屋占用范围内的国有土地使用权同时抵押。

以出让方式取得的国有土地使用权抵押的，应当在抵押时将该国有土地上的房屋同时抵押。

乡（镇）、村企业的土地使用权不得单独抵押。以乡（镇）、村企业的厂房等建筑物抵押的，其占用范围内的土地使用权同时抵押。

2. 禁止抵押的财产

根据《担保法》，下列财产不得抵押：

（1）土地所有权；

（2）耕地、宅基地、自留地、自留山等集体所有的土地使用权，但《担保法》明确规定可以抵押的除外；

（3）学校、幼儿园、医院等以公益为目的的事业单位、社会团体的教育设施、医疗卫生设施和其他社会公益设施；

（4）所有权、使用权不明或者有争议的财产；

（5）依法被查封、扣押、监管的财产；

（6）依法不得抵押的其他财产。

4.2.4　抵押合同的生效

抵押合同生效分为两种情况：抵押合同自登记之日起生效和抵押合同自签订之日起生效。

1. 抵押合同自登记之日起生效

以下列财产进行抵押的，抵押合同自登记之日起生效。其登记部门也由于抵押物的不同而不同：

（1）以无地上定着物的土地使用权抵押的，为核发土地使用权证书的土地管理部门；

（2）以城市房地产或者乡（镇）、村企业的厂房等建筑物抵押的，为县级以上地方人民政府规定的部门；

（3）以林木抵押的，为县级以上林木主管部门；

（4）以航空器、船舶、车辆抵押的，为运输工具的登记部门；

（5）以企业的设备和其他动产抵押的，为财产所在地的工商行政管理部门。

2. 抵押合同自签订之日起生效

当事人以其他财产抵押的，可以自愿办理抵押物登记，抵押合同自签订之日起生效。当事人办理抵押物登记的，登记部门为抵押人所在地的公证部门。

4.2.5　抵押的效力

债务履行期届满，债务人不履行债务致使抵押物被人民法院依法扣押的，自扣押之日起抵押权人有权收取由抵押物分离的天然孳息以及抵押人就抵押物可以收取的法定孳息。抵押权人未将扣押抵押物的事实通知应当清偿法定孳息的义务人的，抵押权的效力不及于该孳息。前款孳息应当先充抵收取孳息的费用。

抵押期间，抵押人转让已办理登记的抵押物的，应当通知抵押权人并告知受让人转让物已经抵押的情况；抵押人未通知抵押权人或者未告知受让人的，转让行为无效。

转让抵押物的价款明显低于其价值的，抵押权人可以要求抵押人提供相应的担保。抵押人不提供的，不得转让抵押物。

抵押人转让抵押物所得的价款，应当向抵押权人提前清偿所担保的债权或者向与抵押权人约定的第三人提存。超过债权数额的部分，归抵押人所有，不足部分由债务人清偿。

抵押人的行为足以使抵押物价值减少的，抵押权人有权要求抵押人停止其行为。抵押物价值减少时，抵押权人有权要求抵押人恢复抵押物的价值，或者提供与减少的价值相当的担保。

抵押人对抵押物价值减少无过错的，抵押权人只能在抵押人因损害而得到的赔偿范围内要求提供担保。抵押物价值未减少的部分，仍作为债权的担保。

抵押权因抵押物灭失而消灭。因灭失所得的赔偿金，应当作为抵押财产。

4.2.6　抵押权的实现

债务履行期届满抵押权人未受清偿的，可以与抵押人协议以抵押物折价或者以拍卖、变卖该抵押物所得的价款受偿；协议不成的，抵押权人可以向人民法院提起诉讼。

抵押物折价或者拍卖、变卖后，其价款超过债权数额的部分归抵押人所有，不足部分由债务人清偿。

同一财产向两个以上债权人抵押的，拍卖、变卖抵押物所得的价款按照以下规定清偿：

（1）抵押合同以登记之日生效的，按照抵押物登记的先后顺序清偿；顺序相同的，按照债权比例清偿；

（2）抵押合同自签订之日起生效的，该抵押物已登记的，按照本条第（一）项规定清偿；未登记的，按照合同生效时间的先后顺序清偿，顺序相同的，按照债权比例清偿。抵押物已登记的先于未登记的受偿。

4.3　质押

4.3.1　质押的含义

质押是指债务人或者第三人将其动产或权利移交债权人占有，将该动产作为债权的担保。债务人不履行债务时，债权人有权依照《担保法》规定以该动产折价或者以拍卖、变卖该动产的价款优先受偿的担保方式。

质押担保的当事人包括：质权人、出质人、债务人。其中，质权人就是债权人，出质人包括第三人或债务人。移交的动产或权利叫质物。

出质人和质权人应当以书面形式订立质押合同。质押合同自质物移交于质权人占有时生效。质押合同应当包括以下内容：

（1）被担保的主债权种类、数额；

（2）债务人履行债务的期限；

（3）质物的名称、数量、质量、状况；

（4）质押担保的范围；

（5）质物移交的时间；

（6）当事人认为需要约定的其他事项。

质押合同不完全具备前款规定内容的，可以补正。

出质人和质权人在合同中不得约定在债务履行期届满质权人未受清偿时，质物的所有权转移为质权人所有。

4.3.2　质押担保范围

质押担保的范围包括主债权及利息、违约金、损害赔偿金、质物保管费用和实现质权的费用。质押合同另有约定的，按照约定。

为债务人质押担保的第三人，在质权人实现质权后，有权向债务人追偿。

4.3.3　质押担保的分类

因质物的不同，质押担保可以分为动产质押和权利质押。

1. 动产质押

（1）质权人的权利、义务

1）质权人的权利

质权人有权收取质物所生的孳息。质押合同另有约定的，按照约定。前款孳息应当先充抵收取孳息的费用。

当质物有损坏或者价值明显减少的可能，足以危害质权人权利的，质权人可以要求出质人提供相应的担保。出质人不提供的，质权人可以拍卖或者变卖质物，并与出质人协议将拍卖或者变卖所得的价款用于提前清偿所担保的债权或者向与出质人约定的第三人提存。

2）质权人的义务

质权人负有妥善保管质物的义务。因保管不善致使质物灭失或者毁损的，质权人应当承担民事责任。

质权人不能妥善保管质物可能致使其灭失或者毁损的，出质人可以要求质权人将质物提存，或者要求提前清偿债权而返还质物。

质权因质物灭失而消灭。因灭失所得的赔偿金，应当作为出质财产。

（2）质权的实现

债务履行期届满债务人履行债务的，或者出质人提前清偿所担保的债权的，质权人应当返还质物。

债务履行期届满质权人未受清偿的，可以与出质人协议以质物折价，也可以依法拍卖、变卖质物。

质物折价或者拍卖、变卖后，其价款超过债权数额的部分归出质人所有，不足部分由债务人清偿。

2. 权利质押

（1）权利质押合同的生效

以汇票、支票、本票、债券、存款单、仓单、提单出质的，应当在合同约定的期限内将权利凭证交付质权人。质押合同自权利凭证交付之日起生效。

以依法可以转让的股票出质的，出质人与质权人应当订立书面合同，并向证券登记机构办理出质登记。质押合同自登记之日起生效。

以依法可以转让的商标专用权、专利权、著作权中的财产权出质的，出质人与质权人应当订立书面合同，并向其管理部门办理出质登记。质押合同自登记之日起生效。

（2）当事人的权利、义务

以载明兑现或者提货日期的质物出质且该兑现或者提货日期先于债务履行期的，质权人可以在债务履行期届满前兑现或者提货，并与出质人协议将兑现的价款或者提取的货物用于提前清偿所担保的债权或者向与出质人约定的第三人提存。

股票出质后，不得转让，但经出质人与质权人协商同意的可以转让。出质人转让股票所得的价款应当向质权人提前清偿所担保的债权或者向与质权人约定的第三人提存。

以依法可以转让的商标专用权，专利权、著作权中的财产权出质的，权利出质后，出质人不得转让或者许可他人使用，但经出质人与质权人协商同意的可以转让或者许可他人使用。出质人所得的转让费、许可费应当向质权人提前清偿所担保的债权或者向与质权人约定的第三人提存。

4.4　留置

1. 留置的含义

留置，是指债权人按照合同约定占有债务人的动产，债务人不按照合同约定的期限履行债务的，债权人有权依照本法规定留置该财产，以该财产折价或者以拍卖、变卖该财产的价款优先受偿的担保方式。

因保管合同、运输合同、加工承揽合同发生的债权，债务人不履行债务的，债权人有留置权。法律规定可以留置的其他合同，也适用留置的法律规定。

留置担保的当事人包括：留置权人、留置人。其中，留置权人就是债权人，留置人就是债务人。

2. 留置担保的范围

留置担保的范围包括主债权及利息、违约金、损害赔偿金、留置物保管费用和实现留置权的费用。

3. 留置物

依法被留置的财产为留置物。留置的财产为可分物的，留置物的价值应当相当于债务的金额。

当事人可以在合同中约定不得留置的物。

留置权人负有妥善保管留置物的义务。因保管不善致使留置物灭失或者毁损的，留置权人应当承担民事责任。

4. 留置权的实现

债权人与债务人应当在合同中约定，债权人留置财产后，债务人应当在不少于两个月的期限内履行债务。债权人与债务人在合同中未约定的，债权人留置债务人财产后，应当确定两个月以上的期限，通知债务人在该期限内履行债务。

债务人逾期仍不履行的，债权人可以与债务人协议以留置物折价，也可以依法拍卖、变卖留置物。

留置物折价或者拍卖、变卖后，其价款超过债权数额的部分归债务人所有，不足部分由债务人清偿。

4.5　定金

1. 定金的含义

定金是以一方当事人向另一方当事人提供一定数额的金钱作为担保的担保方式。

定金应当以书面形式约定。当事人在定金合同中应当约定交付定金的期限。定金合同从实际交付定金之日起生效。

定金的数额由当事人约定，但不得超过主合同标的额的百分之二十。

2. 定金合同的履行

债务人履行债务后，定金应当抵作价款或者收回。给付定金的一方不履行约定的债务的，无权要求返还定金；收受定金的一方不履行约定的债务的，应当双倍返还定金。

这个规定与《合同法》中的规定是相同的。

[案例 4-1]

2006 年 8 月 20 日，某路桥公司与某水泥厂签订了购买水泥的合同。合同中约定 2006 年 9 月 20 日水泥厂将水泥运至路桥公司的施工现场，路桥公司验货后支付水泥款。为了保证合同的顺利履行，水泥厂要求路桥公司提供担保。于是某建筑公司作为路桥公司的保证人与水泥厂签订了保证合同。合同中约定保证方式为一般保证，但没有约定保证期间。

2006 年 9 月 20 日，水泥厂按照合同约定将水泥运至路桥公司施工现场。路桥公司对水泥进行了验货，证明符合合同的要求。但是路桥公司却以目前资金紧张为由拒绝支付水泥款。2006 年 12 月 20 日，水泥厂将顺达路桥公司告上了法庭，要求其支付水泥款。2006 年 12 月 31 日，法庭开庭，支持了水泥厂的诉讼请求。在路桥公司无力支付水泥款的情况下，2007 年 4 月 3 日，水泥厂要求建筑公司代为支付水泥款。你认为法院会支持水泥厂的请求吗？

分析：

会支持。《担保法》第 25 条规定："一般保证的保证人与债权人未约定保证期间的，保证期间为主债务履行期届满之日起六个月。在合同约定的保证期间和前款规定的保证期间，债权人未对债务人提起诉讼或者申请仲裁的，保证人免除保证责任；债权人已提起诉讼或者申请仲裁的，保证期间适用诉讼时效中断的规定。"2006 年 12 月 31 日，路桥公司被提起了诉讼，则导致保证期间因适用诉讼时效中断的规定而中断，也就是建筑公司后面的保证期间依然是六个月。2007 年 4 月 3 日属于保证期间范围，所以，建筑公司依然要承担保证责任。

5.1 最高人民法院关于审理建设工程施工合同纠纷案件适用法律问题的解释

5.1.1 涉及施工合同订立的争议的解决

2004 年 9 月 29 日最高人民法院审判委员会第 1327 次会议通过了《最高人民法院关于审理建设工程施工合同纠纷案件适用法律问题的解释》（以下简称《解释》），该《解释》于自 2005 年 1 月 1 日起施行。该《解释》对施工合同产生的特殊纠纷做出了具体的规定。

1. 无效合同引发的争议

(1) 无效合同的主要类型

《解释》第 1 条规定："建设工程施工合同具有下列情形之一的，应当根据合同法 52 条第（5）项的规定，认定无效：

1）承包人未取得建筑施工企业资质或者超越资质等级的；

2）没有资质的实际施工人借用有资质的建筑施工企业名义的；

3）建设工程必须进行招标而未招标或者中标无效的。"

通过上面的法律规定，我们看到上面的三种情形都违反了相应的法律，属于无效合同。但是，在实际工作中经常出现属于上面的情况，但是却已经修建完了建设项目。在这种情况下，如果承包商向建设单位提出支付工程款的要求，建设单位经常会以所签订的合同属于无效合同为由而拒绝支付。这样一来，就使得承包商蒙受巨大的损失。

(2) 对此类无效合同的处理

针对这种情况，《解释》作出了如下规定：

1) 建设工程施工合同无效，但建设工程经竣工验收合格，承包人请求参照合同约定支付工程价款的，应予支持。

2) 建设工程施工合同无效，且建设工程经竣工验收不合格的，按照以下情形分别处理：

① 修复后的建设工程经竣工验收合格，发包人请求承包人承担修复费用的，应予支持；

② 修复后的建设工程经竣工验收不合格，承包人请求支付工程价款的，不予支持。

因建设工程不合格造成的损失，发包人有过错的，也应承担相应的民事责任。

上面的规定维护了承包商的利益，避免了承包商遭受巨大的损失。但是，上面的违法行为并不是我国提倡的建设行为，为了限制此类行为的出现，《解释》第4条同时作出了下面的规定：

"承包人非法转包、违法分包建设工程或者没有资质的实际施工人借用有资质的建筑施工企业名义与他人签订建设工程施工合同的行为无效。人民法院可以根据民法通则第134条规定，收缴当事人已经取得的非法所得。"收缴当事人已经取得的非法所得，就意味着当事人不会通过这样的建设行为获得利益了，从而以经济的角度减弱了当事人从事上述违法建设行为的动力。

(3) 针对此类无效合同的不予支持的诉讼请求

《解释》同时规定了不予支持的无效合同诉讼请求：

1) 竣工前取得相应资质的

由于企业的资质并不是一成不变的，有的时候可能会出现下面的情形：承包商在超越资质承揽工程后取得了相应的资质。对于这种情况，需要区分其资质取得的时间来分别予以处理。如果该资质是在工程竣工后取得，则该承包合同依然按照上面的无效合同处理。如果该资质是在竣工前取得，《解释》第5条规定："承包人超越资质等级许可的业务范围签订建设工程施工合同，在建设工程竣工前取得相应资质等级，当事人请求按照无效合同处理的，不予支持。"

2) 承揽全部劳务作业的劳务分包合同

劳务作业分包，是指施工总承包企业或者专业承包企业（以下简称劳务作业发包人）将其承包工程中的劳务作业发包给劳务分包企业（以下简称劳务作业承包人）完成的活动。其签订的分包合同即是劳务分包合同。

劳务分包的分包单位仅仅提供劳务作业，不涉及工程建设的技术问题。因此，我国建设法律法规并没有限制劳务作业的分包人承揽全部建设工程的劳务作业。因此，《解释》第7条规定："具有劳务作业法定资质的承包人与总承包人、分包人签订的劳务分包合同，当事人以转包建设工程违反法律规定为由请求确认无效的，不予支持。"

2. 建设工程垫资利息问题

(1) 垫资的含义

由于我国建筑市场的不完善，施工单位在承揽工程的过程中经常处于弱势地位，工程垫资就是很典型的例证。

根据我国的《工程建设项目施工招标投标办法》的规定，依法必须招标的项目，招标时需要具备的条件之一就是有相应资金或资金来源已经落实，否则不允许招标。同时，根据我国建设工程施工合同（示范文本）第 24 款的规定"实行工程预付款的，双方应当在专用条款内约定发包人向承包人预付工程款的时间和数额，开工后按约定的时间和比例逐次扣回。预付时间应不迟于约定的开工日期前 7 天。发包人不按约定预付，承包人在约定预付时间 7 天后向发包人发出要求预付的通知，发包人收到通知后仍不能按要求预付，承包人可在发出通知后 7 天停止施工，发包人应从约定应付之日起向承包人支付应付款的贷款利息，并承担违约责任。"我们看到，建设单位不仅要具备修建工程的资金准备，而且还应该向承包商支付工程预付款，以帮助承包商在没有获得工程进度款的前提下具备购买主要材料设备的能力。但是，很多时候，这种情况却不能得到很好地落实，不仅承包商得不到所应该得到的工程预付款，其应该获得的工程进度款也不容易全部收回。

建设单位经常要求承包商自己垫付资金来修建工程，而承包商为了获得工程建设的机会往往也不情愿但是却无奈地签下这样的合同。这样的结果不仅使得施工单位陷入了资金周转的困境，也往往由于垫资而引发工程合同纠纷。

（2）垫资的性质

1996 年 6 月 4 日建设部、国家计委、财政部下发的《关于严格禁止在工程建设中带资承包的通知》第 4 条规定，任何建设单位都不得以要求施工单位带资承包作为招标投标条件，更不得强行要求施工单位将此类内容写入工程承包合同。该通知第 5 条规定，施工单位不得以带资承包作为竞争手段承揽工程，也不得用拖欠建材和设备生产厂家货款的方法转嫁由此造成的资金缺口。"带资承包"显然违反以上通知的规定。

"带资承包"其实质就是建筑工程施工合同双方当事人约定施工方先负担工程费用，建设方迟延给付。这属于当事人就合同内容的一种约定。"带资承包"虽然违反《关于严格禁止在工程建设中带资承包的通知》的规定，但《民法通则》、《合同法》乃至《建筑法》等有关建筑方面的法律、行政法规都没有作出禁止"带资承包"的规定。《工程建设项目施工招标投标办法》第 62 条规定："……招标人不得擅自提高履约保证金，不得强制要求中标人垫付中标项目建设资金。"所以"带资承包"如果不是出于招标人的"强制"，就不违反法律、行政法规的禁止性规定。

《合同法》第 52 条第 5 款规定，违反法律、行政法规的强制性规定的，合同无效。最高人民法院《关于适用〈中华人民共和国合同法〉若干问题的解释（一）》第 4 条规定，合同法实施后，人民法院确认合同无效，应当以全国人大及其常委会制定的法律和国务院制定的行政法规为依据，不得以地方性法规、行政规章为依据。

"带资承包"并没有违反法律、行政法规的强制性规定，根据以上法律规定和司法解释，"带资承包"条款并不影响合同效力。

（3）对垫资的处理

对于因垫资问题产生的纠纷，《解释》作出了明确规定："当事人对垫资和垫资利息有约定，承包人请求按照约定返还垫资及其利息的，应予支持，但是约定的利息计算标准高于中国人民银行发布的同期同类贷款利率的部分除外。

当事人对垫资没有约定的，按照工程欠款处理。

当事人对垫资利息没有约定，承包人请求支付利息的，不予支持。"

3. 阴阳合同问题

(1) 阴阳合同的本质

开标前，每个投标人的投标文件都是保密的，这就使得中标人的中标价往往会高于招标人的心理期望值。而建设单位为了降低工程成本，总是希望能将承包商的中标价格压至最低。于是就出现了阴阳合同问题。

所谓的阴阳合同问题就是招标人与中标人签订了合同后另行订立了一个背离该合同实质性内容的其他协议而引发的问题。这个问题主要表现在以哪个合同来结算上面。

《招标投标法》第46条规定："招标人和中标人应当自中标通知书发出之日起三十日内，按照招标文件和中标人的投标文件订立书面合同。招标人和中标人不得再行订立背离合同实质性内容的其他协议。"

可见，招标人与中标人另行签订合同的行为属于违法行为。《合同法》第52条规定："有下列情形之一的，合同无效……(五)违反法律、行政法规的强制性规定"。通过这个规定，我们看到招标人与中标人另行签订的合同属于无效合同。

可见，阴阳合同的本质是无效的合同。

(2) 我国关于合同备案的相关规定

《招标投标法》第47条规定："依法必须进行招标的项目，招标人应当自确定中标人之日起十五日内，向有关行政监督部门提交招标投标情况的书面报告。"

《工程建设项目施工招标投标办法》第65条规定："依法必须进行施工招标的项目，招标人应当自发出中标通知书之日起十五日内，向有关行政监督部门提交招标投标情况的书面报告。

前款所称书面报告至少应包括下列内容：

1) 招标范围；

2) 招标方式和发布招标公告的媒介；

3) 招标文件中投标人须知、技术条款、评标标准和方法、合同主要条款等内容；

4) 评标委员会的组成和评标报告；

5) 中标结果。"

《房屋建筑和市政基础设施工程施工招标投标管理办法》第47条也规定："招标人和中标人应当自中标通知书发出之日起30日内，按照招标文件和中标人的投标文件订立书面合同；招标人和中标人不得再行订立背离合同实质性内容的其他协议。订立书面合同后7日内，中标人应当将合同送县级以上工程所在地的建设行政主管部门备案。"

可见，中标后签订的合同是需要备案的。对于两个存在实质性差别的阴阳合同，只能用第一个合同进行备案而不可能采用第二个合同备案或者将两个合同同时进行备案。这也就为我们解决阴阳合同问题提供了一个途径。

(3) 对于阴阳合同问题的处理

《解释》第 21 条规定："当事人就同一建设工程另行订立的建设工程施工合同与经过备案的中标合同实质性内容不一致的，应当以备案的中标合同作为结算工程价款的根据。"可见，背离原合同实质性内容的其他协议将不能作为结算工程价款的依据。这与其作为无效合同的结论是一致的。

[案例 5-1]

2006 年 3 月 7 日，A 建筑公司作为施工单位与建设单位签订了某住宅施工承包合同，合同中约定的工程款为 500 万元。双方按照法律规定将此合同进行了备案。三天后，建设单位主要负责人邀请 A 建筑公司的负责人见面，提出重新签订一个施工承包合同，将合同价改为 400 万元。由于 A 建筑公司担心失去该施工任务，就违心答应了这个要求。

2007 年 3 月 7 日，工程竣工。A 建筑公司要求按照第一个合同结算工程款，遭到了建设单位的拒绝。A 建筑公司打算提起诉讼。但是一位在法院工作的人士告诉 A 建筑公司的负责人："你这个官司是打不赢的。因为你们已经签订了第二个合同，这个合同的效力高于第一个合同，也就是用第二个合同修改了第一个合同。"

你认为这位人士的观点正确吗？

分析：不正确。

这是上文中谈到的阴阳合同的问题。第二个合同由于违反《招标投标法》是无效的合同。自然就不存在效力高于第一个合同的问题。

《最高人民法院关于审理建设工程施工合同纠纷案件适用法律问题的解释》第 21 条规定："当事人就同一建设工程另行订立的建设工程施工合同与经过备案的中标合同实质性内容不一致的，应当以备案的中标合同作为结算工程价款的根据。"

5.1.2　涉及建设工程合同履行的争议的解决

施工合同当事人签订了施工合同后就要按照合同去履约，其履行合同的过程也必须要在法律允许的框架范围内并主要受《合同法》调整。这一点与其他受《合同法》调整的合同并无不同。但是，由于建设工程合同的特殊性，其在履行的过程中会存在不同于其他合同的情形，这些情形所导致的纠纷的解决也有其自身的特殊性。

1. 解除建设工程施工合同的条件问题

(1) 解除合同的条件

在合同履行过程中，由于一些条件的出现会导致合同当事人解除合同，《解释》中对于解除合同的条件及其法律后果作出了进一步的规定。

1) 发包人请求解除合同的条件

承包人具有下列情形之一，发包人请求解除建设工程施工合同的，应予支持：

① 明确表示或者以行为表明不履行合同主要义务的；

② 合同约定的期限内没有完工，且在发包人催告的合理期限内仍未完工的；

③ 已经完成的建设工程质量不合格，并拒绝修复的；

④ 将承包的建设工程非法转包、违法分包的。

2）承包人请求解除合同的条件

发包人具有下列情形之一，致使承包人无法施工，且在催告的合理期限内仍未履行相应义务，承包人请求解除建设工程施工合同的，应予支持：

① 未按约定支付工程价款的；

② 提供的主要建筑材料、建筑构配件和设备不符合强制性标准的；

③ 不履行合同约定的协助义务的。

上述三种情形均属于发包人违约。因此，合同解除后，发包人还要承担违约责任。

（2）合同解除后的法律后果

根据《解释》第 10 条规定：

① 建设工程施工合同解除后，已经完成的建设工程质量合格的，发包人应当按照约定支付相应的工程价款；

② 已经完成的建设工程质量不合格的，按照下列情况处理：

A. 修复后的建设工程经竣工验收合格，发包人请求承包人承担修复费用的，应予支持；

B. 修复后的建设工程经竣工验收不合格，承包人请求支付工程价款的，不予支持。

因建设工程不合格造成的损失，发包人有过错的，也应承担相应的民事责任。

③ 因一方违约导致合同解除的，违约方应当赔偿因此而给对方造成的损失。

2. 建设工程质量不符合约定情况下责任承担问题

导致工程质量不合格的原因很多，其中有发包人的原因，也有承包商的原因。其责任的承担应该根据具体的情况分别作出处理。

（1）因承包商过错导致质量不符合约定的处理

《合同法》第 281 条规定："因施工人的原因致使建设工程质量不符合约定的，发包人有权要求施工人在合理期限内无偿修理或者返工、改建。经过修理或者返工、改建后，造成逾期交付的，施工人应当承担违约责任。"

《解释》第 11 条规定："因承包人的过错造成建设工程质量不符合约定，承包人拒绝修理、返工或者改建，发包人请求减少支付工程价款的，应予支持"

有的时候，承包商造成工程质量不合格的原因可能会触犯法律，例如偷工减料、擅自修改图纸等。如果其行为触犯了相关的法律，还将接受法律的制裁。

《建筑法》第 74 条："建筑施工企业在施工中偷工减料的，使用不合格的建筑材料、建筑构配件和设备的，或者有其他不按照工程设计图纸或者施工技术标准施工的行为的，责令改正，处以罚款；情节严重的，责令停业整顿，降低资质等级或者吊销资质证书；造成建筑工程质量不符合规定的质量标准的，负责返工、修理，并赔偿因此造成的损失；构成犯罪的，依法追究刑事责任。"

(2) 因发包人过错导致质量不符合约定的处理

《建设工程质量管理条例》第 9 条规定："建设单位必须向有关的勘察、设计、施工、工程监理等单位提供与建设工程有关的原始资料。

原始资料必须真实、准确、齐全。"

《建设工程质量管理条例》第 14 条规定："按照合同约定，由建设单位采购建筑材料、建筑构配件和设备的，建设单位应当保证建筑材料、建筑构配件和设备符合设计文件和合同要求。

建设单位不得明示或者暗示施工单位使用不合格的建筑材料、建筑构配件和设备。"

但是在实际工作中，却经常出现建设单位违反上述规定的情形。这些情形的出现，有的是源于过失，有的则是建设单位出于为自身谋取利益。

《解释》第 12 条规定："发包人具有下列情形之一，造成建设工程质量缺陷，应当承担过错责任：

1) 提供的设计有缺陷；

2) 提供或者指定购买的建筑材料、建筑构配件、设备不符合强制性标准；

3) 直接指定分包人分包专业工程。

承包人有过错的，也应当承担相应的过错责任。"

《建设工程质量管理条例》第 56 条规定："违反本条例规定，建设单位有下列行为之一的，责令改正，处 20 万元以上 50 万元以下的罚款：

1) 迫使承包方以低于成本的价格竞标的；

2) 任意压缩合理工期的；

3) 明示或者暗示设计单位或者施工单位违反工程建设强制性标准，降低工程质量的；

4) 施工图设计文件未经审查或者审查不合格，擅自施工的；

5) 建设项目必须实行工程监理而未实行工程监理的；

6) 未按照国家规定办理工程质量监督手续的；

7) 明示或者暗示施工单位使用不合格的建筑材料、建筑构配件和设备的；

8) 未按照国家规定将竣工验收报告、有关认可文件或者准许使用文件报送备案的。"

3. 发包人擅自使用后出现质量问题的处理

《建设工程质量管理条例》第 16 条规定：建设单位收到建设工程竣工报告后，应当组织设计、施工、工程监理等有关单位进行竣工验收。

建设工程竣工验收应当具备下列条件：

(1) 完成建设工程设计和合同约定的各项内容；

(2) 有完整的技术档案和施工管理资料；

(3) 有工程使用的主要建筑材料、建筑构配件和设备的进场试验报告；

（4）有勘察、设计、施工、工程监理等单位分别签署的质量合格文件；

（5）有施工单位签署的工程保修书。

建设工程经验收合格的，方可交付使用。

但是，有的时候建设单位为了能够提前投入生产，在没有经过竣工验收的前提下就擅自使用了工程。由于工程质量问题都需要经过一段时间才能显现出来，所以，这种未经竣工验收就使用工程的行为往往就导致了其后的工程质量的纠纷。

《解释》第 23 条也对于工程质量产生的争议如何进行鉴定做出了原则性规定："当事人对部分案件事实有争议的，仅对有争议的事实进行鉴定，但争议事实范围不能确定，或者双方当事人请求对全部事实鉴定的除外。"

《解释》第 13 条规定："建设工程未经竣工验收，发包人擅自使用后，又以使用部分质量不符合约定为由主张权利的，不予支持；但是承包人应当在建设工程的合理使用寿命内对地基基础工程和主体结构质量承担民事责任。"

上述规定体现了对于建设单位的擅自使用工程行为的惩罚，认定了建设单位使用工程即是对工程质量的认可。但是，上述规定却并没有全部免除承包商的责任，要求承包商对于地基基础工程和主体结构的质量承担相应的责任。这是基于《建设工程质量管理条例》对于地基基础工程和主体结构工程的最低保修期限的规定。《建设工程质量管理条例》第 40 条规定了对于基础设施工程、房屋建筑的地基基础工程和主体结构工程，为设计文件规定的该工程的合理使用年限。这就等于是终身保修，因此并不因建设单位是否提前使用工程而免除保修的责任。

发包人未经验收而提前使用工程不仅在工程质量上要承担更大的责任，同时还将由于这样的行为而接受法律的制裁。

《建设工程质量管理条例》第 58 条规定：违反本条例规定，建设单位有下列行为之一的，责令改正，处工程合同价款 2% 以上 4% 以下的罚款；造成损失的，依法承担赔偿责任：

（1）未组织竣工验收，擅自交付使用的；

（2）验收不合格，擅自交付使用的；

（3）对不合格的建设工程按照合格工程验收的。

4. 对竣工日期的争议问题

竣工日期可以分为合同中约定的竣工日期和实际竣工日期。合同中约定的竣工日期是指发包人和承包人在协议书中约定的承包人完成承包范围内工程的绝对或相对的日期。实际竣工日期是指承包人全面、适当履行了施工承包合同时的日期。合同中约定的竣工日期是发包人限定的竣工日期的底线，如果承包人超过了这个日期竣工就将为此承担违约责任。而实际竣工日期则是承包人可以全面主张合同中约定的权利的开始之日，如果该日期先于合同中约定的竣工日期，承包商可以因此获得奖励。

正是由于确定实际竣工日期涉及发包人和承包人的利益，对于工程竣工日期的争议就时有发生。

我国建设工程施工合同（示范文本）第 32.4 款规定：工程竣工验收通过，承包人送交竣工验收报告的日期为实际竣工日期。工程按发包人要求修改后通过竣工验收的，实际竣工日期为承包人修改后提请发包人验收的日期。

但是在实际操作过程中却容易出现一些特殊的情形并最终导致关于竣工日期的争议的产生。这些情形主要表现在：

（1）由于建设单位和施工单位对于工程质量是否符合合同约定产生争议而导致对竣工日期的争议。

工程质量是否合格涉及多方面因素，当事人双方很容易就其影响因素产生争议。而一旦产生争议，就需要权威部门来鉴定。鉴定结果如果不合格就不涉及竣工日期的争议了，而如果鉴定结果是合格的，就涉及以哪天作为竣工日期的问题了。承包商认为应该以提交竣工验收报告之日作为竣工日期，而建设单位则认为应该以鉴定合格之日为实际竣工日期。

对此，《解释》第15条规定："建设工程竣工前，当事人对工程质量发生争议，工程质量经鉴定合格的，鉴定期间为顺延工期期间。"

从这个规定我们看到，应该以提交竣工验收报告之日为实际竣工日期。

（2）由于发包人拖延验收而产生的对实际竣工日期的争议

建设工程施工合同（示范文本）规定：工程具备竣工验收条件，承包人按国家工程竣工验收有关规定，向发包人提供完整竣工资料及竣工验收报告。双方约定由承包人提供竣工图的，应当在专用条款内约定提供的日期和份数。发包人收到竣工验收报告后28天内组织有关单位验收，并在验收后14天内给予认可或提出修改意见。承包人按要求修改，并承担由自身原因造成修改的费用。

但是，有的时候由于主观的或者客观的原因，发包人没能按照约定的时间组织竣工验收。最后施工单位和建设单位就实际竣工之日产生了争议，对此，《解释》第14条规定：建设工程经竣工验收合格的，以竣工验收合格之日为竣工日期。承包人已经提交竣工验收报告，发包人拖延验收的，以承包人提交验收报告之日为竣工日期。

（3）由于发包人擅自使用工程而产生的对于实际竣工验收日期的争议

《建设工程质量管理条例》第16条"建设单位收到建设工程竣工报告后，应当组织设计、施工、监理等有关单位进行竣工验收。……建设工程经验收合格的，方可交付使用。"

有的时候，建设单位为了能够提前使用工程而取消了竣工验收这道法律规定的程序。而这样的后果之一就是容易对实际竣工日期产生争议，因为没有提交的竣工验收报告和竣工验收试验可供参考。对于这种情形，《解释》第14条同时作出了下面的规定：建设工程未经竣工验收，发包人擅自使用的，以转移占有建设工程之日为竣工日期。

5. 对计价方法的争议问题

在工程建设合同中，当事人双方会约定计价的方法，这是后来建设单位向承包商支付工程款的基础。如果合同双方对于计价方法产生了纠纷且不能得到及时妥善的解决，就必然会影响到当事人的切身利益。

对计价方法的纠纷主要表现在以下几个方面：

（1）因变更引起的纠纷

在工程建设过程中，变更是普遍存在的。尽管变更的表现形式纷繁复杂，但是其对于工程款的支付的影响却仅仅表现在两个方面：

1）工程量的变化导致价格的纠纷

从经济学的角度看，成本的组成包括两部分，即固定成本和可变成本。固定成本不因产量的增加而增加，可变成本却是产量的函数，因产量的增加而增加。当产量增加时，单位产量上摊销的固定成本就会减少，而可变成本不发生变化，其总成本将减少。在原有价格不变的前提下，会导致利润率增加。因此，当工程量发生变化后，当事人一方就会提出增加或者减少单价，以维持原有的利润率水平。如果工程量增加了，建设单位就会要求减少单价。相反，如果工程量减少了，施工单位就会要求增加单价。

调整单价时会涉及两个因素：一是工程量增减幅度达到多少就要调整单价。二是将单价调整到多少。如果在承包合同中没有对此进行约定，就会导致纠纷。

2）工程质量标准的变化导致价格的纠纷

工程质量标准有很多种分类的方法，如果按照标准的级别来分的话，可以分为国家标准、地方标准、行业标准、企业标准。另外，合同双方当事人也可以在合同中约定标准，如果约定的标准没有违反强制性标准，其效力还将高于国家其他标准。

正是由于工程质量标准的多样性，就会导致工程标准发生变化而导致纠纷的产生。例如，对于某混凝土工程，原来在合同中约定的混凝土强度为 25MPa，后来建设单位出于安全和质量的考虑，要求将质量标准提高到 30MPa，这就意味着施工单位将为此多付出成本，但到底多付出了多少，双方也有可能就此产生纠纷。

对于上面的由于变更而引起的计价方法的纠纷，《解释》第 16 条作出了规定：

当事人对建设工程的计价标准或者计价方法有约定的，按照约定结算工程价款。

因设计变更导致建设工程的工程量或者质量标准发生变化，当事人对该部分工程价款不能协商一致的，可以参照签订建设工程施工合同时当地建设行政主管部门发布的计价方法或者计价标准结算工程价款。

（2）因工程质量验收不合格导致的纠纷

工程合同中的价款针对的是合格工程而言的，而在工程实践中，不合格产品也是普遍存在的，对于不合格产品如何计价也就自然成为了合同当事人关注的问题。在这个问题中也涉及两方面的问题：一是工程质量与合同约定的不符合程度，二是针对该部分工程发包方是否应予支付工程款。

对此，《解释》第 16 条也同时作出了规定：

建设工程施工合同有效，但建设工程经竣工验收不合格的，工程价款结算参照本解释第 3 条规定处理。也即：

1）修复后的建设工程经竣工验收合格，发包人请求承包人承担修复费用的，应予支持；

2）修复后的建设工程经竣工验收不合格，承包人请求支付工程价款的，不予支持。

因建设工程不合格造成的损失，发包人有过错的，也应承担相应的民事责任。

6. 因利息而产生的纠纷

《合同法》第 113 条规定："当事人一方不履行合同义务或者履行合同义务不符合约定，给对方造成损失的，损失赔偿额应当相当于因违约所造成的损失，包括合同履行后可以获得的利益，但不得超过违反合同一方订立合同时预见到或者应当预见到的因违反合同可能造成的损失。"

从上面的条款我们可以看到，如果建设单位不及时向承包商支付工程款，承包商在要求建设单位继续履行的前提下，可以要求建设单位为此支付利息。因为利息是建设单位如果按期支付工程款后承包商的预期利益。

在实践中，对于利息的支付容易在两个方面产生纠纷：一是利息的计付标准，二是何时开始计付利息。

《解释》第 17 条对于计付标准作出了规定：当事人对欠付工程价款利息计付标准有约定的，按照约定处理；没有约定的，按照中国人民银行发布的同期同类贷款利率计息。

同时，《解释》第 18 条也对何时开始计付利息作出了规定：利息从应付工程价款之日计付。当事人对付款时间没有约定或者约定不明的，下列时间视为应付款时间：

（1）建设工程已实际交付的，为交付之日；

（2）建设工程没有交付的，为提交竣工结算文件之日；

（3）建设工程未交付，工程价款也未结算的，为当事人起诉之日。

7. 因合同计价方式产生的纠纷

《建筑工程施工发包与承包计价管理办法》第 12 条规定：合同价可以采用以下方式：

（1）固定价。合同总价或者单价在合同约定的风险范围内不可调整。

（2）可调价。合同总价或者单价在合同实施期内，根据合同约定的办法调整。

（3）成本加酬金。合同总价由成本和建设单位支付给施工单位的酬金两部分构成。

由于工程建设的外部环境处于不断的变化之中，这些外部条件的变化就可能会使得施工单位的成本增加。例如，某种建筑材料大幅度涨价，或者发生了一定程度的设计变更使得工程量有所增加，都会让承包商承担更多的成本。在这种情况下，承包商就可能提出索赔的要求，要求建设单位支付增加部分的成本。对于上面的三种计价方式，如果采用的是可调价合同或者成本加酬金合同，建设单位就应该在合同约定的范围内支付这笔款项。但是，如果采用的是固定价合同，则建设单位就不必为此支付。

《解释》第 22 条规定："当事人约定按照固定价结算工程价款，一方当事人请求对建设工程造价进行鉴定的，不予支持。"

8. 对工程量的争议问题

在工程款支付的过程中，确认完成的工程量是一个重要的环节。只有确认了完成的工程量，才能进行下一步的结算。

(1) 工程结算的程序

《建筑工程施工发包与承包计价管理办法》第 16 条规定了工程结算的程序：

工程竣工验收合格，应当按照下列规定进行竣工结算：

1) 承包方应当在工程竣工验收合格后的约定期限内提交竣工结算文件。

2) 发包方应当在收到竣工结算文件后的约定期限内予以答复。逾期未答复的，竣工结算文件视为已被认可。

3) 发包方对竣工结算文件有异议的，应当在答复期内向承包方提出，并可以在提出之日起的约定期限内与承包方协商。

4) 发包方在协商期内未与承包方协商或者经协商未能与承包方达成协议的，应当委托工程造价咨询单位进行竣工结算审核。

5) 发包方应当在协商期满后的约定期限内向承包方提出工程造价咨询单位出具的竣工结算审核意见。

发承包双方在合同中对上述事项的期限没有明确约定的，可认为其约定期限均为 28 日。

发承包双方对工程造价咨询单位出具的竣工结算审核意见仍有异议的，在接到该审核意见后一个月内可以向县级以上地方人民政府建设行政主管部门申请调解，调解不成的，可以依法申请仲裁或者向人民法院提起诉讼。

工程竣工结算文件经发包方与承包方确认即应当作为工程决算的依据。

(2) 关于确认工程量引起的纠纷

1) 对未经签证但事实上已经完成的工程量的确认

工程量的确认应以工程师的确认为依据，只有经过工程师确认的工程量才能进行工程款的结算，否则，即使施工单位完成了相应的工程量，也由于属于单方面变更合同内容而不能得到相应的工程款。

工程师的确认以签证为依据；也就是说只要工程师对于已完工程进行了签证，建设单位就要支付这部分工程量的工程款。但是，有的时候却存在另一种情形，工程师口头同意进行某项工程的修建，但是由于主观的或者客观的原因而没能及时提供签证。对于这部分工程量的确认就很容易引起纠纷。

我国《合同法》第 36 条规定："法律、行政法规规定或者当事人约定采用书面形式订立合同，当事人未采用书面形式但一方已经履行主要义务，对方接受的，该合同成立。"

依据这个条款，《解释》第 19 条规定："当事人对工程量有争议的，按照施工过程中形成的签证等书面文件确认。承包人能够证明发包人同意其施工，但未能提供签证文件证明工程量发生的，可以按照当事人提供的其他证据确认实际发生的工程量。"

2) 对于确认工程量的时间的纠纷

如果建设单位迟迟不确认施工单位完成的工程量，就会导致施工单位不能及时得到工程款，这样就损害了施工单位的利益。为了保护合同当事人的合法权益，《解释》第 20 条规定："当事人约定，发包人收到竣工结算文件后，在约定期限内不予答复，视为认可竣工结算文件的，按照约定处理。承包人请求按照竣工结算文件结算工程价款的，应予支持。"这与《建筑工程施工发包与承包计价管理办法》第 16 条的规定也是一致的。

5.2 最高人民法院关于建设工程价款优先受偿权问题的批复

5.2.1 《担保法》与《合同法》在工程款优先受偿权问题上的冲突

在工程建设中，建设单位为了筹措资金，经常会向银行贷款。作为条件，银行会要求建设单位提供相应的担保。有的时候，建设单位可以以拟建的建设工程（主要是商品房）作为抵押来为贷款作担保。于是，在建设单位和银行之间就会签订一个抵押合同。根据《中华人民共和国担保法》第 53 条的规定："债务履行期届满抵押权人未受清偿的，可以与抵押人协议以抵押物折价或者以拍卖、变卖该抵押物所得的价款受偿；协议不成的，抵押权人可以向人民法院提起诉讼。抵押物折价或者拍卖、变卖后，其价款超过债权数额的部分归抵押人所有，不足部分由债务人清偿。"这就是说，如果建设单位在应该偿还贷款的期限届满而没有清偿贷款的话，银行就可以将建成的工程项目（主要是指商品房）折价、拍卖或者变卖，然后将所得的收入占有。

但是，根据《中华人民共和国合同法》286 条的规定："发包人未按照约定支付价款的，承包人可以催告发包人在合理期限内支付价款。发包人逾期不支付的，除按照建设工程的性质不宜折价、拍卖的以外，承包人可以与发包人协议将该工程折价，也可以申请人民法院将该工程依法拍卖。建设工程的价款就该工程折价或者拍卖的价款优先受偿。"这就意味着，如果建设单位不及时支付工程款，则施工单位可以将建成的建设项目折价、拍卖并将所得占有。

5.2.2 建设工程价款优先受偿权问题的司法解释

这样一来就出现了一个问题，在上面两个条件都存在的情况下，银行和施工单位都可以将建成的工程项目拍卖并将所得款项占有。那么到底优先将这笔款项支付给谁？针对这个问题，2002 年 6 月 11 日，最高人民法院审判委员会第 1225 次会议通过了《最高人民法院关于建设工程价款优先受偿权问题的批复》，作出了如下解释：

（1）人民法院在审理房地产纠纷案件和办理执行案件中，应当依照《中华人民共和国合同法》第 286 条的规定，认定建筑工程的承包人的优先受偿权优于抵押权和其他债权。

（2）消费者交付购买商品房的全部或者大部分款项后，承包人就该商品房享有的工程价款优先受偿权不得对抗买受人。

（3）建筑工程价款包括承包人为建设工程应当支付的工作人员报酬、材料款等实际支出的费用，不包括承包人因发包人违约所造成的损失。

（4）建设工程承包人行使优先权的期限为六个月，自建设工程竣工之日或者建设工程合同约定的竣工之日起计算。

（5）本批复第1条至第3条自公布之日起施行，第4条自公布之日起六个月后施行。

［案例 5-2］

2006年4月4日，A建筑公司所承揽的某住宅小区施工项目竣工。按照施工承包合同的约定，建设单位应该在2006年4月20日支付全部剩余工程款。但是建设单位却没有按时支付。考虑到人际关系问题，A建筑公司没有立即对建设单位提起诉讼。

2006年11月20日，A建筑公司听说银行正计划将此住宅小区拍卖，理由是建设单位没有偿还贷款。而这些住宅则是作为贷款的抵押物。于是A建筑公司提出自己对该小区拍卖所得价款享有优先受偿权。你认为A建筑公司的理由成立吗？

分析：

不成立。根据《最高人民法院关于建设工程价款优先受偿权问题的批复》，建设工程承包人行使优先权的期限为六个月，自建设工程竣工之日或者建设工程合同约定的竣工之日起计算。2006年11月20日已经超过了行使优先权的期限，因此该理由是不成立的。

中华人民共和国第十届全国人民代表大会常务委员会第十一次会议于 2004 年 8 月 28 日通过《全国人民代表大会常务委员会关于修改〈中华人民共和国土地管理法〉的决定》，自 2004 年 8 月 28 公布之日起施行。

6.1 土地用途管制

1. 土地用途分类

国家实行土地用途管制制度。国家编制土地利用总体规划，规定土地用途，将土地分为农用地、建设用地和未利用地。严格限制农用地转为建设用地，控制建设用地总量，对耕地实行特殊保护。

上述所称农用地是指直接用于农业生产的土地，包括耕地、林地、草地、农田水利用地、养殖水面等；建设用地是指建造建筑物、构筑物的土地，包括城乡住宅和公共设施用地、工矿用地、交通水利设施用地、旅游用地、军事设施用地等；未利用地是指农用地和建设用地以外的土地。

使用土地的单位和个人必须严格按照土地利用总体规划确定的用途使用土地。

2. 土地用途监管

国务院土地行政主管部门统一负责全国土地的管理和监督工作。

县级以上地方人民政府土地行政主管部门的设置及其职责，由省、自治区、直辖市人民政府根据国务院有关规定确定。

任何单位和个人都有遵守土地管理法律、法规的义务，并有权对违反土地管理法律、法规的行为提出检举和控告。

在保护和开发土地资源、合理利用土地以及进行有关的科学研究等方面成绩显著的单位和个人，由人民政府给予奖励。

6.2 土地的所有权和使用权

1. 土地的所有权

城市市区的土地属于国家所有。农村和城市郊区的土地，除由法律规定属于国家所有的以外，属于农民集体所有；宅基地和自留地、自留山，属于农民集体所有。

国有土地和农民集体所有的土地，可以依法确定给单位或者个人使用。使用土地的单位和个人，有保护、管理和合理利用土地的义务。

农民集体所有的土地依法属于村民集体所有的，由村集体经济组织或者村民委员会经营、管理；已经分别属于村内两个以上农村集体经济组织的农民集体所有的，由村内各农村集体经济组织或者村民小组经营、管理；已经属于乡（镇）农民集体所有的，由乡（镇）农村集体经济组织经营、管理。

2. 土地的使用权

农民集体所有的土地，由县级人民政府登记造册，核发证书，确认所有权。农民集体所有的土地依法用于非农业建设的，由县级人民政府登记造册，核发证书，确认建设用地使用权。

单位和个人依法使用的国有土地，由县级以上人民政府登记造册，核发证书，确认使用权；其中，中央国家机关使用的国有土地的具体登记发证机关，由国务院确定。

依法改变土地权属和用途的，应当办理土地变更登记手续。依法登记的土地的所有权和使用权受法律保护，任何单位和个人不得侵犯。

3. 土地所有权和使用权争议的解决

土地所有权和使用权争议，由当事人协商解决；协商不成的，由人民政府处理。

单位之间的争议，由县级以上人民政府处理；个人之间、个人与单位之间的争议，由乡级人民政府或者县级以上人民政府处理。

当事人对有关人民政府的处理决定不服的，可以自接到处理决定通知之日起三十日内，向人民法院起诉。

在土地所有权和使用权争议解决前，任何一方不得改变土地利用现状。

6.3 土地利用总体规划

各级人民政府应当依据国民经济和社会发展规划、国土整治和资源环境保护的要求、土地供给能力以及各项建设对土地的需求，组织编制土地利用总体规划。

1. 土地利用总体规划编制原则

土地利用总体规划按照下列原则编制：

（1）严格保护基本农田，控制非农业建设占用农用地；

（2）提高土地利用率；

（3）统筹安排各类、各区域用地；

（4）保护和改善生态环境，保障土地的可持续利用；

（5）占用耕地与开发复垦耕地相平衡。

县级土地利用总体规划应当划分土地利用区，明确土地用途。

乡（镇）土地利用总体规划应当划分土地利用区，根据土地使用条件，确定每一块土地的用途，并予以公告。

2. 土地利用总体规划的作用

（1）指导编制下级总体规划

土地利用总体规划的规划期限由国务院规定。下级土地利用总体规划应当依据上一级土地利用总体规划编制。地方各级人民政府编制的土地利用总体规划中的建设用地总量不得超过上一级土地利用总体规划确定的控制指标，耕地保有量不得低于上一级土地利用总体规划确定的控制指标。

省、自治区、直辖市人民政府编制的土地利用总体规划，应当确保本行政区域内耕地总量不减少。

（2）规范建设用地规模

1）是土地利用年度计划制定的依据

各级人民政府应当加强土地利用计划管理，实行建设用地总量控制。

土地利用年度计划，应根据国民经济和社会发展计划、国家产业政策、土地利用总体规划以及建设用地和土地利用的实际状况编制。土地利用年度计划的编制审批程序与土地利用总体规划的编制审批程序相同，一经审批下达，必须严格执行。

2）是城市总体规划、村庄和集镇建设用地规模制定的依据

城市建设用地规模应当符合国家规定的标准，充分利用现有建设用地，不占或者少占农用地。

城市总体规划、村庄和集镇规划，应当与土地利用总体规划相衔接，城市总体规划、村庄和集镇规划中建设用地规模不得超过土地利用总体规划确定的城市和村庄、集镇建设用地规模。

在城市规划区内、村庄和集镇规划区内，城市和村庄、集镇建设用地应当符合城市规划、村庄和集镇规划。

3. 土地利用总体规划的审批与修改

（1）土地利用总体规划的审批

土地利用总体规划实行分级审批。省、自治区、直辖市的土地利用总体规划，报国务院批准。省、自治区人民政府所在地的市、人口在一百万以上的城市以及国务院指定的城市的土地利用总体规划，经省、自治区人民政府审查同意后，报国务院批准。

上述规定以外的土地利用总体规划，逐级上报省、自治区、直辖市人民政府批准；其中，乡（镇）土地利用总体规划可以由省级人民政府授权的设区的市、自治州

人民政府批准。

土地利用总体规划一经批准，必须严格执行。

（2）土地总体规划的修改

省、自治区、直辖市人民政府应当将土地利用年度计划的执行情况列为国民经济和社会发展计划执行情况的内容，向同级人民代表大会报告。

经批准的土地利用总体规划的修改，须经原批准机关批准；未经批准，不得改变土地利用总体规划确定的土地用途。

经国务院批准的大型能源、交通、水利等基础设施建设用地，需要改变土地利用总体规划的，根据国务院的批准文件修改土地利用总体规划。

经省、自治区、直辖市人民政府批准的能源、交通、水利等基础设施建设用地，需要改变土地利用总体规划的，属于省级人民政府土地利用总体规划批准权限内的，根据省级人民政府的批准文件修改土地利用总体规划。

4. 土地调查制度

县级以上人民政府土地行政主管部门会同同级有关部门进行土地调查。土地所有者或者使用者应当配合调查，并提供有关资料。

县级以上人民政府土地行政主管部门会同同级有关部门根据土地调查成果、规划土地用途和国家制定的统一标准，评定土地等级。

5. 土地统计制度

国家建立土地统计制度。县级以上人民政府土地行政主管部门和同级统计部门共同制定统计调查方案，依法进行土地统计，定期发布土地统计资料。土地所有者或者使用者应当提供有关资料，不得虚报、瞒报、拒报、迟报。

土地行政主管部门和统计部门共同发布的土地面积统计资料是各级人民政府编制土地利用总体规划的依据。

国家建立全国土地管理信息系统，对土地利用状况进行动态监测。

6.4　耕地保护

1. 耕地补偿制度

国家保护耕地，严格控制耕地转为非耕地。

国家实行占用耕地补偿制度。非农业建设经批准占用耕地的，按照"占多少，垦多少"的原则，由占用耕地的单位负责开垦与所占用耕地的数量和质量相当的耕地；没有条件开垦或者开垦的耕地不符合要求的，应当按照省、自治区、直辖市的规定缴纳耕地开垦费，专款用于开垦新的耕地。

省、自治区、直辖市人民政府应当制定开垦耕地计划，监督占用耕地的单位按照计划开垦耕地或者按照计划组织开垦耕地，并进行验收。

县级以上地方人民政府可以要求占用耕地的单位将所占用耕地耕作层的土壤用于新开垦耕地、劣质地或者其他耕地的土壤改良。

省、自治区、直辖市人民政府应当严格执行土地利用总体规划和土地利用年度计划，采取措施，确保本行政区域内耕地总量不减少；耕地总量减少的，由国务院责令在规定期限内组织开垦与所减少耕地的数量与质量相当的耕地，并由国务院土地行政主管部门会同农业行政主管部门验收。个别省、自治区、直辖市确因土地后备资源匮乏，新增建设用地后，新开垦耕地的数量不足以补偿所占用耕地的数量的，必须报经国务院批准减免本行政区域内开垦耕地的数量，进行易地开垦。

2. 基本农田保护制度

国家实行基本农田保护制度。下列耕地应当根据土地利用总体规划划入基本农田保护区，严格管理：

1）经国务院有关主管部门或者县级以上地方人民政府批准确定的粮、棉、油生产基地内的耕地；

2）有良好的水利与水土保持设施的耕地，正在实施改造计划以及可以改造的中、低产田；

3）蔬菜生产基地；

4）农业科研、教学试验田；

5）国务院规定应当划入基本农田保护区的其他耕地。

各省、自治区、直辖市划定的基本农田应当占本行政区域内耕地的80％以上。

基本农田保护区以乡（镇）为单位进行划区定界，由县级人民政府土地行政主管部门会同同级农业行政主管部门组织实施。

在城市规划区范围内，以出让方式取得土地使用权进行房地产开发的闲置土地，依照《中华人民共和国城市房地产管理法》的有关规定办理。

承包经营耕地的单位或者个人连续两年弃耕抛荒的，原发包单位应当终止承包合同，收回发包的耕地。

国家鼓励单位和个人按照土地利用总体规划，在保护和改善生态环境、防止水土流失和土地荒漠化的前提下，开发未利用的土地；适宜开发为农用地的，应当优先开发成农用地。

6.5　建设用地

6.5.1　建设项目用地批准

任何单位和个人进行建设，需要使用土地的，必须依法申请使用国有土地；但是，兴办乡镇企业和村民建设住宅经依法批准使用本集体经济组织农民集体所有的土地的，或者乡（镇）村公共设施和公益事业建设经依法批准使用农民集体所有的土地的除外。

上述所称依法申请使用的国有土地包括国家所有的土地和国家征用的原属于农民集体所有的土地。

建设占用土地，涉及农用地转为建设用地的，应当办理农用地转用审批手续。

省、自治区、直辖市人民政府批准的道路、管线工程和大型基础设施建设项目、国务院批准的建设项目占用土地，涉及农用地转为建设用地的，由国务院批准。

在土地利用总体规划确定的城市和村庄、集镇建设用地规模范围内，为实施该规划而将农用地转为建设用地的，按土地利用年度计划分批次由原批准土地利用总体规划的机关批准。在已批准的农用地转用范围内，具体建设项目用地可以由市、县人民政府批准。

征收基本农田、基本农田以外的耕地超过三十五公顷的和其他土地超过七十公顷的由国务院批准。

征收上述规定以外的土地的，由省、自治区、直辖市人民政府批准，并报国务院备案。征收农用地的，应当依照规定先行办理农用地转用审批。其中，经国务院批准农用地转用的，同时办理征地审批手续。不再另行办理征地审批；经省、自治区、直辖市人民政府在征地批准权限内批准农用地转用的，同时办理征地审批手续，不再另行办理征地审批，超过征地批准权限的，应当依照规定另行办理征地审批。

国家征收土地的，依照法定程序批准后，由县级以上地方人民政府予以公告并组织实施。

被征用土地的所有权人、使用权人应当在公告规定期限内，持土地权属证书到当地人民政府土地行政主管部门办理征地补偿登记。

6.5.2　被征收土地的补偿

征收土地的，按照被征收土地的原用途给予补偿。

征收耕地的补偿费用包括土地补偿费、安置补助费以及地上附着物和青苗的补偿费。征收耕地的土地补偿费，为该耕地被征收前三年平均年产值的六至十倍。征收耕地的安置补助费，按照需要安置的农业人口数计算。需要安置的农业人口数，按照被征收的耕地数量除以征地前被征收单位平均每人占有耕地的数量计算。每一个需要安置的农业人口的安置补助费标准，为该耕地被征收前三年平均年产值的四至六倍。但是，每公顷被征收耕地的安置补助费，最高不得超过被征收前三年平均年产值的十五倍。

征收其他土地的土地补偿费和安置补助费标准，由省、自治区、直辖市参照征收耕地的土地补偿费和安置补助费的标准规定。

被征收土地上的附着物和青苗的补偿标准，由省、自治区、直辖市规定。

征收城市郊区的菜地，用地单位应当按照国家有关规定缴纳新菜地开发建设基金。

依照规定支付土地补偿费和安置补助费，尚不能使需要安置的农民保持原有生活水平的，经省、自治区、直辖市人民政府批准，可以增加安置补助费。但是，土地补偿费和安置补助费的总和不得超过土地被征收前三年平均年产值的三十倍。

国务院根据社会、经济发展水平，在特殊情况下，可以提高征收耕地的土地补偿费和安置补助费的标准。

征地补偿安置方案确定后，有关地方人民政府应当公告，并听取被征地的农村集体经济组织和农民的意见。

被征地的农村集体经济组织应当将征收土地的补偿费用的收支状况向本集体经济组织的成员公布，接受监督。

禁止侵占、挪用被征用土地单位的征地补偿费用和其他有关费用。

地方各级人民政府应当支持被征地的农村集体经济组织和农民从事开发经营，兴办企业。

大中型水利、水电工程建设征收土地的补偿费标准和移民安置办法，由国务院另行规定。

建设项目可行性研究论证时，土地行政主管部门可以根据土地利用总体规划、土地利用年度计划和建设用地标准，对建设用地有关事项进行审查，并提出意见。

经批准的建设项目需要使用国有建设用地的，建设单位应当持法律、行政法规规定的有关文件，向有批准权的县级以上人民政府土地行政主管部门提出建设用地申请，经土地行政主管部门审查，报本级人民政府批准。

6.5.3 土地取得的方式

1. 划拨方式取得

建设单位使用国有土地，应当以出让等有偿使用方式取得；但是，下列建设用地，经县级以上人民政府依法批准，可以以划拨方式取得：

（1）国家机关用地和军事用地；

（2）城市基础设施用地和公益事业用地；

（3）国家重点扶持的能源、交通、水利等基础设施用地；

（4）法律、行政法规规定的其他用地。

2. 出让方式取得

以出让等有偿使用方式取得国有土地使用权的建设单位，按照国务院规定的标准和办法，缴纳土地使用权出让金等土地有偿使用费和其他费用后，方可使用土地。

自土地管理法施行之日起，新增建设用地的土地有偿使用费，百分之三十上缴中央财政，百分之七十留给有关地方人民政府，都专项用于耕地开发。

建设单位使用国有土地的，应当按照土地使用权出让等有偿使用合同的约定或者土地使用权划拨批准文件的规定使用土地；确需改变该幅土地建设用途的，应当经有关人民政府土地行政主管部门同意，报原批准用地的人民政府批准。其中，在城市规划区内改变土地用途的，在报批前，应当先经有关城市规划行政主管部门同意。

建设项目施工和地质勘察需要临时使用国有土地或者农民集体所有的土地的，由县级以上人民政府土地行政主管部门批准。其中，在城市规划区内的临时用地，在报批前，应当先经有关城市规划行政主管部门同意。土地使用者应当根据土地权属，与有关土地行政主管部门或者农村集体经济组织、村民委员会签订临时使用土地合同，并按照合同的约定支付临时使用土地补偿费。

临时使用土地的使用者应当按照临时使用土地合同约定的用途使用土地，并不得修建永久性建筑物。

临时使用土地期限一般不超过两年。

3. 国家可以收回国有土地使用权的情形

可以收回国有土地使用权有下列情形之一的，由有关人民政府土地主管部门报经原批准用地的人民政府或者有批准权的人民政府批准，可以收回国有土地使用权：

（1）为公共利益需要使用土地的；

（2）为实施城市规划进行旧城区改建，需要调整使用土地的；

（3）土地出让等有偿使用合同约定的使用期限届满，土地使用者未申请续期或者申请续期未获批准的；

（4）因单位撤销、迁移等原因，停止使用原划拨的国有土地的；

（5）公路、铁路、机场、矿场等经核准报废的。

依照第1项、第2项的规定收回国有土地使用权的，对土地使用权人应当给予适当补偿。

在土地利用总体规划制定前已建的不符合土地利用总体规划确定的用途的建筑物、构筑物，不得重建、扩建。

6.6 监督检查

1. 县级以上土地行政主管部门的监督检查职责

县级以上人民政府土地行政主管部门对违反土地管理法律、法规的行为进行监督检查。土地管理监督检查人员应当熟悉土地管理法律、法规，忠于职守，秉公执法。

县级以上人民政府土地行政主管部门履行监督检查职责时，有权采取下列措施：

（1）要求被检查的单位或者个人提供有关土地权利的文件和资料，进行查阅或者予以复制；

（2）要求被检查的单位或者个人就有关土地权利的问题作出说明；

（3）进入被检查单位或者个人非法占用的土地现场进行勘测；

（4）责令非法占用土地的单位或者个人停止违反土地管理法律、法规的行为。

土地管理监督检查人员履行职责，需要进入现场进行勘测，要求有关单位或者个人提供文件、资料和作出说明的，应当出示土地管理监督检查证件。

有关单位和个人对县级以上人民政府土地行政主管部门就土地违法行为进行的监督检查应当支持与配合，并提供工作方便，不得拒绝与阻碍土地管理监督检查人员依法执行职务。

2. 土地行政主管部门违法处理

县级以上人民政府土地行政主管部门在监督检查工作中发现国家工作人员的违法行为，依法应当给予行政处分的，应当依法予以处理；自己无权处理的，应当向同级或者上级人民政府的行政监察机关提出行政处分建议书，有关行政监察机关应当依法予以处理。

县级以上人民政府土地行政主管部门在监督检查工作中发现土地违法行为构成犯罪的，应当将案件移送有关机关，依法追究刑事责任；不构成犯罪的，应当依法给予行政处罚。

依照本法规定应当给予行政处罚，而有关土地行政主管部门不给予行政处罚的，上级人民政府土地行政主管部门有权责令有关土地行政主管部门作出行政处罚决定或者直接给予行政处罚，并给予有关土地行政主管部门的负责人行政处分。

《中华人民共和国环境影响评价法》于 2002 年 10 月 28 日第九届全国人民代表大会常务委员会第三十次会议通过，自 2003 年 9 月 1 日起施行。

7.1 环境影响评价的意义

1. 环境影响评价的含义

环境影响评价是指对规划和建设项目实施后可能造成的环境影响进行分析、预测和评估，提出预防或者减轻不良环境影响的对策和措施，进行跟踪监测的方法与制度。在中华人民共和国领域和中华人民共和国管辖的其他海域内建设对环境有影响的项目，应当依照本法进行环境影响评价。

2. 环境影响评价的意义

国家为了实施可持续发展战略，预防因规划和建设项目实施后对环境造成不良影响，促进经济、社会和环境的协调发展，制定环境影响评价法。

建立环境影响评价制度可以促进经济建设与环境保护持续协调发展；可以贯彻预防为主的原则，对可能造成的环境影响进行分析、预测和评估，进行统筹安排、合理布局；作为强制的法律制度约束任何主体在进行某种活动时对环境造成危害；促进经济、社会和环境的协调发展，既不能片面追求经济效益而忽视环境保护，也不能因环境保护而放弃经济发展，而应协调发展经济与保护环境；客观、公开、公正地对环境影响进行评价，综合考虑规划或者建设项目实施后对各种环境因素及其所构成的生态系统可能造成的影响，可以为决策提供科学依据。

3. 环境影响评价的基础数据库和评价指标体系

国家鼓励有关单位、专家和公众以适当方式参

第 7 章 环境影响评价法

与环境影响评价。

国家加强环境影响评价的基础数据库和评价指标体系建设，鼓励和支持对环境影响评价的方法、技术规范进行科学研究，建立必要的环境影响评价信息共享制度，提高环境影响评价的科学性。

国务院环境保护行政主管部门应当会同国务院有关部门，组织建立和完善环境影响评价的基础数据库和评价指标体系。

7.2　专项规划的环境影响评价

7.2.1　环境影响评价是规划草案的必要组成部分

国务院有关部门、设区的市级以上地方人民政府及其有关部门，对其组织编制的土地利用的有关规划，区域、流域、海域的建设、开发利用规划，应当在规划编制过程中组织进行环境影响评价，编写该规划有关环境影响的篇章或者说明。

规划有关环境影响的篇章或者说明，应当对规划实施后可能造成的环境影响作出分析、预测和评估，提出预防或者减轻不良环境影响的对策和措施，作为规划草案的组成部分一并报送规划审批机关。

未编写有关环境影响的篇章或者说明的规划草案，审批机关不予审批。

7.2.2　专项规划的环境影响评价

1. 专项规划的环境影响评价书的内容

国务院有关部门、设区的市级以上地方人民政府及其有关部门，对其组织编制的工业、农业、畜牧业、林业、能源、水利、交通、城市建设、旅游、自然资源开发的有关专项规划（以下简称专项规划），应当在该专项规划草案上报审批前，组织进行环境影响评价，并向审批该专项规划的机关提出环境影响报告书。

专项规划的环境影响报告书应当包括下列内容：

（1）实施该规划对环境可能造成影响的分析、预测和评估；

（2）预防或者减轻不良环境影响的对策和措施；

（3）环境影响评价的结论。

2. 专项规划的环境影响评价的编制

对专项规划的环境影响评价，由规划的编制机关自行组织进行，专项规划应在该规划草案上报审批之前组织进行。具体开始时间可由规划编制机关根据规划的不同情况确定。

根据《环境影响评价法》，规划的编制机关既可以自己对规划进行环境影响评价，并编写环境影响报告书，也可以组织有关部门、机构的专业人员组成评价组，还可以组织专门的环境影响评价机构对规划进行环境影响评价。

规划的编制机关对可能造成不良环境影响并直接涉及公众环境权益的规划，应当在该规划草案报送审批前，举行论证会、听证会，或者采取其他形式，征求有关

单位、专家和公众对环境影响报告书草案的意见。但是，国家规定需要保密的情形
除外。

编制机关应当认真考虑有关单位、专家和公众对环境影响报告书草案的意见，
并应当在报送审查的环境影响报告书中附具对意见采纳或者不采纳的说明。

3. 专项规划的环境影响评价的审批

(1) 送审

专项规划的编制机关在报批规划草案时，应当将环境影响报告书一并附送审批
机关审查；未附送环境影响报告书的，审批机关不予审批。

(2) 审批机关

设区的市级以上人民政府在审批专项规划草案，作出决策前，应当先由人民政
府指定的环境保护行政主管部门或者其他部门召集有关部门代表和专家组成审查小
组，对环境影响报告书进行审查。审查小组应当提出书面审查意见。

(3) 审查小组

参加前款规定的审查小组的专家，应当从按照国务院环境保护行政主管部门的
规定设立的专家库内的相关专业的专家名单中，以随机抽取的方式确定。

(4) 审查办法

由省级以上人民政府有关部门负责审批的专项规划，其环境影响报告书的审查
办法，由国务院环境保护行政主管部门会同国务院有关部门制定。

(5) 审查

设区的市级以上人民政府或者省级以上人民政府有关部门在审批专项规划草案
时，应当将环境影响报告书结论以及审查意见作为决策的重要依据。

在审批中未采纳环境影响报告书结论以及审查意见的，应当作出说明，并存档
备查。

对环境有重大影响的规划实施后，编制机关应当及时组织环境影响的跟踪评
价，并将评价结果报告审批机关；发现有明显不良环境影响的，应当及时提出改进
措施。

7.3 建设项目的环境影响评价

为了实施可持续发展战略，预防因建设项目实施后对环境造成不良影响，促进
经济、社会和环境的协调发展，在国务院《建设项目环境保护管理条例》(1998 年
11 月 29 日国务院令第 253 号发布)已有规定的基础上，我国制定了《中华人民共
和国环境影响评价法》(以下简称《环境影响评价法》)，进一步以法律的形式确立
了环境影响评价制度。

7.3.1 建设项目环境影响评价的分类管理

根据《环境影响评价法》第 16 条的规定，我国根据建设项目对环境的影响程
度，对建设项目的环境影响评价实行分类管理，建设单位应当依法组织编制相应的

环境影响评价文件:

(1) 可能造成重大环境影响的,应当编制环境影响报告书,对产生的环境影响进行全面评价。

其中,根据《环境影响评价法》第 17 条的规定:建设项目的环境影响报告书应当包括下列内容:

1) 建设项目概况;

2) 建设项目周围环境现状;

3) 建设项目对环境可能造成影响的分析、预测和评估;

4) 建设项目环境保护措施及其技术、经济论证;

5) 建设项目对环境影响的经济损益分析;

6) 对建设项目环境监测的建议;

7) 环境影响评价的结论。

涉及水土保持的建设项目,还必须经由水行政主管部门审查同意的水土保持方案。

(2) 可能造成轻度环境影响的,应当编制环境影响报告表,对产生的环境影响进行分析或者专项评价。

(3) 对环境影响很小、不需要进行环境影响评价的,应当填报环境影响登记表。

7.3.2　建设项目环境影响评价文件的审批管理

根据《环境影响评价法》的规定,建设项目的环境影响评价文件,由建设单位按照国务院的规定报有审批权的环境保护行政主管部门审批;建设项目有行业主管部门的,其环境影响报告书或者环境影响报告表应当经行业主管部门预审后,报有审批权的环境保护行政主管部门审批。建设项目的环境影响评价文件未经法律规定的审批部门审查或者审查后未予批准的,该项目审批部门不得批准其建设,建设单位不得开工建设。

建设项目的环境影响评价文件经批准后,建设项目的性质、规模、地点、采用的生产工艺或者防治污染、防止生态破坏的措施发生重大变动的,建设单位应当重新报批建设项目的环境影响评价文件。建设项目的环境影响评价文件自批准之日起超过 5 年,方决定该项目开工建设的,其环境影响评价文件应当报原审批部门重新审核。

7.3.3　环境影响的后评价和跟踪管理

在项目建设、运行过程中产生不符合经审批的环境影响评价文件的情形的,建设单位应当组织环境影响的后评价,采取改进措施,并报原环境影响评价文件审批部门和建设项目审批部门备案;原环境影响评价文件审批部门也可以责成建设单位进行环境影响的后评价,采取改进措施。

环境保护行政主管部门应当对建设项目投入生产或者使用后所产生的环境影响进行跟踪检查,对造成严重环境污染或者生态破坏的,应当查清原因、查明责任。

8.1　城乡规划管理的原则

8.1.1　城乡规划与规划区的含义与作用

1. 城乡规划与规划区的含义

（1）城乡规划的含义

城乡规划，包括城镇体系规划、城市规划、镇规划、乡规划和村庄规划。城市规划、镇规划分为总体规划和详细规划。详细规划分为控制性详细规划和修建性详细规划。

（2）规划区的含义

规划区，是指城市、镇和村庄的建成区以及因城乡建设和发展需要，必须实行规划控制的区域。规划区的具体范围由有关人民政府在组织编制的城市总体规划、镇总体规划、乡规划和村庄规划中，根据城乡经济社会发展水平和统筹城乡发展的需要划定。

2. 城乡规划与规划区的作用

（1）确定城乡的发展蓝图

首都的总体规划、详细规划应当统筹考虑中央国家机关用地布局和空间安排的需要。

县级以上地方人民政府应当根据当地经济社会发展的实际，在城市总体规划、镇总体规划中合理确定城市、镇的发展规模、步骤和建设标准。

经依法批准的城乡规划，是城乡建设和规划管理的依据，未经法定程序不得修改。各级人民政府应当将城乡规划的编制和管理经费纳入本级财政预算。

（2）规范建设活动

城市和镇应当依照本法制定城市规划和镇规划。城市、镇规划区内的建设活动应当符合规划要求。

第8章　城乡规划法

县级以上地方人民政府根据本地农村经济社会发展水平，按照因地制宜、切实可行的原则，确定应当制定乡规划、村庄规划的区域。在确定区域内的乡、村庄，应当依照本法制定规划，规划区内的乡、村庄建设应当符合规划要求。

县级以上地方人民政府鼓励、指导前款规定以外的区域的乡、村庄制定和实施乡规划、村庄规划。

8.1.2 制定和实施城乡规划的原则

国家鼓励采用先进的科学技术，增强城乡规划的科学性，提高城乡规划实施及监督管理的效能。

制定和实施城乡规划，应当遵循城乡统筹、合理布局、节约土地、集约发展和先规划后建设的原则，改善生态环境，促进资源、能源节约和综合利用，保护耕地等自然资源和历史文化遗产，保持地方特色、民族特色和传统风貌，防止污染和其他公害，并符合区域人口发展、国防建设、防灾减灾和公共卫生、公共安全的需要。

城市总体规划、镇总体规划以及乡规划和村庄规划的编制，应当依据国民经济和社会发展规划，并与土地利用总体规划相衔接。

8.1.3 城乡规划的监督

1. 城乡规划的信息公开

城乡规划组织编制机关应当及时公布经依法批准的城乡规划。但是，法律、行政法规规定不得公开的内容除外。任何单位和个人都应当遵守经依法批准并公布的城乡规划，服从规划管理，并有权就涉及其利害关系的建设活动是否符合规划的要求向城乡规划主管部门查询。

2. 城乡规划的群众监督

任何单位和个人都有权向城乡规划主管部门或者其他有关部门举报或者控告违反城乡规划的行为。城乡规划主管部门或者其他有关部门对举报或者控告，应当及时受理并组织核查、处理。

8.2 城乡规划的制定

8.2.1 总体规划

1. 总体规划的编制

(1) 全国城镇体系的编制

国务院城乡规划主管部门会同国务院有关部门组织编制全国城镇体系规划，用于指导省域城镇体系规划、城市总体规划的编制。

全国城镇体系规划由国务院城乡规划主管部门报国务院审批。

（2）省域城镇体系的编制

省、自治区人民政府组织编制省域城镇体系规划，报国务院审批。

省域城镇体系规划的内容应当包括：城镇空间布局和规模控制，重大基础设施的布局，为保护生态环境、资源等需要严格控制的区域。

（3）城市总体规划的编制

城市人民政府组织编制城市总体规划。

直辖市的城市总体规划由直辖市人民政府报国务院审批。省、自治区人民政府所在地的城市以及国务院确定的城市的总体规划，由省、自治区人民政府审查同意后，报国务院审批。其他城市的总体规划，由城市人民政府报省、自治区人民政府审批。

（4）镇总体规划的编制

县人民政府组织编制县人民政府所在地镇的总体规划，报上一级人民政府审批。其他镇的总体规划由镇人民政府组织编制，报上一级人民政府审批。

2. 总体规划的报审

（1）报审

省、自治区人民政府组织编制的省域城镇体系规划，城市、县人民政府组织编制的总体规划，在报上一级人民政府审批前，应当先经本级人民代表大会常务委员会审议，常务委员会组成人员的审议意见交由本级人民政府研究处理。

镇人民政府组织编制的镇总体规划，在报上一级人民政府审批前，应当先经镇人民代表大会审议，代表的审议意见交由本级人民政府研究处理。

规划的组织编制机关报送审批省域城镇体系规划、城市总体规划或者镇总体规划，应当将本级人民代表大会常务委员会组成人员或者镇人民代表大会代表的审议意见和根据审议意见修改规划的情况一并报送。

乡、镇人民政府组织编制乡规划、村庄规划，报上一级人民政府审批。村庄规划在报送审批前，应当经村民会议或者村民代表会议讨论同意。

（2）审查

省域城镇体系规划、城市总体规划、镇总体规划批准前，审批机关应当组织专家和有关部门进行审查。

3. 总体规划的内容

（1）城镇总体规划的内容

城市总体规划、镇总体规划的内容应当包括：城市、镇的发展布局，功能分区，用地布局，综合交通体系，禁止、限制和适宜建设的地域范围，各类专项规划等。

规划区范围、规划区内建设用地规模、基础设施和公共服务设施用地、水源地和水系、基本农田和绿化用地、环境保护、自然与历史文化遗产保护以及防灾减灾等内容，应当作为城市总体规划、镇总体规划的强制性内容。

城市总体规划、镇总体规划的规划期限一般为二十年。城市总体规划还应当对城市更长远的发展作出预测性安排。

（2）乡村总体规划的内容

乡规划、村庄规划应当从农村实际出发，尊重村民意愿，体现地方和农村特色。

乡规划、村庄规划的内容应当包括：规划区范围，住宅、道路、供水、排水、供电、垃圾收集、畜禽养殖场所等农村生产、生活服务设施、公益事业等各项建设的用地布局、建设要求，以及对耕地等自然资源和历史文化遗产保护、防灾减灾等的具体安排。乡规划还应当包括本行政区域内的村庄发展布局。

8.2.2 详细规划

1. 控制性详细规划

城市人民政府城乡规划主管部门根据城市总体规划的要求，组织编制城市的控制性详细规划，经本级人民政府批准后，报本级人民代表大会常务委员会和上一级人民政府备案。

镇人民政府根据镇总体规划的要求，组织编制镇的控制性详细规划，报上一级人民政府审批。县人民政府所在地镇的控制性详细规划，由县人民政府城乡规划主管部门根据镇总体规划的要求组织编制，经县人民政府批准后，报本级人民代表大会常务委员会和上一级人民政府备案。

2. 修建性详细规划

城市、县人民政府城乡规划主管部门和镇人民政府可以组织编制重要地块的修建性详细规划。修建性详细规划应当符合控制性详细规划。

8.2.3 城乡规划具体编制工作

1. 具体编制单位

城乡规划组织编制机关应当委托具有相应资质等级的单位承担城乡规划的具体编制工作。

从事城乡规划编制工作应当具备下列条件，并经国务院城乡规划主管部门或者省、自治区、直辖市人民政府城乡规划主管部门依法审查合格，取得相应等级的资质证书后，方可在资质等级许可的范围内从事城乡规划编制工作：

(1) 有法人资格；

(2) 有规定数量的经国务院城乡规划主管部门注册的规划师；

(3) 有规定数量的相关专业技术人员；

(4) 有相应的技术装备；

(5) 有健全的技术、质量、财务管理制度。

规划师执业资格管理办法，由国务院城乡规划主管部门会同国务院人事行政部门制定。编制城乡规划必须遵守国家有关标准。

2. 基础资料的获得

编制城乡规划，应当具备国家规定的勘察、测绘、气象、地震、水文、环境等基础资料。

县级以上地方人民政府有关主管部门应当根据编制城乡规划的需要，及时提供有关基础资料。

3. 听取意见和建议

城乡规划报送审批前，组织编制机关应当依法将城乡规划草案予以公告，并采取论证会、听证会或者其他方式征求专家和公众的意见。公告的时间不得少于三十日。

组织编制机关应当充分考虑专家和公众的意见，并在报送审批的材料中附具意见采纳情况及理由。

8.3 城乡规划的实施

8.3.1 城乡规划实施的原则

1. 城市建设和发展的原则

城市的建设和发展，应当优先安排基础设施以及公共服务设施的建设，妥善处理新区开发与旧区改建的关系，统筹兼顾进城务工人员生活和周边农村经济社会发展、村民生产与生活的需要。

2. 镇建设和发展的原则

镇的建设和发展，应当结合农村经济社会发展和产业结构调整，优先安排供水、排水、供电、供气、道路、通信、广播电视等基础设施和学校、卫生院、文化站、幼儿园、福利院等公共服务设施的建设，为周边农村提供服务。

3. 乡村建设和发展的原则

乡、村庄的建设和发展，应当因地制宜、节约用地，发挥村民自治组织的作用，引导村民合理进行建设，改善农村生产、生活条件。

8.3.2 新区开发与旧城区改建

1. 新区开发

城市新区的开发和建设，应当合理确定建设规模和时序，充分利用现有市政基础设施和公共服务设施，严格保护自然资源和生态环境，体现地方特色。

在城市总体规划、镇总体规划确定的建设用地范围以外，不得设立各类开发区和城市新区。

2. 旧城区改建

旧城区的改建，应当保护历史文化遗产和传统风貌，合理确定拆迁和建设规模，有计划地对危房集中、基础设施落后等地段进行改建。

历史文化名城、名镇、名村的保护以及受保护建筑物的维护和使用，应当遵守有关法律、行政法规和国务院的规定。

8.3.3 保护与开发

1. 保护

（1）风景名胜区的保护

城乡建设和发展，应当依法保护和合理利用风景名胜资源，统筹安排风景名胜区及周边乡、镇、村庄的建设。

风景名胜区的规划、建设和管理，应当遵守有关法律、行政法规和国务院的规定。

（2）公共服务设施的保护

城乡规划确定的铁路、公路、港口、机场、道路、绿地、输配电设施及输电线路走廊、通信设施、广播电视设施、管道设施、河道、水库、水源地、自然保护区、防汛通道、消防通道、核电站、垃圾填埋场及焚烧厂、污水处理厂和公共服务设施的用地以及其他需要依法保护的用地，禁止擅自改变用途。

2. 开发

（1）城市地下空间开发和利用

城市地下空间的开发和利用，应当与经济和技术水平相适应，遵循统筹安排、综合开发、合理利用的原则，充分考虑防灾减灾、人民防空和通信等需要，并符合城市规划，履行规划审批手续。

（2）近期建设规划

城市、县、镇人民政府应当根据城市总体规划、镇总体规划、土地利用总体规划和年度计划以及国民经济和社会发展规划，制定近期建设规划，报总体规划审批机关备案。

近期建设规划应当以重要基础设施、公共服务设施和中低收入居民住房建设以及生态环境保护为重点内容，明确近期建设的时序、发展方向和空间布局。近期建设规划的规划期限为五年。

8.3.4 规划许可

城乡规划主管部门不得在城乡规划确定的建设用地范围以外作出规划许可。

1. 以划拨方式提供国有土地使用权的建设项目的规划许可

按照国家规定需要有关部门批准或者核准的建设项目，以划拨方式提供国有土地使用权的，建设单位在报送有关部门批准或者核准前，应当向城乡规划主管部门申请核发选址意见书。其他的建设项目不需要申请选址意见书。

在城市、镇规划区内以划拨方式提供国有土地使用权的建设项目，经有关部门批准、核准、备案后，建设单位应当向城市、县人民政府城乡规划主管部门提出建设用地规划许可申请，由城市、县人民政府城乡规划主管部门依据控制性详细规划核定建设用地的位置、面积、允许建设的范围，核发建设用地规划许可证。

建设单位在取得建设用地规划许可证后，方可向县级以上地方人民政府土地主管部门申请用地，经县级以上人民政府审批后，由土地主管部门划拨土地。

2. 以出让方式提供国有土地使用权的建设项目的规划许可

在城市、镇规划区内以出让方式提供国有土地使用权的，在国有土地使用权出让前，城市、县人民政府城乡规划主管部门应当依据控制性详细规划，提出出让地块的位置、使用性质、开发强度等规划条件，作为国有土地使用权出让合同的组成部分。未确定规划条件的地块，不得出让国有土地使用权。

以出让方式取得国有土地使用权的建设项目，在签订国有土地使用权出让合同后，建设单位应当持建设项目的批准、核准、备案文件和国有土地使用权出让合同，向城市、县人民政府城乡规划主管部门领取建设用地规划许可证。

城市、县人民政府城乡规划主管部门不得在建设用地规划许可证中，擅自改变作为国有土地使用权出让合同组成部分的规划条件。

规划条件未纳入国有土地使用权出让合同的，该国有土地使用权出让合同无效；对未取得建设用地规划许可证的建设单位批准用地的，由县级以上人民政府撤销有关批准文件；占用土地的，应当及时退回；给当事人造成损失的，应当依法给予赔偿。

3. 建设规划许可

县级以上地方人民政府城乡规划主管部门按照国务院规定对建设工程是否符合规划条件予以核实。未经核实或者经核实不符合规划条件的，建设单位不得组织竣工验收。

建设单位应当在竣工验收后六个月内向城乡规划主管部门报送有关竣工验收资料。

（1）城乡建设规划许可

1）城镇规划区内的建设规划许可

在城市、镇规划区内进行建筑物、构筑物、道路、管线和其他工程建设的，建设单位或者个人应当向城市、县人民政府城乡规划主管部门或者省、自治区、直辖市人民政府确定的镇人民政府申请办理建设工程规划许可证。

申请办理建设工程规划许可证，应当提交使用土地的有关证明文件、建设工程设计方案等材料。需要建设单位编制修建性详细规划的建设项目，还应当提交修建性详细规划。对符合控制性详细规划和规划条件的，由城市、县人民政府城乡规划主管部门或者省、自治区、直辖市人民政府确定的镇人民政府核发建设工程规划许可证。

城市、县人民政府城乡规划主管部门或者省、自治区、直辖市人民政府确定的镇人民政府应当依法将经审定的修建性详细规划、建设工程设计方案的总平面图予以公布。

2）乡村规划区内的建设规划许可

在乡、村庄规划区内进行乡镇企业、乡村公共设施和公益事业建设的，建设单位或者个人应当向乡、镇人民政府提出申请，由乡、镇人民政府报城市、县人民政府城乡规划主管部门核发乡村建设规划许可证。

在乡、村庄规划区内使用原有宅基地进行农村村民住宅建设的规划管理办法，由省、自治区、直辖市制定。

在乡、村庄规划区内进行乡镇企业、乡村公共设施和公益事业建设以及农村村民住宅建设，不得占用农用地；确需占用农用地的，应当依照《中华人民共和国土地管理法》有关规定办理农用地转用审批手续后，由城市、县人民政府城乡规划主管部门核发乡村建设规划许可证。

建设单位或者个人在取得乡村建设规划许可证后，方可办理用地审批手续。

(2) 设计变更与临时建设的规划许可

1) 设计变更的规划许可

建设单位应当按照规划条件进行建设。确需变更的，必须向城市、县人民政府城乡规划主管部门提出申请。变更内容不符合控制性详细规划的，城乡规划主管部门不得批准。城市、县人民政府城乡规划主管部门应当及时将依法变更后的规划条件通报同级土地主管部门并公示。

建设单位应当及时将依法变更后的规划条件报有关人民政府土地主管部门备案。

2) 临时建设的规划许可

在城市、镇规划区内进行临时建设的，应当经城市、县人民政府城乡规划主管部门批准。临时建设影响近期建设规划或者控制性详细规划的实施以及交通、市容、安全等的，不得批准。

临时建设应当在批准的使用期限内自行拆除。临时建设和临时用地规划管理的具体办法，由省、自治区、直辖市人民政府制定。

8.4　城乡规划的修改

8.4.1　城乡规划修改的条件

省域城镇体系规划、城市总体规划、镇总体规划的组织编制机关，应当组织有关部门和专家定期对规划实施情况进行评估，并采取论证会、听证会或者其他方式征求公众意见。组织编制机关应当向本级人民代表大会常务委员会、镇人民代表大会和原审批机关提出评估报告并附具征求意见的情况。

有下列情形之一的，组织编制机关方可按照规定的权限和程序修改省域城镇体系规划、城市总体规划、镇总体规划：

（1）上级人民政府制定的城乡规划发生变更，提出修改规划要求的；

（2）行政区划调整确需修改规划的；

（3）因国务院批准重大建设工程确需修改规划的；

（4）经评估确需修改规划的；

（5）城乡规划的审批机关认为应当修改规划的其他情形。

8.4.2　城乡规划修改的程序

1. 修改省域城镇体系规划、城市总体规划、镇总体规划的程序

修改省域城镇体系规划、城市总体规划、镇总体规划前，组织编制机关应当对原规划的实施情况进行总结，并向原审批机关报告；修改涉及城市总体规划、镇总体规划强制性内容的，应当先向原审批机关提出专题报告，经同意后，方可编制修改方案。

修改后的省域城镇体系规划、城市总体规划、镇总体规划，应当依照本法的审批程序报批。

2. 修改控制性详细规划的程序

修改控制性详细规划的，组织编制机关应当对修改的必要性进行论证，征求规划地段内利害关系人的意见，并向原审批机关提出专题报告，经原审批机关同意后，方可编制修改方案。修改后的控制性详细规划，应当依照本法规定的审批程序报批。控制性详细规划修改涉及城市总体规划、镇总体规划的强制性内容的，应当先修改总体规划。

修改乡规划、村庄规划的，应当依照本法规定的审批程序报批。

3. 修改近期建设规划的程序

城市、县、镇人民政府修改近期建设规划的，应当将修改后的近期建设规划报总体规划审批机关备案。

8.4.3 城乡规划修改的后果

在选址意见书、建设用地规划许可证、建设工程规划许可证或者乡村建设规划许可证发放后，因依法修改城乡规划给被许可人合法权益造成损失的，应当依法给予补偿。

经依法审定的修建性详细规划、建设工程设计方案的总平面图不得随意修改；确需修改的，城乡规划主管部门应当采取听证会等形式，听取利害关系人的意见；因修改给利害关系人合法权益造成损失的，应当依法给予补偿。

9.1 拆迁管理

9.1.1 房屋拆迁许可证管理

《城市房屋拆迁管理条例》第 6 条规定："拆迁房屋的单位取得房屋拆迁许可证后,方可实施拆迁。"

1. 房屋拆迁许可证的申请

根据《城市房屋拆迁管理条例》第 7 条的规定,申请领取房屋拆迁许可证的,应当向房屋所在地的市、县人民政府房屋拆迁管理部门提交下列资料:

(1) 建设项目批准文件,指政府发展改革部门对建设项目的立项批准文件。

(2) 建设用地规划许可证,指建设单位在向土地管理部门申请征用、划拨土地前,经城市规划行政主管部门确认建设项目位置和范围符合城市规划的法定凭证。

(3) 国有土地使用权批准文件,指由市、县人民政府向建设单位颁发的建设用地批准书,有偿使用的,签订国有土地有偿使用合同;划拨使用的,核发国有土地划拨决定书。

(4) 拆迁计划和拆迁方案,是反映拆迁人计划如何对被拆迁人实施拆迁补偿安置以及计划在多长时间内完成拆迁的文件。

(5) 办理存款业务的金融机构出具的拆迁补偿安置资金证明。根据《城市房屋拆迁管理条例》第 20 条的规定,拆迁人实施房屋拆迁的补偿安置资金应当全部用于房屋拆迁的补偿安置,不得挪作他用。

经市、县人民政府房屋拆迁管理部门审查,符合条件的,颁发房屋拆迁许可证。

2. 房屋拆迁许可证载明事项的公布

《城市房屋拆迁管理条例》第 8 条规定,房屋拆

第 9 章 城市房屋拆迁管理条例

迁管理部门在发放房屋拆迁许可证的同时，应当将房屋拆迁许可证中载明的拆迁人、拆迁范围、拆迁期限等事项，以房屋拆迁公告的形式予以公布。

房屋拆迁管理部门和拆迁人应当及时向被拆迁人做好宣传、解释工作。

3. 房屋拆迁许可证确定的拆迁范围和拆迁期限的法律效力

根据《城市房屋拆迁管理条例》第 9 条规定，"拆迁人应当在房屋拆迁许可证规定的拆迁范围和拆迁期限内，实施房屋拆迁"。房屋拆迁许可证规定的拆迁范围对拆迁人具有法律约束力，这意味着拆迁人在实施拆迁时，既不能擅自扩大，也不能擅自缩小拆迁范围。同时，拆迁人应当在房屋拆迁许可证确定的拆迁期限内完成拆迁工作，需要延长拆迁期限的，拆迁人应当在拆迁期限届满 15 日前，向房屋拆迁管理部门提出延期拆迁申请。

9.1.2 城市房屋拆迁的实施管理

1. 城市房屋拆迁单位

根据《城市房屋拆迁管理条例》第 10 条、第 11 条的规定，拆迁人可以自行拆迁，也可委托具有拆迁资格的单位进行拆迁。房屋拆迁管理部门不得作为拆迁人，不得接受拆迁委托。拆迁人委托拆迁的，应当向被委托的拆迁单位出具委托书，并订立拆迁委托合同。拆迁人应当自拆迁委托合同订立之日起 15 日内，报房屋拆迁管理部门备案。被委托的拆迁单位不得转让拆迁业务。

2. 拆迁范围内的单位和个人禁止事项及期限

根据《城市房屋拆迁管理条例》第 12 条的规定，拆迁范围确定后，拆迁范围内的单位和个人，不得进行下列活动：

(1) 新建、扩建、改建房屋；

(2) 改变房屋和土地用途；

(3) 租赁房屋。

房屋拆迁管理部门应当就上述事项，书面通知有关部门暂停办理相关手续并载明暂停期限。暂停期限最长不得超过 1 年；拆迁人需要延长暂停期限的，必须经房屋拆迁管理部门批准，延长暂停期限不得超过 1 年。

3. 拆迁补偿安置协议的订立及纠纷处理程序

(1) 拆迁补偿安置协议的订立

拆迁人与被拆迁人应当依照《城市房屋拆迁管理条例》的规定，就补偿方式和补偿金额、安置用房面积和安置地点、搬迁过渡方式和过渡期限等事项，订立拆迁补偿安置协议。

(2) 拆迁纠纷仲裁、诉讼和行政裁决

《城市房屋拆迁管理条例》第 15 条规定，拆迁补偿安置协议订立后，被拆迁人在搬迁期限内拒绝搬迁的，拆迁人可以依法向仲裁委员会申请仲裁，也可以依法向人民法院起诉。诉讼期间，拆迁人可以依法申请人民法院先予执行。

达不成拆迁补偿安置协议的，根据《城市房屋拆迁管理条例》第 16 条规定，经当事人申请，由房屋拆迁管理部门裁决。当事人对裁决不服的，可以自裁决书送达之日起 3 个月内向人民法院起诉。拆迁人依照规定已对被拆迁人给予货币补偿或者提供拆迁安置用房、周转用房的，诉讼期间不停止拆迁的执行。

(3) 强制拆迁

《城市房屋拆迁管理条例》第 17 条规定，被拆迁人在裁决规定的搬迁期限内未搬迁的，由房屋所在地的市、县人民政府责成有关部门强制拆迁，或者由房屋拆迁管理部门依法申请人民法院强制拆迁。实施强制拆迁前，拆迁人应当就被拆除房屋的有关事项，向公证机关办理证据保全。

9.2　拆迁补偿与安置

9.2.1　拆迁补偿的基本原则

《城市房屋拆迁管理条例》第 22 条规定，拆迁人应当依照该条例规定，对被拆迁人给予补偿。拆除违章建筑和超过批准期限的临时建筑，不予补偿；拆除未超过批准期限的临时建筑，应当给予适当补偿。

在这里，违章建筑是指在城市规划区内，未取得建设工程规划许可证或者违反建设工程规划许可证的规定建设，严重影响城市规划的建筑，主要包括：

（1）未申请或申请未获得批准，未取得建设用地规划许可证和建设工程规划许可证而建成的建筑；

（2）擅自改变建设工程规划许可证的规定建成的建筑；

（3）擅自改变了使用性质建成的建筑；

（4）擅自将临时建筑建设成为永久性的建筑。

根据《城乡规划法》第 40 条的规定，前述违章建筑严重影响城市规划的，责令停止建设，限期拆除或者没收违法建筑物；影响城市规划，尚可采取改正措施的，责令限期改正，并处罚款。因此，在拆迁人对必须拆除的违章建筑，不予补偿。对经城市规划部门处罚，允许保留的，待补办手续后按合法建筑给予补偿❶。

这里的临时建筑是指必须限期拆除、结构简易、临时性的建筑物、构筑物和其他设施。《城市规划法》第 33 条规定，"在城市规划区内进行临时建设，必须在批准的使用期限内拆除。"根据该规定，超过了批准期限的临时建筑，都必须由临时建筑所有人在限期内负责拆除，因此，拆迁人对拆除超过批准期限的临时建筑，不予补偿。未超过批准期限的临时建筑，也是合法建筑，拆除未到期限的临时建筑，会给临时建筑所有人带来一定的经济损失，因此，也应当给予适当补偿。

9.2.2　拆迁补偿的方式

拆迁补偿有两种方式，分别是货币补偿和房屋产权调换。除个别规定外，被拆

---

❶　引自国务院法制办农林环境保护司　建设部政策法规司、住宅于房地产业司《城市房屋拆迁管理条例释义》第 72 页，北京：知识产权出版社，2001.

迁人可以选择补偿的方式。

1. 货币补偿

所谓货币补偿,是指在拆迁补偿中,经拆迁人与被拆迁人协商,被拆迁人放弃产权,由拆迁人按市场评估价为标准,对被拆除的房屋所有人进行货币形式的补偿。货币补偿是我国目前城市房屋拆迁补偿的主要方式,其主要优点是操作简单方便,被拆迁人选择住房可以不受地点等的限制,同时不会产生延长过渡期限、被拆迁人不能及时回迁等后续问题。

关于货币补偿的金额,根据《城市房屋拆迁管理条例》第 24 条规定,应当根据被拆迁房屋的区位、用途、建筑面积等因素,以房地产市场评估价格确定。

2. 产权调换

所谓产权调换,是指拆迁人用自己建造或购买的产权房屋与被拆迁房屋进行调换产权,并按拆迁房屋的评估价和调换房屋的市场价进行结算调换差价的行为。产权调换是房屋拆迁补偿安置的方式之一,其特点是以实物形态来体现拆迁人对被拆迁人的补偿。

货币补偿和产权调换两者的表现形式虽然不同,但都必须遵循一个共同的原则——等价原则。换句话讲,以价值量来衡量,货币补偿与产权调换应当是等价。

9.2.3 拆迁安置

1. 拆迁安置房屋的质量安全要求

根据《城市房屋拆迁管理条例》第 28 条规定,拆迁人应当提供符合国家质量安全标准的房屋。

2. 搬迁补助费和临时安置补助费

根据《城市房屋拆迁管理条例》第 31 条规定,拆迁人应当对被拆迁人支付搬迁补助费。在过渡期内,被拆迁人自行安排住处的,拆迁人应当支付临时安置补助费;使用拆迁人提供的周转房的,拆迁人不支付临时安置补助费。

在这里,过渡期是指被拆迁人将旧房交由拆迁人拆除之日起至搬迁至提供的新安置房的时间。根据《城市房屋拆迁管理条例》第 32 条规定,拆迁人不得擅自延长过渡期限,周转房的使用人应当按时腾退周转房。因拆迁人的责任延长过渡期限的,应当自逾期之月起增加临时安置补助费。

10.1 风景名胜区的设立

10.1.1 风景名胜区设立的原则

风景名胜区，是指具有观赏、文化或者科学价值，自然景观、人文景观比较集中，环境优美，可供人们游览或者进行科学、文化活动的区域。国家对风景名胜区实行科学规划、统一管理、严格保护、永续利用的原则。

设立风景名胜区，应当有利于保护和合理利用风景名胜资源。新设立的风景名胜区与自然保护区不得重合或者交叉；已设立的风景名胜区与自然保护区重合或者交叉的，风景名胜区规划与自然保护区规划应当相协调。

10.1.2 风景名胜区的分类

风景名胜区划分为国家级风景名胜区和省级风景名胜区。

1. 申请国家级风景名胜区和省级风景名胜区的条件

自然景观和人文景观能够反映重要自然变化过程和重大历史文化发展过程，基本处于自然状态或者保持历史原貌，具有国家代表性的，可以申请设立国家级风景名胜区；具有区域代表性的，可以申请设立省级风景名胜区。

设立国家级风景名胜区，由省、自治区、直辖市人民政府提出申请，国务院建设主管部门会同国务院环境保护主管部门、林业主管部门、文物主管部门等有关部门组织论证，提出审查意见，报国务院批准公布。

设立省级风景名胜区，由县级人民政府提出申请，省、自治区人民政府建设主管部门或者直辖市人民政府风景名胜区主管部门，会同其他有关部门组织论证，提出审查意见，报省、自治区、直辖市人民政府批准公布。

2. 申请设立风景名胜区应当提交的材料

申请设立风景名胜区应当提交包含下列内容的有关材料：

(1) 风景名胜资源的基本状况；

(2) 拟设立风景名胜区的范围以及核心景区的范围；

(3) 拟设立风景名胜区的性质和保护目标；

(4) 拟设立风景名胜区的游览条件；

(5) 与拟设立风景名胜区内的土地、森林等自然资源和房屋等财产的所有权人、使用权人协商的内容和结果。

3. 风景名胜区内财产权的保护

风景名胜区内的土地、森林等自然资源和房屋等财产的所有权人、使用权人的合法权益受法律保护。

申请设立风景名胜区的人民政府应当在报请审批前，与风景名胜区内的土地、森林等自然资源和房屋等财产的所有权人、使用权人充分协商。

因设立风景名胜区对风景名胜区内的土地、森林等自然资源和房屋等财产的所有权人、使用权人造成损失的，应当依法给予补偿。

10.2　风景名胜区的规划

风景名胜区规划分为总体规划和详细规划。

风景名胜区规划经批准后，应当向社会公布，任何组织和个人有权查阅。风景名胜区内的单位和个人应当遵守经批准的风景名胜区规划，服从规划管理。风景名胜区规划未经批准的，不得在风景名胜区内进行各类建设活动。

10.2.1　总体规划

1. 总体规划的编制原则

风景名胜区总体规划的编制，应当体现人与自然和谐相处、区域协调发展和经济社会全面进步的要求，坚持保护优先、开发服从保护的原则，突出风景名胜资源的自然特性、文化内涵和地方特色。

2. 总体规划的内容

风景名胜区应当自设立之日起2年内编制完成总体规划。总体规划的规划期一般为20年。

风景名胜区总体规划应当包括下列内容：

(1) 风景资源评价；

(2) 生态资源保护措施、重大建设项目布局、开发利用强度；

(3) 风景名胜区的功能结构和空间布局；

（4）禁止开发和限制开发的范围；

（5）风景名胜区的游客容量；

（6）有关专项规划。

3. 总体规划的审批

国家级风景名胜区的总体规划，由省、自治区、直辖市人民政府审查后，报国务院审批。

省级风景名胜区的总体规划，由省、自治区、直辖市人民政府审批，报国务院建设主管部门备案。

10.2.2 详细规划

1. 详细规划的编制原则

风景名胜区详细规划应当根据核心景区和其他景区的不同要求编制，确定基础设施、旅游设施、文化设施等建设项目的选址、布局与规模，并明确建设用地范围和规划设计条件。风景名胜区详细规划，应当符合风景名胜区总体规划。

2. 详细规划的审批

国家级风景名胜区的详细规划，由省、自治区人民政府建设主管部门或者直辖市人民政府风景名胜区主管部门报国务院建设主管部门审批。

省级风景名胜区的详细规划，由省、自治区人民政府建设主管部门或者直辖市人民政府风景名胜区主管部门审批。

10.2.3 风景名胜区规划的修改与评估

. 1. 修改

经批准的风景名胜区规划不得擅自修改。确需对风景名胜区总体规划中的风景名胜区范围、性质、保护目标、生态资源保护措施、重大建设项目布局、开发利用强度以及风景名胜区的功能结构、空间布局、游客容量进行修改的，应当报原审批机关批准；对其他内容进行修改的，应当报原审批机关备案。

风景名胜区详细规划确需修改的，应当报原审批机关批准。

政府或者政府部门修改风景名胜区规划对公民、法人或者其他组织造成财产损失的，应当依法给予补偿。

2. 评估

风景名胜区总体规划的规划期届满前两年，规划的组织编制机关应当组织专家对规划进行评估，作出是否重新编制规划的决定。在新规划批准前，原规划继续有效。

10.3 风景名胜区的保护

风景名胜区内的景观和自然环境，应当根据可持续发展的原则，严格保护，不得破坏或者随意改变。

10.3.1 风景名胜区内禁止或限制的行为

1. 禁止的非建设性行为

在风景名胜区内禁止进行下列活动：

（1）开山、采石、开矿、开荒、修坟立碑等破坏景观、植被和地形地貌的活动；

（2）修建储存爆炸性、易燃性、放射性、毒害性、腐蚀性物品的设施；

（3）在景物或者设施上刻划、涂污；

（4）乱扔垃圾。

2. 禁止或限制的建设行为

（1）风景名胜区内建设行为的基本原则

风景名胜区内的建设项目应当符合风景名胜区规划，并与景观相协调，不得破坏景观、污染环境、妨碍游览。

在风景名胜区内进行建设活动的，建设单位、施工单位应当制定污染防治和水土保持方案，并采取有效措施，保护好周围景物、水体、林草植被、野生动物资源和地形地貌。

（2）禁止的建设行为

禁止违反风景名胜区规划，在风景名胜区内设立各类开发区和在核心景区内建设宾馆、招待所、培训中心、疗养院以及与风景名胜资源保护无关的其他建筑物；已经建设的，应当按照风景名胜区规划，逐步迁出。

（3）限制的建设行为

风景名胜区内从事其他的建设活动，应当经风景名胜区管理机构审核后，依照有关法律、法规的规定办理审批手续。

在国家级风景名胜区内修建缆车、索道等重大建设工程，项目的选址方案应当报国务院建设主管部门核准。

3. 风景名胜区内其他限制性活动

在风景名胜区内进行下列活动，应当经风景名胜区管理机构审核后，依照有关法律、法规的规定报有关主管部门批准：

（1）设置、张贴商业广告；

（2）举办大型游乐等活动；

（3）改变水资源、水环境自然状态的活动；

（4）其他影响生态和景观的活动。

10.3.2 风景名胜区的动态监测

国家建立风景名胜区管理信息系统，对风景名胜区规划实施和资源保护情况进行动态监测。

国家级风景名胜区所在地的风景名胜区管理机构应当每年向国务院建设主管部门报送风景名胜区规划实施和土地、森林等自然资源保护的情况；国务院建设主管部门应当将土地、森林等自然资源保护的情况，及时抄送国务院有关部门。

11.1　企业资质管理

11.1.1　建筑业企业资质管理

1. 建筑业企业资质的作用

建筑业企业，是指从事土木工程、建筑工程、线路管道设备安装工程、装修工程的新建、扩建、改建等活动的企业。

建筑业企业应当按照其拥有的注册资本、专业技术人员、技术装备和已完成的建筑工程业绩等条件申请资质，经审查合格，取得建筑业企业资质证书后，方可在资质许可的范围内从事建筑施工活动。

2. 资质序列、类别和等级

建筑业企业资质分为施工总承包、专业承包和劳务分包三个序列。施工总承包资质、专业承包资质、劳务分包资质序列按照工程性质和技术特点分别划分为若干资质类别。各资质类别按照规定的条件划分为若干资质等级。

(1) 施工总承包企业可以承揽的业务范围

取得施工总承包资质的企业(以下简称施工总承包企业)，可以承接施工总承包工程。施工总承包企业可以对所承接的施工总承包工程内各专业工程全部自行施工，也可以将专业工程或劳务作业依法分包给具有相应资质的专业承包企业或劳务分包企业。

(2) 专业承包企业可以承揽的业务范围

取得专业承包资质的企业(以下简称专业承包企业)，可以承接施工总承包企业分包的专业工程和建设单位依法发包的专业工程。专业承包企业可以对所承接的专业工程全部自行施工，也可以将劳务作业依法分包给具有相应资质的劳务分包企业。

(3) 劳务分包企业可以承揽的业务范围

取得劳务分包资质的企业(以下简称劳务分包企

业），可以承接施工总承包企业或专业承包企业分包的劳务作业。

3. 资质许可

建筑业企业可以申请一项或多项建筑业企业资质；申请多项建筑业企业资质的，应当选择等级最高的一项资质为企业主项资质。

(1) 资质许可的实施部门

1) 由国务院建设主管部门实施的资质许可

下列建筑业企业资质的许可，由国务院建设主管部门实施：

① 施工总承包序列特级资质、一级资质；

② 国务院国有资产管理部门直接监管的企业及其下属一层级的企业的施工总承包二级资质、三级资质；

③ 水利、交通、信息产业方面的专业承包序列一级资质；

④ 铁路、民航方面的专业承包序列一级、二级资质；

⑤ 公路交通工程专业承包不分等级资质、城市轨道交通专业承包不分等级资质。

2) 由省、自治区、直辖市人民政府建设主管部门实施的资质许可

下列建筑业企业资质许可，由企业工商注册所在地省、自治区、直辖市人民政府建设主管部门实施：

① 施工总承包序列二级资质(不含国务院国有资产管理部门直接监管的企业及其下属一层级的企业的施工总承包序列二级资质)；

② 专业承包序列一级资质(不含铁路、交通、水利、信息产业、民航方面的专业承包序列一级资质)；

③ 专业承包序列二级资质(不含民航、铁路方面的专业承包序列二级资质)；

④ 专业承包序列不分等级资质(不含公路交通工程专业承包序列和城市轨道交通专业承包序列的不分等级资质)。

3) 由设区的市人民政府建设主管部门实施的资质许可

下列建筑业企业资质许可，由企业工商注册所在地设区的市人民政府建设主管部门实施：

① 施工总承包序列三级资质(不含国务院国有资产管理部门直接监管的企业及其下属一层级的企业的施工总承包三级资质)；

② 专业承包序列三级资质；

③ 劳务分包序列资质；

④ 燃气燃烧器具安装、维修企业资质。

(2) 申请资质需要提交的资料

1) 首次申请或者增项申请建筑业企业资质应当提交的材料

① 建筑业企业资质申请表及相应的电子文档；

② 企业法人营业执照副本；

③ 企业章程；

④ 企业负责人和技术、财务负责人的身份证明、职称证书、任职文件及相关

资质标准要求提供的材料；

⑤ 建筑业企业资质申请表中所列注册执业人员的身份证明、注册执业证书；

⑥ 建筑业企业资质标准要求的非注册的专业技术人员的职称证书、身份证明及养老保险凭证；

⑦ 部分资质标准要求企业必须具备的特殊专业技术人员的职称证书、身份证明及养老保险凭证；

⑧ 建筑业企业资质标准要求的企业设备、厂房的相应证明；

⑨ 建筑业企业安全生产条件有关材料；

⑩ 资质标准要求的其他有关材料。

2）申请资质升级的，应当提交的材料

① 本规定（即《建筑业企业资质管理规定》）第十四条第（一）、（二）、（四）、（五）、（六）、（八）、（十）项所列资料（即上文首次申请或者增项申请建筑业企业资质应当提交的材料的第①、②、④、⑤、⑥、⑧、⑩条所需资料）；

② 企业原资质证书副本复印件；

③ 企业年度财务、统计报表；

④ 企业安全生产许可证副本；

⑤ 满足资质标准要求的企业工程业绩的相关证明材料。

3）申请资质证书变更应当提交的材料

建筑业企业在资质证书有效期内名称、地址、注册资本、法定代表人等发生变更的，应当在工商部门办理变更手续后 30 日内办理资质证书变更手续。申请资质证书变更，应当提交以下材料：

① 资质证书变更申请；

② 企业法人营业执照复印件；

③ 建筑业企业资质证书正、副本原件；

④ 与资质变更事项有关的证明材料。

企业改制的，除提供前款规定资料外，还应当提供改制重组方案、上级资产管理部门或者股东大会的批准决定、企业职工代表大会同意改制重组的决议。

（3）资质等级的核定

1）企业首次申请、增项申请建筑业企业资质的核定

企业首次申请、增项申请建筑业企业资质，不考核企业工程业绩，其资质等级按照最低资质等级核定。

已取得工程设计资质的企业首次申请同类别或相近类别的建筑业企业资质的，可以将相应规模的工程总承包业绩作为工程业绩予以申报，但申请资质等级最高不超过其现有工程设计资质等级。

2）企业合并、分立、改制的资质的核定

企业合并的，合并后存续或者新设立的建筑业企业可以承继合并前各方中较高的资质等级，但应当符合相应的资质等级条件。

企业分立的，分立后企业的资质等级，根据实际达到的资质条件，按照本规定

的审批程序核定。

企业改制的，改制后不再符合资质标准的，应按其实际达到的资质标准及本规定申请重新核定；资质条件不发生变化的，按本规定第十八条（即上文的"企业改制的，除提供前款规定资料外，还应当提供改制重组方案、上级资产管理部门或者股东大会的批准决定、企业职工代表大会同意改制重组的决议"）办理。

3）不予批准的企业的资质升级申请和增项申请

取得建筑业企业资质的企业，申请资质升级、资质增项，在申请之日起前一年内有下列情形之一的，资质许可机关不予批准企业的资质升级申请和增项申请：

① 超越本企业资质等级或以其他企业的名义承揽工程，或允许其他企业或个人以本企业的名义承揽工程的；

② 与建设单位或企业之间相互串通投标，或以行贿等不正当手段谋取中标的；

③ 未取得施工许可证擅自施工的；

④ 将承包的工程转包或违法分包的；

⑤ 违反国家工程建设强制性标准的；

⑥ 发生过较大生产安全事故或者发生过两起以上一般生产安全事故的；

⑦ 恶意拖欠分包企业工程款或者农民工工资的；

⑧ 隐瞒或谎报、拖延报告工程质量安全事故或破坏事故现场、阻碍对事故调查的；

⑨ 按照国家法律、法规和标准规定需要持证上岗的技术工种的作业人员未取得证书上岗，情节严重的；

⑩ 未依法履行工程质量保修义务或拖延履行保修义务，造成严重后果的；

⑪ 涂改、倒卖、出租、出借或者以其他形式非法转让建筑业企业资质证书的；

⑫ 其他违反法律、法规的行为。

11.1.2 建设工程勘察设计资质管理

1. 资质分类和分级

(1) 工程勘察资质

工程勘察资质分为工程勘察综合资质、工程勘察专业资质、工程勘察劳务资质。

工程勘察综合资质只设甲级；工程勘察专业资质设甲级、乙级，根据工程性质和技术特点，部分专业可以设丙级；工程勘察劳务资质不分等级。

取得工程勘察综合资质的企业，可以承接各专业（海洋工程勘察除外）、各等级工程勘察业务；取得工程勘察专业资质的企业，可以承接相应等级相应专业的工程勘察业务；取得工程勘察劳务资质的企业，可以承接岩土工程治理、工程钻探、凿井等工程勘察劳务业务。

(2) 工程设计资质

工程设计资质分为工程设计综合资质、工程设计行业资质、工程设计专业资质和工程设计专项资质。

工程设计综合资质只设甲级；工程设计行业资质、工程设计专业资质、工程设计专项资质设甲级、乙级。

根据工程性质和技术特点，个别行业、专业、专项资质可以设丙级，建筑工程专业资质可以设丁级。

取得工程设计综合资质的企业，可以承接各行业、各等级的建设工程设计业务；取得工程设计行业资质的企业，可以承接相应行业相应等级的工程设计业务及本行业范围内同级别的相应专业、专项（设计施工一体化资质除外）工程设计业务；取得工程设计专业资质的企业，可以承接本专业相应等级的专业工程设计业务及同级别的相应专项工程设计业务（设计施工一体化资质除外）；取得工程设计专项资质的企业，可以承接本专项相应等级的专项工程设计业务。

2. 资质申请和审批

(1) 资质许可的实施部门

1) 由国务院建设主管部门实施的资质许可

申请工程勘察甲级资质、工程设计甲级资质，以及涉及铁路、交通、水利、信息产业、民航等方面的工程设计乙级资质的，应当向企业工商注册所在地的省、自治区、直辖市人民政府建设主管部门提出申请。其中，国务院国资委管理的企业应当向国务院建设主管部门提出申请；国务院国资委管理的企业下属一层级的企业申请资质，应当由国务院国资委管理的企业向国务院建设主管部门提出申请。

省、自治区、直辖市人民政府建设主管部门应当自受理申请之日起 20 日内初审完毕，并将初审意见和申请材料报国务院建设主管部门。

国务院建设主管部门应当自省、自治区、直辖市人民政府建设主管部门受理申请材料之日起 60 日内完成审查，公示审查意见，公示时间为 10 日。其中，涉及铁路、交通、水利、信息产业、民航等方面的工程设计资质，由国务院建设主管部门送国务院有关部门审核，国务院有关部门在 20 日内审核完毕，并将审核意见送国务院建设主管部门。

2) 由省、自治区、直辖市人民政府建设主管部门实施的资质许可

工程勘察乙级及以下资质、劳务资质、工程设计乙级（涉及铁路、交通、水利、信息产业、民航等方面的工程设计乙级资质除外）及以下资质许可由省、自治区、直辖市人民政府建设主管部门实施。具体实施程序由省、自治区、直辖市人民政府建设主管部门依法确定。

省、自治区、直辖市人民政府建设主管部门应当自作出决定之日起 30 日内，将准予资质许可的决定报国务院建设主管部门备案。

(2) 申请资质应当提交的材料

1) 企业首次申请工程勘察、工程设计资质，应当提供的材料

企业首次申请工程勘察、工程设计资质，应当提供以下材料：

① 工程勘察、工程设计资质申请表；

② 企业法人、合伙企业营业执照副本复印件；

③ 企业章程或合伙人协议；

④ 企业法定代表人、合伙人的身份证明；

⑤ 企业负责人、技术负责人的身份证明、任职文件、毕业证书、职称证书及相关资质标准要求提供的材料；

⑥ 工程勘察、工程设计资质申请表中所列注册执业人员的身份证明、注册执业证书；

⑦ 工程勘察、工程设计资质标准要求的非注册专业技术人员的职称证书、毕业证书、身份证明及个人业绩材料；

⑧ 工程勘察、工程设计资质标准要求的注册执业人员、其他专业技术人员与原聘用单位解除聘用劳动合同的证明及新单位的聘用劳动合同；

⑨ 资质标准要求的其他有关材料。

2）企业申请资质升级应当提交的材料

① 本规定第十一条第（一）、（二）、（五）、（六）、（七）、（九）项（即上文的首次申请中需要提交材料中的第①、②、⑤、⑥、⑦、⑨项）所列资料；

② 工程勘察、工程设计资质标准要求的非注册专业技术人员与本单位签订的劳动合同及社保证明；

③ 原工程勘察、工程设计资质证书副本复印件；

④ 满足资质标准要求的企业工程业绩和个人工程业绩。

3）企业增项申请工程勘察、工程设计资质，应当提交的材料

① 本规定第十一条所列（一）、（二）、（五）、（六）、（七）、（九）（即上文的首次申请中需要提交材料中的第①、②、⑤、⑥、⑦、⑨项）的资料；

② 工程勘察、工程设计资质标准要求的非注册专业技术人员与本单位签订的劳动合同及社保证明；

③ 原资质证书正、副本复印件；

④ 满足相应资质标准要求的个人工程业绩证明。

4）企业申请资质变更需要提交的材料

资质有效期届满，企业需要延续资质证书有效期的，应当在资质证书有效期届满 60 日前，向原资质许可机关提出资质延续申请。

企业申请资质证书变更，应当提交以下材料：

① 资质证书变更申请；

② 企业法人、合伙企业营业执照副本复印件；

③ 资质证书正、副本原件；

④ 与资质变更事项有关的证明材料。

企业改制的，除提供前款规定资料外，还应当提供改制重组方案、上级资产管理部门或者股东大会的批准决定、企业职工代表大会同意改制重组的决议。

（3）资质等级的核定

1）企业首次申请、增项申请的资质核定

企业首次申请、增项申请工程勘察、工程设计资质，其申请资质等级最高不超过乙级，且不考核企业工程勘察、工程设计业绩。

已具备施工资质的企业首次申请同类别或相近类别的工程勘察、工程设计资质的，可以将相应规模的工程总承包业绩作为工程业绩予以申报。其申请资质等级最高不超过其现有施工资质等级。

2）企业合并、分立、改制的资质核定

企业合并的，合并后存续或者新设立的企业可以承继合并前各方中较高的资质等级，但应当符合相应的资质标准条件。

企业分立的，分立后企业的资质按照资质标准及本规定的审批程序核定。

企业改制的，改制后不再符合资质标准的，应按其实际达到的资质标准及本规定重新核定；资质条件不发生变化的，按本规定第十六条（即上文的"企业改制的，除提供前款规定资料外，还应当提供改制重组方案、上级资产管理部门或者股东大会的批准决定、企业职工代表大会同意改制重组的决定"）处理。

3）不予批准企业的资质升级申请和增项申请的情形

从事建设工程勘察、设计活动的企业，申请资质升级、资质增项，在申请之日起前一年内有下列情形之一的，资质许可机关不予批准企业的资质升级申请和增项申请：

① 企业相互串通投标或者与招标人串通投标承揽工程勘察、工程设计业务的；

② 将承揽的工程勘察、工程设计业务转包或违法分包的；

③ 注册执业人员未按照规定在勘察设计文件上签字的；

④ 违反国家工程建设强制性标准的；

⑤ 因勘察设计原因造成过重大生产安全事故的；

⑥ 设计单位未根据勘察成果文件进行工程设计的；

⑦ 设计单位违反规定指定建筑材料、建筑构配件的生产厂、供应商的；

⑧ 无工程勘察、工程设计资质或者超越资质等级范围承揽工程勘察、工程设计业务的；

⑨ 涂改、倒卖、出租、出借或者以其他形式非法转让资质证书的；

⑩ 允许其他单位、个人以本单位名义承揽建设工程勘察、设计业务的；

⑪ 其他违反法律、法规行为的。

11.1.3　工程监理企业资质管理

1. 资质等级和业务范围

工程监理企业资质分为综合资质、专业资质和事务所资质。其中，专业资质按照工程性质和技术特点划分为若干工程类别。

综合资质、事务所资质不分级别。专业资质分为甲级、乙级；其中，房屋建筑、水利水电、公路和市政公用专业资质可设立丙级。

(1) 综合资质

1）等级标准

① 具有独立法人资格且注册资本不少于600万元；

② 企业技术负责人应为注册监理工程师，并具有15年以上从事工程建设工作

的经历或者具有工程类高级职称；

③ 具有 5 个以上工程类别的专业甲级工程监理资质；

④ 注册监理工程师不少于 60 人，注册造价工程师不少于 5 人，一级注册建造师、一级注册建筑师、一级注册结构工程师或者其他勘察设计注册工程师合计不少于 15 人次；

⑤ 企业具有完善的组织结构和质量管理体系，有健全的技术、档案等管理制度；

⑥ 企业具有必要的工程试验检测设备；

⑦ 申请工程监理资质之日前一年内没有本规定第十六条禁止的行为；

⑧ 申请工程监理资质之日前一年内没有因本企业监理责任造成重大质量事故；

⑨ 申请工程监理资质之日前一年内没有因本企业监理责任发生三级以上工程建设重大安全事故或者发生两起以上四级工程建设安全事故。

2）业务范围

可以承担所有专业工程类别建设工程项目的工程监理业务。

（2）专业资质

1）等级标准

① 甲级：

● 具有独立法人资格且注册资本不少于 300 万元。

● 企业技术负责人应为注册监理工程师，并具有 15 年以上从事工程建设工作的经历或者具有工程类高级职称。

● 注册监理工程师、注册造价工程师、一级注册建造师、一级注册建筑师、一级注册结构工程师或者其他勘察设计注册工程师合计不少于 25 人次；其中，相应专业注册监理工程师不少于《专业资质注册监理工程师人数配备表》中要求配备的人数，注册造价工程师不少于 2 人。

● 企业近 2 年内独立监理过 3 个以上相应专业的二级工程项目，但是，具有甲级设计资质或一级及以上施工总承包资质的企业申请本专业工程类别甲级资质的除外。

● 企业具有完善的组织结构和质量管理体系，有健全的技术、档案等管理制度。

● 企业具有必要的工程试验检测设备。

● 申请工程监理资质之日前一年内没有本规定第十六条禁止的行为。

● 申请工程监理资质之日前一年内没有因本企业监理责任造成重大质量事故。

● 申请工程监理资质之日前一年内没有因本企业监理责任发生三级以上工程建设重大安全事故或者发生两起以上四级工程建设安全事故。

② 乙级：

● 具有独立法人资格且注册资本不少于 100 万元。

● 企业技术负责人应为注册监理工程师，并具有 10 年以上从事工程建设工作的经历。

● 注册监理工程师、注册造价工程师、一级注册建造师、一级注册建筑师、一级注册结构工程师或者其他勘察设计注册工程师合计不少于 15 人次。其中，相应专业注册监理工程师不少于《专业资质注册监理工程师人数配备表》中要求配备的人数，注册造价工程师不少于 1 人。

● 有较完善的组织结构和质量管理体系，有技术、档案等管理制度。

● 有必要的工程试验检测设备。

● 申请工程监理资质之日前一年内没有本规定第十六条禁止的行为。

● 申请工程监理资质之日前一年内没有因本企业监理责任造成重大质量事故。

● 申请工程监理资质之日前一年内没有因本企业监理责任发生三级以上工程建设重大安全事故或者发生两起以上四级工程建设安全事故。

③ 丙级：

● 具有独立法人资格且注册资本不少于 50 万元。

● 企业技术负责人应为注册监理工程师，并具有 8 年以上从事工程建设工作的经历。

● 相应专业的注册监理工程师不少于《专业资质注册监理工程师人数配备表》中要求配备的人数。

● 有必要的质量管理体系和规章制度。

● 有必要的工程试验检测设备。

2）业务范围

专业甲级资质可承担相应专业工程类别建设工程项目的工程监理业务。

专业乙级资质可承担相应专业工程类别二级以下（含二级）建设工程项目的工程监理业务。

专业丙级资质可承担相应专业工程类别三级建设工程项目的工程监理业务。

（3）事务所资质

1）等级标准

① 取得合伙企业营业执照，具有书面合作协议书。

② 合伙人中有 3 名以上注册监理工程师，合伙人均有 5 年以上从事建设工程监理的工作经历。

③ 有固定的工作场所。

④ 有必要的质量管理体系和规章制度。

⑤ 有必要的工程试验检测设备。

2）业务范围

可承担三级建设工程项目的工程监理业务，但是，国家规定必须实行强制监理的工程除外。

工程监理企业可以开展相应类别建设工程的项目管理、技术咨询等业务。

2. 资质申请和审批

（1）资质许可的实施部门

1）国务院建设主管部门审批的资质

申请综合资质、专业甲级资质的，应当向企业工商注册所在地的省、自治区、直辖市人民政府建设主管部门提出申请。

省、自治区、直辖市人民政府建设主管部门应当自受理申请之日起20日内初审完毕，并将初审意见和申请材料报国务院建设主管部门。

国务院建设主管部门应当自省、自治区、直辖市人民政府建设主管部门受理申请材料之日起60日内完成审查，公示审查意见，公示时间为10日。其中，涉及铁路、交通、水利、通信、民航等专业工程监理资质的，由国务院建设主管部门送国务院有关部门审核。国务院有关部门应当在20日内审核完毕，并将审核意见报国务院建设主管部门。国务院建设主管部门根据初审意见审批。

2）省、自治区、直辖市人民政府建设主管部门审批的资质

专业乙级、丙级资质和事务所资质由企业所在地省、自治区、直辖市人民政府建设主管部门审批。

专业乙级、丙级资质和事务所资质许可。延续的实施程序由省、自治区、直辖市人民政府建设主管部门依法确定。

省、自治区、直辖市人民政府建设主管部门应当自作出决定之日起10日内，将准予资质许可的决定报国务院建设主管部门备案。

(2) 申请资质应提交的资料

1）申请工程监理企业资质，应当提交的材料

申请工程监理企业资质，应当提交以下材料：

① 工程监理企业资质申请表（一式三份）及相应电子文档；

② 企业法人、合伙企业营业执照；

③ 企业章程或合伙人协议；

④ 企业法定代表人、企业负责人和技术负责人的身份证明、工作简历及任命（聘用）文件；

⑤ 工程监理企业资质申请表中所列注册监理工程师及其他注册执业人员的注册执业证书；

⑥ 有关企业质量管理体系、技术和档案等管理制度的证明材料；

⑦ 有关工程试验检测设备的证明材料。

取得专业资质的企业申请晋升专业资质等级或者取得专业甲级资质的企业申请综合资质的，除前款规定的材料外，还应当提交企业原工程监理企业资质证书正、副本复印件，企业《监理业务手册》及近两年已完成代表工程的监理合同、监理规划、工程竣工验收报告及监理工作总结。

2）申请资质证书变更，应当提交的材料

工程监理企业在资质证书有效期内名称、地址、注册资本、法定代表人等发生变更的，应当在工商行政管理部门办理变更手续后30日内办理资质证书变更手续。

涉及综合资质、专业甲级资质证书中企业名称变更的，由国务院建设主管部门负责办理，并自受理申请之日起3日内办理变更手续。

前款规定以外的资质证书变更手续，由省、自治区、直辖市人民政府建设主管

部门负责办理。省、自治区、直辖市人民政府建设主管部门应当自受理申请之日起3 日内办理变更手续，并在办理资质证书变更手续后 15 日内将变更结果报国务院建设主管部门备案。

申请资质证书变更，应当提交以下材料：

① 资质证书变更的申请报告；

② 企业法人营业执照副本原件；

③ 工程监理企业资质证书正、副本原件。

工程监理企业改制的，除前款规定材料外，还应当提交企业职工代表大会或股东大会关于企业改制或股权变更的决议、企业上级主管部门关于企业申请改制的批复文件。

(3) 企业合并、分立的资质核定

工程监理企业合并的，合并后存续或者新设立的工程监理企业可以承继合并前各方中较高的资质等级，但应当符合相应的资质等级条件。

工程监理企业分立的，分立后企业的资质等级，根据实际达到的资质条件，按照本规定的审批程序核定。

3. 禁止监理企业实施的行为

工程监理企业不得有下列行为：

① 与建设单位串通投标或者与其他工程监理企业串通投标，以行贿手段谋取中标；

② 与建设单位或者施工单位串通弄虚作假、降低工程质量；

③ 将不合格的建设工程、建筑材料、建筑构配件和设备按照合格签字；

④ 超越本企业资质等级或以其他企业名义承揽监理业务；

⑤ 允许其他单位或个人以本企业的名义承揽工程；

⑥ 将承揽的监理业务转包；

⑦ 在监理过程中实施商业贿赂；

⑧ 涂改、伪造、出借、转让工程监理企业资质证书；

⑨ 其他违反法律法规的行为。

11.2　执业资格管理

《建筑法》第 14 条规定："从事建筑活动的专业技术人员，应当依法取得相应的执业资格证书，并在执业资格证书许可的范围内从事建筑活动。"

11.2.1　建筑业专业人员执业资格制度的含义

建筑业专业人员执业资格制度指的是我国的建筑业专业人员在各自的专业范围内参加全国或行业组织的统一考试，获得相应的执业资格证书，经注册后在资格许可范围内执业的制度。建筑业专业人员执业资格制度是我国强化市场准入制度、提高项目管理水平的重要举措。

11.2.2　目前我国主要的建筑业专业技术人员执业资格种类

我国目前有多种建筑业专业职业资格，其中主要有：
① 注册建筑师；
② 注册结构工程师；
③ 注册造价工程师；
④ 注册土木（岩土）工程师；
⑤ 注册房地产估价师；
⑥ 注册监理工程师；
⑦ 注册建造师。

11.2.3　建筑业专业技术人员执业资格的共同点

这些不同岗位的执业资格存在许多共同点，这些共同点正是我国建筑业专业技术人员执业资格的核心内容。

1. 均需要参加统一考试

跨行业、跨区域执业的，就要参加全国统一考试；只在本行业内部执业的，要参加本行业统一考试；只在本区域内部执业的，要参加本区域统一考试。

2. 均需要注册

只有经过注册后才能成为注册执业人员。没有注册的，即使通过了统一考试，也不能执业。

每个不同的执业资格的注册办法均由相应的法规或者规章所规定。

3. 均有各自的执业范围

每个执业资格证书都限定了一定的执业范围，其范围也均由相应的法规或者规章所界定。注册执业人员不得超越范围执业。

4. 均须接受继续教育

由于知识在不断更新，每一位注册执业人员都必须要及时更新知识，因此都必须要接受继续教育。接受继续教育的频率和形式由相应的法规或者规章所规定。

上面这些相同点是宏观范围上的相同点，它们还有许多微观范围的相同点，例如，不得同时应聘于两家不同的单位等。这些具体的相同点在相应的法规或者办法中都有详细的规定。

12.1　安全生产许可

《安全生产许可证条例》于 2004 年 1 月 7 日国务院第 34 次常务会议通过，2004 年 1 月 13 日起施行。

《安全生产许可证条例》的立法目的在于为了严格规范安全生产条件，进一步加强安全生产监督管理，防止和减少生产安全事故。该《条例》共包括二十四条，对安全生产许可证的颁发管理作出了规定。

《安全生产许可证条例》第 2 条规定："国家对矿山企业、建筑施工企业和危险化学品、烟花爆竹、民用爆破器材生产企业（以下统称企业）实行安全生产许可制度。企业未取得安全生产许可证的，不得从事生产活动。"

依据《安全生产许可证条例》，建设部于 2004 年 7 月 5 号发布施行了《建筑施工企业安全生产许可证管理规定》。其适用范围为建筑施工企业。这里所称建筑施工企业，是指从事土木工程、建筑工程、线路管道和设备安装工程及装修工程的新建、扩建、改建和拆除等有关活动的企业。

1. 安全生产许可证的取得条件

根据《安全生产许可证条例》第 6 条规定，企业领取安全生产许可证应当具备一系列安全生产条件。在此规定基础上，结合建筑施工企业的自身特点，《建筑施工企业安全生产许可证管理规定》第 4 条，将建筑施工企业取得安全生产许可证应当具备的安全生产条件具体规定为：

（1）建立、健全安全生产责任制，制定完备的安全生产规章制度和操作规程；

（2）保证本单位安全生产条件所需资金的投入；

（3）设置安全生产管理机构，按照国家有关规定配备专职安全生产管理人员；

（4）主要负责人、项目负责人、专职安全生产管理人员经建设主管部门或者其他有关部门考核合格；

（5）特种作业人员经有关业务主管部门考核合格，取得特种作业操作资格证书；

（6）管理人员和作业人员每年至少进行一次安全生产教育培训并考核合格；

（7）依法参加工伤保险，依法为施工现场从事危险作业的人员办理意外伤害保险，为从业人员交纳保险费；

（8）施工现场的办公、生活区及作业场所和安全防护用具、机械设备、施工机具及配件符合有关安全生产法律、法规、标准和规程的要求；

（9）有职业危害防治措施，并为作业人员配备符合国家标准或者行业标准的安全防护用具和安全防护服装；

（10）有对危险性较大的分部分项工程及施工现场易发生重大事故的部位、环节的预防、监控措施和应急预案；

（11）有生产安全事故应急救援预案、应急救援组织或者应急救援人员，配备必要的应急救援器材、设备；

（12）法律、法规规定的其他条件。

《安全生产许可证条例》第 14 条还规定，安全生产许可证颁发管理机关应当加强对取得安全生产许可证的企业的监督检查，发现其不再具备本条例规定的安全生产条件的，应当暂扣或者吊销安全生产许可证。

2. 安全生产许可证的申请

建筑施工企业从事建筑施工活动前，应当依照本规定向省级以上建设主管部门申请领取安全生产许可证。

中央管理的建筑施工企业（集团公司、总公司）应当向国务院建设主管部门申请领取安全生产许可证。

前款规定以外的其他建筑施工企业，包括中央管理的建筑施工企业（集团公司、总公司）下属的建筑施工企业，应当向企业注册所在地省、自治区、直辖市人民政府建设主管部门申请领取安全生产许可证。

依据《建筑施工企业安全生产许可证管理规定》第六条，建筑施工企业申请安全生产许可证时，应当向建设主管部门提供下列材料：

（1）建筑施工企业安全生产许可证申请表；

（2）企业法人营业执照；

（3）与申请安全生产许可证应当具备的安全生产条件相关的文件、材料。

建筑施工企业申请安全生产许可证，应当对申请材料实质内容的真实性负责，不得隐瞒有关情况或者提供虚假材料。

3. 安全生产许可证的有效期

《安全生产许可证条例》第 9 条规定，"安全生产许可证的有效期为 3 年。安全生产许可证有效期满需要延期的，企业应当于期满前 3 个月向原安全生产许可证颁发管理机关办理延期手续。企业在安全生产许可证有效期内，严格遵守有关安全生产的法律法规，未发生死亡事故的，安全生产许可证有效期届满时，经原安全生产许可证颁发管理机关同意，不再审查，安全生产许可证有效期延期 3 年"。

4. 安全生产许可证的变更与注销

建筑施工企业变更名称、地址、法定代表人等，应当在变更后 10 日内，到原安全生产许可证颁发管理机关办理安全生产许可证变更手续。

建筑施工企业破产、倒闭、撤销的，应当将安全生产许可证交回原安全生产许可证颁发管理机关予以注销。

建筑施工企业遗失安全生产许可证，应当立即向原安全生产许可证颁发管理机关报告，并在公众媒体上声明作废后，方可申请补办。

5. 安全生产许可证的管理

根据《安全生产许可证条例》和《建筑施工企业安全生产许可证管理规定》，建筑施工企业应当遵守如下强制性规定：

（1）未取得安全生产许可证的，不得从事建筑施工活动。建设主管部门在审核发放施工许可证时，应当对已经确定的建筑施工企业是否有安全生产许可证进行审查，对没有取得安全生产许可证的，不得颁发施工许可证。

（2）企业不得转让、冒用安全生产许可证或者使用伪造的安全生产许可证。

（3）企业取得安全生产许可证后，不得降低安全生产条件，并应当加强日常安全生产管理，接受安全生产许可证颁发管理机关的监督检查。

12.2   施工许可

1. 施工许可的含义

施工许可制度，是指由国家授权有关建设行政主管部门，在建筑工程施工前，依建设单位申请，对该项工程是否符合法定的开工条件进行审查，对符合条件的工程发给施工许可证，允许建设单位开工建设的制度。

我国实行建筑工程施工许可制度，一方面，有利于确保建筑工程在开工前符合法定条件，进而为其开工后顺利实施奠定基础；另一方面，也有利于有关行政主管部门全面掌握建筑工程的基本情况，依法及时有效地实施监督和指导，保证建筑活动依法进行。

2. 建设单位申请领取施工许可证应具备的法定条件

《建筑法》第 7 条规定，"建筑工程开工前，建设单位应当按照国家有关规定向工程所在地县级以上人民政府建设行政主管部门申请领取施工许可证"。《建筑法》规定建设单位申请领取施工许可证时，应当具备一系列前提条件：

（1）已经办理该建筑工程用地批准手续

根据《中华人民共和国土地管理法》（以下简称《土地管理法》）的有关规定，任何单位和个人进行建设，需要使用土地的，必须依法申请使用土地。其中需要使用国有建设用地的，应当向有批准权的土地行政主管部门申请，经其审查，报本级人民政府批准。

(2) 在城市规划区的建筑工程，已经取得规划许可证

根据《中华人民共和国城乡规划法》（以下简称《城乡规划法》）的有关规定，在城市规划区内进行建设需要申请用地的，建设单位在依法办理用地批准手续之前，必须先取得该工程的建设用地规划许可证；建设单位在申请办理开工手续前，还必须取得建设工程规划许可证件。

鉴于取得建设用地规划许可证是取得建设工程规划许可证法定必经前置程序，《建筑工程施工许可管理办法》对此处的"规划许可证"，进一步明确规定为"建设工程规划许可证"。

(3) 需要拆迁的，其拆迁进度符合施工要求

需要先期进行拆迁的建筑工程，其拆迁工作状况直接影响到整个建筑工程能否顺利进行。在建筑工程开始施工时，拆迁的进度必须符合工程开工的要求，这是保证该建筑工程正常施工的基本条件。

拆迁工作必须依法进行。根据《城市房屋拆迁管理条例》的有关规定，拆迁房屋的单位取得房屋拆迁许可证后，方可实施拆迁。拆迁人应当在房屋拆迁许可证确定的拆迁范围和拆迁期限内，实施房屋拆迁。

(4) 已经确定建筑施工企业

建设单位确定建筑施工企业，必须依据《建筑法》、《招标投标法》及其相关规定进行。《建筑工程施工许可管理办法》第4条进一步规定，发生以下几种情形，所确定的施工企业无效：

1) 按照规定应该招标的工程没有招标；

2) 应该公开招标的工程没有公开招标；

3) 肢解发包工程；

4) 将工程发包给不具备相应资质条件的施工企业。

(5) 有满足施工需要的施工图纸及技术资料

按照设计深度不同，设计文件可以分为方案设计文件、初步设计文件和施工图设计文件。根据《建设工程勘察设计管理条例》第26条的规定，对以上几类设计文件的要求分别是：

1) 编制方案设计文件，应当满足编制初步设计文件和控制概算的需要；

2) 编制初步设计文件，应当满足编制招标文件、主要设备材料订货和编制施工图设计文件的需要；

3) 编制施工图设计文件，应当满足设备材料采购、非标准设备制作和施工的需要，并注明建设工程合理使用年限。

施工图设计文件是进行施工作业的技术依据，是在施工过程中保证建筑工程质量的关键因素。因此，在开工前必须有满足施工需要的施工图纸和技术资料。鉴于施工图设计文件对工程质量的重要性，《建设工程质量管理条例》第11条规定，"建设单位应当将施工图设计文件报县级以上人民政府建设行政主管部门或者其他有关部门审查"。"施工图设计文件未经审查批准的，不得使用"。

据此，《建筑工程施工许可管理办法》第 4 条进一步规定，建设单位在申请领取施工许可证时，除了应当"有满足施工需要的施工图纸及技术资料"，还应满足"施工图设计文件已按规定进行了审查"。

（6）有保证工程质量和安全的具体措施

《建设工程质量管理条例》第 13 条进一步规定："建设单位在领取施工许可证或者开工报告之前，应当按照国家有关规定办理工程质量监督手续。"《建设工程安全生产管理条例》第 10 条第 1 款也规定："建设单位在领取施工许可证时，应当提供建设工程有关安全施工措施的资料"；第 42 条第 1 款规定："建设行政主管部门在审核发放施工许可证时，应当对建设工程是否有安全措施进行审查，对没有安全施工措施的，不得颁发施工许可证"。

由于工程监理单位接受建设单位的委托代表建设单位去进行项目管理，因此，可以说委托监理单位去进行监理本身就是建设单位保证质量和安全的一项具体措施。同时，监理单位在监理过程中也是很多具体保证质量和安全措施的执行者，因此，《建筑工程施工许可管理办法》对于申请施工许可证的条件又在《建筑法》的基础上进一步延伸，规定了"按照规定应该委托监理的工程已委托监理"也是发给施工许可证的一个限制性条件。

（7）建设资金已经落实

建设活动需要较多的资金投入，建设单位在建筑工程施工过程中必须拥有足够的建设资金。根据本条规定，申请领取施工许可证时必须有已经落实的建设资金，这是预防拖欠工程款，保证施工顺利进行的基本经济保障。对此，《建筑工程施工许可管理办法》第 4 条进一步具体规定为：

1）建设工期不足一年的，到位资金原则上不得少于工程合同价的 50％，建设工期超过一年的，到位资金原则上不得少于工程合同价的 30％；

2）建设单位应当提供银行出具的到位资金证明，有条件的可以实行银行付款保函或者其他第三方担保(注：我国目前已开始在房地产开发项目推行业主工程款支付担保制度)。

（8）法律、行政法规规定的其他条件

建筑工程申请领取施工许可证，除了应当具备以上七项条件外，还应当具备其他法律、行政法规规定的有关建筑工程开工的条件。这样规定的目的是为了同其他法律、行政法规的规定相衔接，避免出现遗漏。例如，根据《中华人民共和国消防法》（以下简称《消防法》），对于按规定需要进行消防设计的建筑工程，建设单位应当将其消防设计图纸报送公安消防机构审核；未经审核或者经审核不合格的，建设行政主管部门不得发给施工许可证，建设单位不得施工。

建设行政主管部门应当自收到申请之日起十五日内，对符合条件的申请颁发施工许可证。

3. 不需要申请施工许可证的工程类型

并不是所有的工程在开工前都需要办理施工许可证，下列工程不需要办理施工许可证：

（1）国务院建设行政主管部门确定的限额以下的小型工程

根据 2001 年 7 月 4 日建设部发布的《建筑工程施工许可管理办法》第 2 条，所谓的限额以下的小型工程指的是：工程投资额在 30 万元以下或者建筑面积在 300 平方米以下的建筑工程。同时，该《办法》也进一步作出了说明，省、自治区、直辖市人民政府建设行政主管部门可以根据当地的实际情况，对限额进行调整，并报国务院建设行政主管部门备案。

（2）作为文物保护的建筑工程

《建筑法》第 83 条规定："依法核定作为文物保护的纪念建筑物和古建筑等的修缮，依照文物保护的有关法律规定执行。"

（3）抢险救灾工程

由于此类工程的特殊性，《建筑法》明确规定此类工程开工前不需要申请施工许可证。

（4）临时性建筑

工程建设中经常会出现临时性建筑，例如工人的宿舍、食堂等。这些临时性建筑由于其生命周期短，《建筑法》也明确规定此类工程不需要申请施工许可证。

（5）军用房屋建筑

由于此类工程涉及军事秘密，不宜过多公开信息，《建筑法》第 84 条明确规定："军用房屋建筑工程建筑活动的具体管理办法，由国务院、中央军事委员会依据本法制定。"

（6）按照国务院规定的权限和程序批准开工报告的建筑工程

此类工程开工的前提是已经有经批准的开工报告，而不是施工许可证，因此，此类工程自然是不需要申请施工许可证的。

4. 施工许可证的管理

颁发给建设单位施工许可证意味着认可了建设单位的开工条件。当这些条件面临变化的情况下，颁发施工许可证的对开工条件的肯定可能就会与现实背离，因此就要废止施工许可证或者对其重新进行核验。

（1）施工许可证废止的条件

《建筑法》第 9 条规定："建设单位应当自领取施工许可证之日起三个月内开工。因故不能按期开工的，应当向发证机关申请延期；延期以两次为限，每次不超过三个月。既不开工又不申请延期或者超过延期时限的，施工许可证自行废止。"

（2）重新核验施工许可证的条件

《建筑法》第 10 条规定："在建的建筑工程因故中止施工的，建设单位应当自中止施工之日起一个月内，向发证机关报告，并按照规定做好建筑工程的维护管理工作。建筑工程恢复施工时，应当向发证机关报告；中止施工满一年的工程恢复施工前，建设单位应当报发证机关核验施工许可证。"

(3) 重新办理开工报告的条件

按照国务院规定办理开工报告的工程是施工许可制度的特殊情况。对于这类工程的管理,《建筑法》第 11 条规定:"按照国务院有关规定批准开工报告的建筑工程,因故不能按期开工或者中止施工的,应当及时向批准机关报告情况。因故不能按期开工超过六个月的,应当重新办理开工报告的批准手续。"

13.1 建筑法概述

13.1.1 建筑法的概念

建筑法是指调整建筑活动的法律规范的总称。建筑活动是指各类房屋及其附属设施的建造和与其配套的线路、管道、设备的安装活动。

建筑法有狭义和广义之分。狭义的建筑法系指1997年11月1日由第八届全国人民代表大会常务委员会第二十八次会议通过的，于1998年3月1日起施行的《中华人民共和国建筑法》（以下简称《建筑法》）。该法是调整我国建筑活动的基本法律，共8章，85条。它以规范建筑市场行为为出发点，以建筑工程质量和安全为主线，规范了总则、建筑许可、建筑工程发包与承包、建筑工程监理、建筑安全生产管理、建筑工程质量管理、法律责任、附则等内容，并确定了建筑活动中的一些基本法律制度。广义的建筑法，除《建筑法》之外，还包括所有调整建筑活动的法律规范性文件。这些法律规范分布在我国的宪法、法律、行政法规、部门规章、地方性法规、地方规章以及国际惯例之中。由这些不同法律层次的调整建筑活动所组成的法律规范即是广义的建筑法。更为广义的建筑法是指调整建设工程活动的法律规范的总称。

13.1.2 建筑法的立法目的

《建筑法》第1条规定："为了加强对建筑活动的监督管理，维护建筑市场秩序，保证建筑工程的质量和安全，促进建筑业健康发展，制定本法。"此条即规定了我国《建筑法》的立法目的。

1. 加强对建筑活动的监督管理

建筑活动是一个由多方主体参加的活动。没有统一的建筑活动行为规范和基本的活动程序，没有对建筑活动各方主体的管理和监督，建筑活动就是无序的。为保障建筑活动的正常、有序进行，就必须加强对建筑活动的监督管理。

2. 维护建筑市场秩序

建筑市场作为社会主义市场经济的组成部分，需要确定与社会主义市场经济相适应的新的市场管理。但是，在新的管理体制转轨过程中，建筑市场中旧的经济秩序打破后，新的经济秩序尚未完全建立起来，以致造成某些混乱现象。制定《建筑法》就要从根本上解决建筑市场混乱状况，确立与社会主义市场经济相适应的建筑市场管理，以维护建筑市场的秩序。

3. 保证建筑工程的质量与安全

建筑工程质量与安全，是建筑活动永恒的主题，无论是过去、现在还是将来，只要有建筑活动的存在，就有建筑工程的质量和安全问题。

《建筑法》以建筑工程质量与安全为主线，作出了一些重要规定：

（1）要求建筑活动应当确保建筑工程质量和安全，符合国家的建筑工程安全标准；

（2）建筑工程的质量与安全应当贯彻建筑活动的全过程，进行全过程的监督管理；

（3）建筑活动的各个阶段、各个环节，都要保证质量和安全；

（4）明确建筑活动各有关方面在保证建筑工程质量与安全中的责任。

4. 促进建筑业健康发展

建筑业是国民经济的重要物质生产部门，是国家重要支柱产业之一。建筑活动的管理水平、效果、效益，直接影响到我国固定资产投资的效果和效益，从而影响到国民经济的健康发展。为了保证建筑业在经济和社会发展中的地位和作用，同时也是为了解决建筑业发展中存在的问题，迫切需要制定《建筑法》，以促进建筑业健康发展。

13.2 建筑工程发包与承包

13.2.1 发包

1. 建设工程发包方式

建设工程的发包方式主要有两种：招标发包和直接发包。《建筑法》第19条规定："建筑工程依法实行招标发包，对不适用于招标发包的可以直接发包。"

建设工程的招标发包，主要适用《招标投标法》及其有关规定。《招标投标法》第3条规定了必须进行招标的工程建设项目范围。在该范围内并且达到国家规定的规模标准的工程建设项目的勘察、设计、施工、监理、重要设备和材料的采购都必须依法进行招标。有关建设工程招标投标的具体规定，详见第十四章。

对于不适于招标发包可以直接发包的建设工程，发包单位虽然可以不进行招标，而直接发包。但应当将建设工程发包给具有相应资质条件的承包单位。《建筑法》第 22 条规定,"建筑工程实行直接发包的,发包单位应当将建筑工程发包给具有相应资质条件的承包单位"。

2. 提倡实行工程总承包

《建筑法》第 24 条第 1 款规定,"提倡对建筑工程实行总承包"。建设工程的总承包方式按承包的内容不同,分为工程总承包和施工(或勘察、设计)总承包。其中,施工总承包是我国常见且较为传统的工程承包方式,其主要特征是设计、施工分别由两家不同的承包单位承担;而工程总承包,则是指"从事工程总承包的企业受业主委托,按照合同约定对工程项目的勘察、设计、采购、施工、试运行(竣工验收)等实行全过程或若干阶段的承包"。《建筑法》第 24 条第 2 款规定,"建筑工程的发包单位可以将建筑工程的勘察、设计、施工、设备采购一并发包给一个工程总承包单位,也可以将建筑工程勘察、设计、施工、设备采购的一项或者多项发包给一个工程总承包单位"。

工程总承包的具体方式、工作内容和责任等,由发包单位(业主)与工程总承包企业在合同中约定。我国目前提倡的工程总承包主要有如下方式:

(1) 设计—采购—施工(EPC)/交钥匙总承包

设计—采购—施工总承包是指工程总承包企业按照合同约定,承担工程项目的设计、采购、施工、试运行服务等工作,并对承包工程的质量、安全、工期、造价全面负责。

交钥匙总承包是设计采购施工总承包业务和责任的延伸,最终是向业主提交一个满足使用功能、具有使用条件的工程项目。

(2) 设计—施工总承包(D—B)

设计—施工总承包是指工程总承包企业按照合同约定,承担工程项目设计和施工,并对承包工程的质量、安全、工期、造价全面负责。

(3) 根据工程项目的不同规模、类型和业主要求,工程总承包还可采用设计—采购总承包(E—P)、采购—施工总承包(P—C)等方式。

3. 禁止将建设工程肢解发包和违法采购

(1) 禁止发包单位将建设工程肢解发包

肢解发包指的是建设单位将应当由一个承包单位完成的建设工程分解成若干部分发包给不同的承包单位的行为。

肢解发包的弊端在于:

1) 肢解发包可能导致发包人变相规避招标

发包人可能会将大的工程项目肢解成若干小的工程项目,使得每一个小的工程项目都不满足关于招标规模和标准的规定,从而达到了变相规避招标的效果。

2) 肢解发包会不利于投资和进度目标的控制

肢解发包意味着本来应该由一家承包商完成的项目,现在由两家或者两家以上的承包商完成了。这就会使得一些岗位出现重复设置的人员,也不利于各工序的协调,难以形成流水作业。这些弊端的结果就是不利于投资和进度目标的控制。

3) 肢解发包也会增加发包的成本

肢解发包必然会使得发包的次数增加，这就必然会导致发包的费用增加。

4）肢解发包增加了发包人管理的成本

肢解发包会导致合同数增加，这就必然会导致发包人在管理上会增加难度，进一步导致发包人在合同管理上会增加成本。

由于肢解发包存在上面这些弊端，所以，《建筑法》第 24 条规定，"禁止将建筑工程肢解发包"，"不得将应当由一个承包单位完成的建筑工程肢解成若干部分发包给几个承包单位"。

但是，不允许肢解发包也并不意味着每个工程只能发包给一家承包商，只要不违背肢解发包的本质，是可以将一个项目发包给几个承包商的。这种发包的模式在项目管理上称为平行承发包模式。

(2) 禁止违法采购

1）小规模材料设备的采购

工程建设项目不符合《工程建设项目招标范围和规模标准规定》（原国家计委令第 3 号）规定的范围和标准的小规模的建筑材料、建筑构配件和设备的采购主要有三种形式：

① 由建设单位负责采购；

② 由承包商负责采购；

③ 由双方约定的供应商供应。

采用上面的何种采购形式，由当事人自由约定。如果双方约定建筑材料、建筑构配件和设备是由承包商采购的，则建设单位就不得非法干预其采购过程，更不可以直接为承包商制定生产厂、供应商。

《建筑法》第 25 条规定："按照合同约定，建筑材料、建筑构配件和设备由工程承包单位采购的，发包单位不得指定承包单位购入用于工程的建筑材料、建筑构配件和设备或者指定生产厂、供应商。"

2）大规模材料设备的采购

工程建设项目符合《工程建设项目招标范围和规模标准规定》（原国家计委令第 3 号）规定的范围和标准的，必须通过招标选择货物供应单位。

《工程建设项目货物招标投标办法》第 5 条规定："工程建设项目货物招标投标活动，依法由招标人负责。

工程建设项目招标人对项目实行总承包招标时，未包括在总承包范围内的货物达到国家规定规模标准的，应当由工程建设项目招标人依法组织招标。

工程建设项目招标人对项目实行总承包招标时，以暂估价形式包括在总承包范围内的货物达到国家规定规模标准的，应当由总承包中标人和工程建设项目招标人共同依法组织招标。双方当事人的风险和责任承担由合同约定。"

13.2.2 承包

1. 工程承包单位的资质等级许可制度

我国对工程承包单位（包括勘察、设计、施工单位）实行资质等级许可制度。不同的资质等级意味着其业务能力的不同，因此，《建筑法》第 26 条第 1 款规定："承包建筑工程的单位应当持有依法取得的资质证书，并在其资质等级许可的业务范围内承揽工程。"目前，对有关建设工程勘察、设计、施工企业的资质等级、业务范围等作出统一规定的分别是《建设工程勘察设计企业资质管理规定》和《建筑业企业资质管理规定》。

为了规范建筑施工企业的市场行为，严格建筑施工企业的市场准入，《建筑法》第 26 条第 2 款对违反资质许可制度的行为作出如下规定：

（1）禁止建筑施工企业超越本企业资质等级许可的业务范围承揽工程；

（2）禁止以任何形式用其他建筑施工企业的名义承揽工程；

（3）禁止建筑施工企业以任何形式允许其他单位或者个人使用本企业的资质证书、营业执照，以本企业的名义承揽工程。

外资建筑业企业只允许在其资质等级许可的范围内承包下列工程：

（1）全部由外国投资、外国赠款、外国投资及赠款建设的工程；

（2）由国际金融机构资助并通过根据贷款条款进行的国际招标授予的建设项目；

（3）外资等于或者超过 50％的中外联合建设项目；及外资少于 50％，但因技术困难而不能由中国建筑企业独立实施，经省、自治区、直辖市人民政府建设行政主管部门批准的中外联合建设项目；

（4）由中国投资，但因技术困难而不能由中国建筑企业独立实施的建设项目，经省、自治区、直辖市人民政府建设行政主管部门批准，可以由中外建筑企业联合承揽。

中外合资经营建筑业企业、中外合作经营建筑业企业应当在其资质等级许可的范围内承包工程。

2. 联合承包

有一些工程项目并不是一家承包商就能够完成的，这就需要两家或者两家以上的承包商合作完成，其主要的模式就是组成联合体共同承包。

《建筑法》第 27 条规定："大型建筑工程或者结构复杂的建筑工程，可以由两个以上的承包单位联合共同承包。共同承包的各方对承包合同的履行承担连带责任。

两个以上不同资质等级的单位实行联合共同承包的，应当按照资质等级较低的单位的业务许可范围承揽工程。"

《招标投标法》及其相关规定对"联合体投标"问题作出了更具体规定，详见第十四章。

3. 禁止转包

转包指的是承包单位承包建设工程后，不履行合同约定的责任和义务，将其承包的全部建设工程转给他人或者将其承包的全部建设工程肢解以后以分包的名义分别转给其他单位承包的行为。

转包与分包的主要区别在于分包是将一部分工程交由其他单位完成，而转包则是将所有工程全部交由其他单位完成。

转包的弊端在于：

(1) 导致工程款流失

每一次转包都会有一部分本来计划用于工程的工程款作为管理费被转包人截流，这就会导致可以用于工程的工程款数量减少。其结果自然是导致工程项目的质量目标难以实现。

(2) 不可预见的风险增加

建设单位是对总承包商进行了资质审查后才决定将工程项目发包给承包商的。建设单位对于转包后的实际施工人并不是很了解，这就自然加大了不可预见的风险。

(3) 管理的难度增加

分包单位是不可以直接与建设单位建立工作联系的，所以分包的比例越大，建设单位在进行工程管理方面的难度自然也就会越大。

正是由于转包存在这些弊端，所以，《建筑法》第28条规定："禁止承包单位将其承包的全部建筑工程转包给他人，禁止承包单位将其承包的全部建筑工程肢解以后以分包的名义分别转包给他人。"

13.2.3　分包

分包，是指建筑业企业将其所承包的工程中的专业工程或者劳务作业发包给其他建筑业企业完成的活动。分包必须依法进行。

1. 分包单位不可以超越其资质许可范围去承揽分包工程

《建筑法》第29条规定，"建筑工程总承包单位可以将承包工程中的部分工程发包给具有相应资质条件的分包单位"。据此，《建筑业企业资质管理规定》第5条进一步规定：

(1) 施工总承包企业

获得施工总承包资质的企业，可以对工程实行施工总承包或者对主体工程实行施工承包。承担施工总承包的企业可以对所承接的工程全部自行施工，也可以将非主体工程或者劳务作业分包给具有相应专业承包资质或者劳务分包资质的其他建筑业企业。

(2) 专业承包企业

获得专业承包资质的企业，可以承接施工总承包企业分包的专业工程或者建设单位按照规定发包的专业工程。专业承包企业可以对所承接的工程全部自行施工，也可以将劳务作业分包给具有相应劳务分包资质的劳务分包企业。

(3) 劳务分包企业

获得劳务分包资质的企业，可以承接施工总承包企业或者专业承包企业分包的劳务作业。

2. 对分包单位的认可

《建筑法》第29条进一步规定："除总承包合同中约定的分包外，必须经建设单位认可。"

这条规定实际上赋予了建设单位对分包商的否决权。即没有经过建设单位认可的分包商是违法的分包商。尽管《建筑法》将认可的范围局限于"总承包合同中约定的分包单位"以外的分包商，但是，由于总承包合同中的分包单位本身就已经得到了建设单位的认可，所以，实质上需要建设单位认可的分包单位的范围包含了所有的分包单位。

但是，认可分包单位与指定分包单位是不同的。认可是在总承包单位已经作出选择的基础上进行确认，而指定则是首先由建设单位作出选择。在国外，可以存在指定分包商，例如《FIDIC 施工合同条件》中就有指定分包商。但是，指定分包商在国内是违法的。《房屋建筑和市政基础设施工程施工分包管理办法》第 7 条明确规定："建设单位不得直接指定分包工程承包人。"

3. 禁止违法分包

《建筑法》禁止违法实施分包。《建设工程质量管理条例》将违法分包的情形界定为：

（1）总承包单位将建设工程分包给不具备相应资质条件的单位的；

（2）建设工程总承包合同中未有约定，又未经建设单位认可，承包单位将其承包的部分建设工程交由其他单位完成的；

（3）施工总承包单位将建设工程主体结构的施工分包给其他单位的；

（4）分包单位将其承包的建设工程再分包的。

4. 总承包单位与分包单位的连带责任

《建筑法》第 29 条第 2 款规定："建筑工程总承包单位按照总承包合同的约定对建设单位负责；分包单位按照分包合同的约定对总承包单位负责。总承包单位和分包单位就分包工程对建设单位承担连带责任。"

连带责任指的是任何一个负有连带责任的债务人都有义务首先、全部偿还债务，并就超过其应偿还份额的部分向其他债务人追偿的债务承担方式。

连带责任既可以依合同约定产生，也可以依法律规定产生。建设单位虽然和分包单位之间没有合同关系，但是当分包工程发生质量、安全、进度等方面问题给建设单位造成损失时，建设单位既可以根据总承包合同向总承包单位追究违约责任，也可以根据法律规定直接要求分包单位承担损害赔偿责任，分包单位不得拒绝。总承包单位和分包单位之间的责任划分，应当根据双方的合同约定或者各自过错大小确定；一方向建设单位承担的责任超过其应承担份额的，有权向另一方追偿。

5. 总承包单位与分包单位的关系

（1）平等的合同当事人之间的关系

总承包单位与分包单位是分包合同的双方当事人，《合同法》第 3 条规定："合同当事人的法律地位平等，一方不得将自己的意志强加给另一方。"因此，总承包单位不得超越法律与合同对分包单位的建设活动进行非法干涉。

（2）局部的管理与被管理的关系

尽管总承包单位与分包单位在法律地位上是平等的，不存在总承包单位是分包单位的管理单位的关系，但是在一些方面，分包单位还是要服从总承包单位的管理的。

1）施工现场管理

《建设工程施工现场管理规定》第 9 条规定："建设工程实行总包和分包的，由总包单位负责施工现场的统一管理，监督检查分包单位的施工现场活动。分包单位应当在总包单位的统一管理下，在其分包范围内建立施工现场管理责任制，并组织实施。"

《建设工程施工现场管理规定》第 10 条规定："施工单位必须编制建设工程施工组织设计。建设工程实行总包和分包的，由总包单位负责编制施工组织设计或者分阶段施工组织设计。分包单位在总包单位的总体部署下，负责编制分包工程的施工组织设计"

2）安全生产管理

《建筑法》第 45 条规定："施工现场安全由建筑施工企业负责。实行施工总承包的，由总承包单位负责。分包单位向总承包单位负责，服从总承包单位对施工现场的安全生产管理。"

同时，《建设工程安全生产管理条例》第 24 条规定："建设工程实行施工总承包的，由总承包单位对施工现场的安全生产负总责。分包单位应当服从总承包单位的安全生产管理，分包单位不服从管理导致生产安全事故的，由分包单位承担主要责任。"

3）质量管理

《建筑法》第 55 条规定："建筑工程实行总承包的，工程质量由工程总承包单位负责，总承包单位将建筑工程分包给其他单位的，应当对分包工程的质量与分包单位承担连带责任。分包单位应当接受总承包单位的质量管理。"

13.3　建筑工程监理

13.3.1　工程监理制度

建设工程监理，是指具有相应资质条件的工程监理单位依法接受建设单位的委托，依照法律、法规以及有关技术标准、设计文件和建设工程承包合同，对建设工程质量、建设工期和建设资金使用等实施的专业化监督管理。

《建筑法》第 30 条第 1 款规定，国家推行建筑工程监理制度。

根据《建筑法》的有关规定，建设单位与其委托的工程监理单位应当订立书面委托合同。工程监理单位应当根据建设单位的委托，客观、公正地执行监理业务。建设单位和工程监理单位之间是一种委托代理关系，适用《民法通则》有关代理的法律规定。

实行建设工程监理制度，是我国工程建设领域管理体制改革的重大举措。我国自 1988 年开始推行建设工程监理制度。经过近十年的探索总结，《建筑法》以法律形式正式确立了工程监理制度。国务院《建设工程质量管理条例》、《建设工程安全生产管理条例》则进一步规定了工程监理单位的质量责任、安全责任。

《建筑法》第 30 条第 2 款规定："国务院可以规定实行强制监理的建筑工程的范围。"国务院《建设工程质量管理条例》第 12 条规定了必须实行监理的建设工程范围，《建设工程监理范围和规模标准规定》(2001 年 1 月 17 日建设部令第 86 号发布)则对必须实行监理的建设工程作出了更具体的规定。具体参见本书第十九章。

13.3.2　工程监理单位资质等级许可制度

我国对工程监理单位实行资质等级许可制度。《建筑法》第 31 条规定，实行监理的建筑工程，由建设单位委托具有相应资质条件的工程监理单位监理。

《建设工程质量管理条例》第 34 条第 1 款进一步规定："工程监理单位应当依法取得相应资质等级的证书，并在其资质等级许可的范围内承担工程监理业务。"目前，对有关工程监理企业的资质等级、业务范围等作出统一规定的是《工程监理企业资质管理规定》。

为了规范工程监理单位的市场行为，严格工程监理单位的市场准入，《建设工程质量管理条例》第 2 款对违反工程监理单位资质许可制度的行为作出如下禁止性规定：

(1) 禁止工程监理单位超越本单位资质等级许可的范围承担工程监理业务；

(2) 禁止以其他工程监理单位的名义承担工程监理业务；

(3) 禁止工程监理单位允许其他单位或者个人以本单位的名义承担工程监理业务。

13.3.3　工程监理的依据、内容和权限

1. 工程监理的依据

根据《建筑法》、《建设工程质量管理条例》、《建设工程安全生产管理条例》的有关规定，工程监理的依据包括：

(1) 法律、法规

施工单位的建设行为是受很多法律、法规制约的。例如，不可偷工减料等。工程监理在监理过程中首先就要监督检查施工单位是否存在违法行为，因此法律、法规是工程监理单位的依据之一。

(2) 有关的技术标准

技术标准分为强制性标准和推荐性标准。强制性标准是各参建单位都必须执行的标准，而推荐性标准则是可以自主决定是否采用的标准。通常情况下，建设单位如要求采用推荐性标准，应当与设计单位或施工单位在合同中予以明确约定。经合同约定采用的推荐性标准，对合同当事人同样具有法律约束力，设计或施工未达到该标准，将构成违约行为。

(3) 设计文件

施工单位的任务是按图施工，也就是按照施工图设计文件进行施工。如果施工

单位没有按照图纸的要求去修建工程就构成违约，如果是擅自修改图纸更构成了违法。因此，设计文件就是监理单位的依据之一。

(4) 建设工程承包合同

建设单位和承包单位通过订立建设工程承包合同，明确双方的权利和义务。合同中约定的内容要远远大于设计文件的内容。例如，进度、工程款支付等都不是设计文件所能描述的。而这些内容也是当事人必须履行的义务。工程监理单位有权利也有义务监督检查承包单位是否按照合同约定履行这些义务。因此，建设工程承包合同也是工程监理的一个依据。

2. 工程监理的内容

工程监理在本质上是项目管理，其监理的内容自然与项目管理的内容是一致的。其内容包括：

(1) 进度控制；

(2) 质量控制；

(3) 成本控制；

(4) 安全管理；

(5) 合同管理；

(6) 信息管理；

(7) 沟通协调。

但是由于监理单位是接受建设单位的委托代表建设单位进行项目管理的，其权限将取决于建设单位的授权。因此，其监理的内容也将不尽相同。

因此，《建筑法》第33条规定："实施建筑工程监理前，建设单位应当将委托的工程监理单位、监理的内容及监理权限，书面通知被监理的建筑施工企业。"

3. 工程监理的权限

《建筑法》第32条第2款、第3款分别规定了工程监理人员的监理权限和义务：

(1) 工程监理人员认为工程施工不符合工程设计要求、施工技术标准和合同约定的，有权要求建筑施工企业改正。

(2) 工程监理人员发现工程设计不符合建筑工程质量标准或者合同约定的质量要求的，应当报告建设单位要求设计单位改正。

《建设工程质量管理条例》第37条第2款还规定："未经监理工程师签字，建筑材料、建筑构配件和设备不得在工程上使用或者安装，施工单位不得进行下一道工序的施工。未经总监理工程师签字，建设单位不拨付工程款，不进行竣工验收。"

13.3.4 禁止工程监理单位实施的违法行为

根据《建筑法》第34条、35条的规定，工程监理单位还应当遵守如下强制性法律规定：

1. 工程监理单位与被监理工程的承包单位以及建筑材料、建筑构配件和设备供应单位不得有隶属关系或者其他利害关系

工程监理单位与被监理单位之间是监理与被监理的关系。工程监理单位应当根据建设单位的委托，客观、公正的执行监理任务。如果工程监理单位与承包单位或供应单位之间隶属关系或其他利害关系，将很可能影响工程监理单位的客观性和公正性，并最终损害委托方建设单位的利益。鉴于此，《建筑法》第34条第3款作出了相应的禁止性规定。

2. 工程监理单位不得转让监理业务

建设单位之所以将监理工作委托给某个工程监理单位，往往是出于对该单位综合能力的信任，而并不仅仅取决于其监理费报价是否较低。因此，和其他委托代理合同一样，建设工程委托监理合同通常是建立在信赖关系的基础上，具有较强的人身性。工程监理单位接受委托后，应当自行完成工程监理工作，不得转让监理业务。

3. 工程监理单位不按照委托监理合同的约定履行监理义务，对应当监督检查的项目不检查或者不按照规定检查，给建设单位造成损失的，应当承担相应的赔偿责任

工程监理单位应当与建设单位签订建设工程委托监理合同，明确双方的权利义务。工程监理单位不按照委托监理合同的约定履行监理义务，首先是对建设单位的违约，因此要承担相应的违约责任；如果给建设单位造成损失，这种违约责任将主要表现为赔偿损失。这与《合同法》的规定也是相吻合的。当然，工程监理单位不按约定或法律规定履行监理义务的行为，除应当对建设单位承担违约责任以外，还有可能依法承担罚款、降低资质等级等行政责任；构成犯罪的，还要承担刑事责任。

4. 工程监理单位与承包单位串通，为承包单位谋取非法利益，给建设单位造成损失的，应当与承包单位承担连带赔偿责任

如前所述，工程监理单位与建设单位之间是代理与被代理的关系；而相对于建设工程委托监理合同，承包单位是第三人。根据《民法通则》第66条的规定，代理人和第三人串通，损害被代理人的利益的，由代理人和第三人负连带责任。《建筑法》第35条第2款规定的内容，与《民法通则》第66条规定的内容是一致的。

14.1　招标投标法律体系

《中华人民共和国招标投标法》（以下简称《招标投标法》）由中华人民共和国第九届全国人民代表大会常务委员会第十一次会议于 1999 年 8 月 30 日通过，自 2000 年 1 月 1 日起施行。

《招标投标法》的立法目的在于规范招标投标活动，保护国家利益、社会公共利益和招标投标活动当事人的合法权益，提高经济效益，保证项目质量。

《招标投标法》共包括六十八条，分别从招标、投标、开标、评标和中标等各主要阶段对招标投标活动作出了规定。

依据《招标投标法》，我国陆续发布了一系列规范招标投标活动的行政法规和部门规章。其中主要有：

（1）2000 年 4 月 4 日国务院批准 2000 年 5 月 1 日国家发展计划委员会发布的《工程建设项目招标范围和规模标准规定》；

（2）2000 年 10 月 8 日发布并施行的《建筑工程设计招标投标管理办法》。该《办法》适用于符合《工程建设项目招标范围和规模标准规定》的各类房屋建筑工程。

（3）2001 年 5 月 31 日起施行的《房屋建筑和市政基础设施工程施工招标投标管理办法》。该《办法》适用于在中华人民共和国境内从事房屋建筑和市政基础设施工程施工招标投标活动。

（4）2003 年 5 月 1 日起施行的国家计委、建设部、铁道部、交通部、信息产业部、水利部、中国民用航空总局联合发布的《工程建设项目施工招标投标办法》。该《办法》适用于在中华人民共和国境内进行工程施工的招标投标活动。

（5）2004年4月1日起施行的《房屋建筑和市政基础设施工程施工分包管理办法》。该《办法》适用于在中华人民共和国境内从事房屋建筑和市政基础设施工程施工分包活动。

（6）2005年3月1日起施行的国家发展改革委、建设部、铁道部、交通部、信息产业部、水利部、中国民用航空总局联合发布的《工程建设项目货物招标投标办法》。该《办法》适用于在中华人民共和国境内依法必须进行招标的工程建设项目货物招标投标活动。

14.2 招标

招标，是指招标人依法提出招标项目及其相应的要求和条件，通过发布招标公告或发出投标邀请书吸引潜在投标人参加投标的行为。

投标，是指投标人响应招标文件的要求，参加投标竞争的行为。

14.2.1 招标投标活动所应遵循的基本原则

《招标投标法》第5条规定："招标投标活动应当遵循公开、公平、公正和诚实信用的原则。"

1. 公开原则

公开原则，首先要求招标信息公开。例如：《招标投标法》规定，依法必须进行招标的项目的招标公告，应当通过国家指定的报刊、信息网络或者其他媒介发布。无论是招标公告、资格预审公告还是投标邀请书，都应当载明招标人的名称和地址、招标项目的性质、数量、实施地点和时间以及获取招标文件的办法等事项。其次，公开原则还要求招标投标过程公开。例如：《招标投标法》规定开标时招标人应当邀请所有投标人参加，招标人在招标文件要求提交截止时间前收到的所有投标文件，开标时都应当当众予以拆封、宣读。中标人确定后，招标人应当在向中标人发出中标通知书的同时，将中标结果通知所有未中标的投标人。

2. 公平原则

公平原则，要求给予所有投标人平等的机会，使其享有同等的权利，履行同等的义务。招标人不得以任何理由排斥或者歧视任何投标人。《招标投标法》第6条明确规定："依法必须进行招标的项目，其招标投标活动不受地区或者部门的限制，任何单位和个人不得违法限制或者排斥本地区、本系统以外的法人或者其他组织参加投标，不得以任何方式非法干涉招标投标活动。"

3. 公正原则

公正原则，要求招标人在招标投标活动中应当按照统一的标准衡量每一个投标人的优劣。进行资格审查时，招标人应当按照资格预审文件或招标文件中载明的资格审查的条件、标准和方法对潜在投标人或者投标人进行资格审查，不得改变载明的条件或者以没有载明的资格条件进行资格审查。《招标投标法》还规定评标委员会应当按照招标文件确定的评标标准和方法，对投标文件进行评审和比较。评标委员会成员应当客观、公正的履行职务，遵守职业道德。

4. 诚实信用原则

诚实信用原则，是我国民事活动所应当遵循的一项重要基本原则。我国《民法通则》第4条规定："民事活动应当遵循自愿、平等、等价有偿、诚实信用的原则。"《合同法》第6条也明确规定："当事人行使权利、履行义务应当遵循诚实信用原则。"招标投标活动作为订立合同的一种特殊方式，同样应当遵循诚实信用原则。例如，在招标过程中，招标人不得发布虚假的招标信息，不得擅自终止招标。在投标过程中，投标人不得以他人名义投标，不得与招标人或其他投标人串通投标。中标通知书发出后，招标人不得擅自改变中标结果，中标人不得擅自放弃中标项目。

14.2.2 必须招标的项目范围和规模标准

1. 必须招标的工程建设项目范围

根据《招标投标法》第3条规定，在中华人民共和国境内进行下列工程建设项目包括项目的勘察、设计、施工、监理以及与工程建设有关的重要设备、材料等的采购，必须进行招标：

（1）大型基础设施、公用事业等关系社会公共利益、公众安全的项目；

（2）全部或者部分使用国有资金投资或者国家融资的项目；

（3）使用国际组织或者外国政府贷款、援助资金的项目。

为了确定必须进行招标的工程建设项目的具体范围和规模标准，规范招标投标活动，根据《招标投标法》第3条的规定，原国家发展计划委员会以3号令发布了《工程建设项目招标范围和规模标准规定》，明确规定：

（1）关系社会公共利益、公众安全的基础设施项目的范围包括：

1）煤炭、石油、天然气、电力、新能源等能源项目；

2）铁路、公路、管道、水运、航空以及其他交通运输业等交通运输项目；

3）邮政、电信枢纽、通信、信息网络等邮电通讯项目；

4）防洪、灌溉、排涝、引（供）水、滩涂治理、水土保持、水利枢纽等水利项目；

5）道路、桥梁、地铁和轻轨交通、污水排放及处理、垃圾处理、地下管道、公共停车场等城市设施项目；

6）生态环境保护项目；

7）其他基础设施项目。

（2）关系社会公共利益、公众安全的公用事业项目的范围包括：

1）供水、供电、供气、供热等市政工程项目；

2）科技、教育、文化等项目；

3）体育、旅游等项目；

4）卫生、社会福利等项目；

5）商品住宅，包括经济适用住房；

6）其他公用事业项目。

(3) 使用国有资金投资项目的范围包括：

1）使用各级财政预算资金的项目；

2）使用纳入财政管理的各种政府性专项建设基金的项目；

3）使用国有企业事业单位自有资金，并且国有资产投资者实际拥有控制权的项目。

(4) 国家融资项目的范围包括：

1）使用国家发行债券所筹资金的项目；

2）使用国家对外借款或者担保所筹资金的项目；

3）使用国家政策性贷款的项目；

4）国家授权投资主体融资的项目；

5）国家特许的融资项目。

(5) 使用国际组织或者外国政府资金的项目的范围包括：

1）使用世界银行、亚洲开发银行等国际组织贷款资金的项目；

2）使用外国政府及其机构贷款资金的项目；

3）使用国际组织或者外国政府援助资金的项目。

2. 必须招标项目的规模标准

《工程建设项目招标范围和规模标准规定》规定的上述各类工程建设项目，包括项目的勘察、设计、施工、监理以及与工程建设有关的重要设备、材料等的采购，达到下列标准之一的，必须进行招标：

（1）施工单项合同估算价在 200 万元人民币以上的；

（2）重要设备、材料等货物的采购，单项合同估算价在 100 万元人民币以上的；

（3）勘察、设计、监理等服务的采购，单项合同估算价在 50 万元人民币以上的；

（4）单项合同估算价低于第 1.2.3 项规定的标准。但项目总投资额在 3000 万元人民币以上的。

3. 可以不进行招标的工程建设项目

如果建设项目不属于必须招标的项目则可以招标也可以不招标。但是，即使符合必须招标项目的条件但是属于某些特殊情形的，也是可以不招标的。

《招标投标法》第 66 条规定："涉及国家安全、国家秘密、抢险救灾或者属于利用扶贫资金实行以工代赈、需要使用农民工等特殊情况，不适宜招标的项目，按照国家有关规定可以不进行招标。"

根据 2003 年 3 月 8 日国家发改委、建设部等 7 部委令第 30 号发布的《工程建设项目施工招标投标办法》第 12 条的规定，工程建设项目有下列情形之一的，依法可以不进行施工招标：

（1）涉及国家安全、国家秘密或者抢险救灾而不适宜招标的；

（2）属于利用扶贫资金实行以工代赈需要使用农民工的；

（3）施工主要技术采用特定的专利或者专有技术的；

（4）施工企业自建自用的工程，且该施工企业资质等级符合工程要求的；

（5）在建工程追加的附属小型工程或者主体加层工程，原中标人仍具备承包能力的；

（6）法律、行政法规规定的其他情形。

14.2.3　招标组织形式

招标组织形式包括自行招标和委托招标。其中，自行招标，是指招标人自身具有编制招标文件和组织评标能力，依法可以自行办理招标；而委托招标，是指招标人委托招标代理机构办理招标事宜。

根据《招标投标法》第 12 条的规定，招标人依法可以自行招标的，任何单位和个人不得强制其委托招标代理机构办理招标事宜；招标人委托招标的，招标人有权自行选择招标代理机构，任何单位和个人不得以任何方式为招标人指定招标代理机构。

《招标投标法》虽然在一定程度上赋予了招标人选择招标组织形式的权利，但由于招标工作的复杂性和专业性要求，因此，招标人只有在满足法定条件，即"具有编制招标文件和组织评标能力"的前提下，才可以自行招标。对此，原国家计委2000 年 7 月 1 日颁布《工程建设项目自行招标试行办法》第 4 条进一步规定了招标人自行办理招标事宜所应当具备的具体条件：

（1）具有项目法人资格（或者法人资格）；

（2）具有与招标项目规模和复杂程度相适应的工程技术、概预算、财务和工程管理等方面专业技术力量；

（3）有从事同类工程建设项目招标的经验；

（4）设有专门的招标机构或者拥有 3 名以上专职招标业务人员；

（5）熟悉和掌握招标投标法及有关法规规章。

同时，《招标投标法》还规定，依法必须进行招标的项目，招标人自行办理招标事宜的，应当向有关行政监督部门备案。

14.2.4　招标代理机构

招标人不具备自行招标能力，或者不愿自行招标的，应当委托具有相应资格条件的专业招标代理机构，由其代理招标人进行招标。

根据《招标投标法》第 13 条的规定，招标代理机构是"依法设立、从事招标代理业务并提供相关服务的社会中介组织"。招标代理机构与行政机关和其他国家机关不得存在隶属关系或者其他利益关系。

招标代理机构与招标人之间，是代理人和被代理人的关系，因此应当遵守《民法通则》中有关代理的法律规定。《招标投标法》第 15 条规定，招标代理机构应当在招标人委托的范围内办理招标事宜，并遵守该法关于招标人的规定。

《招标投标法》规定从事工程建设项目招标代理业务的招标代理机构，应当具备经国家建设行政主管部门认定的资格条件。为了加强对工程建设项目招标代理机构的资格管理，维护工程建设项目招标投标活动当事人的合法权益，建设部于2000年6月30日发布了建设部令第79号《工程建设项目招标代理机构资格认定办法》。该办法将工程招标代理机构资格分为甲、乙两级，并规定了乙级工程招标代理机构承担工程招标代理业务的工程投资额限额。工程招标代理机构可以接受招标人委托编制工程招标方案、招标文件、工程标底和草拟工程合同等。未经招标人同意，工程招标代理机构不得向他人转让代理业务。该办法还规定，工程招标代理机构不得与被代理招标工程的投标人有隶属关系或者其他利益关系。

14.2.5 招标应当具备的条件

工程建设项目的招标应当满足法律规定的前提条件方能进行。《招标投标法》第9条对招标项目应当满足的基本条件作出了总体规定：

（1）招标项目按照国家有关规定需要履行项目审批手续的，应当先履行审批手续，取得批准。

（2）招标人应当有进行招标项目的相应资金或者资金来源已经落实，并应当在招标文件中如实载明。

《工程建设项目施工招标投标办法》第8条进一步规定，依法必须招标的工程建设项目，应当具备下列条件才能进行施工招标：

（1）招标人已经依法成立；

（2）初步设计及概算应当履行审批手续的，已经批准；

（3）招标范围、招标方式和招标组织形式等应当履行核准手续的，已经核准；

（4）有相应资金或者资金来源已经落实；

（5）有招标所需的设计图纸及技术资料。

14.2.6 招标方式

根据《招标投标法》第10条规定，招标方式分为公开招标和邀请招标。

1. 公开招标

公开招标，也称无限竞争招标，是指招标人以招标公告的方式邀请不特定的法人或者其他组织投标。采用公开招标方式，可以为所有符合投标条件的潜在投标人提供一个平等参与和充分竞争的机会，这样有利于招标人选择最优的中标人。

并不是所有依法必须进行招标的工程建设项目都要采取公开招标方式。根据《工程建设项目施工招标投标办法》第11条的规定，下列施工招标项目应当公开招标：

（1）国务院发展计划部门确定的国家重点建设项目；

（2）省、自治区、直辖市人民政府确定的地方重点建设项目；

（3）全部使用国有资金投资或者国有资金投资占控股或者主导地位的工程建设项目。

对于以上属于应当公开招标的工程建设项目，其招标信息发布应当符合法律规定的形式。根据《招标投标法》第 16 条第 1 款的规定，招标人采用公开招标方式的，应当发布招标公告。依法必须进行招标的项目的招标公告，应当通过国家指定的报刊、信息网络或者其他媒介发布。

2. 邀请招标

邀请招标，也称有限竞争招标，是指招标人以投标邀请书的方式邀请特定的法人或者其他组织投标。采用这种招标方式，由于被邀请参加竞争的潜在投标人数量有限，而且事先已经对招标人进行了调查了解，因此不仅可以节省招标人的招标成本，而且能提高投标人的中标概率，因此潜在投标人的投标积极性会较高。当然，由于邀请招标的对象被限定在特定范围内，可能使其他优秀的潜在投标人被排斥在外。

根据《工程建设项目施工招标投标办法》第 11 条，对于应当公开招标的施工招标项目，有下列情形之一的，经批准可以进行邀请招标：

（1）项目技术复杂或有特殊要求，只有少量几家潜在投标人可供选择的；

（2）受自然地域环境限制的；

（3）涉及国家安全、国家秘密或者抢险救灾，适宜招标但不宜公开招标的；

（4）拟公开招标的费用与项目的价值相比，不值得的；

（5）法律、法规规定不宜公开招标的。

邀请招标的对象虽然被具体化了，但为了保证邀请招标的竞争性，我国法律对邀请招标的对象，有最低数量的规定。根据《招标投标法》第 17 条第 1 款的规定，"招标人采用邀请招标方式的，应当向三个以上具备承担招标项目的能力、资信良好的特定的法人或者其他组织发出投标邀请书。"

[案例 14-1]

有两个某项目被直接发包，理由是一个项目涉及国家安全，另一个项目属于以工代赈，需要使用农民工的。你认为这个理由充分吗？

分析：对于涉及国家安全的项目，分为两种情况：不适宜招标的和适宜招标但不适宜公开招标的。前者经批准可以不招标而直接发包，后者则经批准后需要邀请招标。所以，仅仅以涉及国家安全为由就不招标是不合适的。

对于以工代赈，需要使用农民工的项目，经批准可以不招标。这个理由是充分的。

3. 招标公告或者投标邀请书

原则上，根据《招标投标法》第 16 条的规定，招标公告或者投标邀请书应当至少载明下列内容：招标人的名称和地址、招标项目的性质、数量、实施地点和时间以及获取招标文件的办法等事项。

但是，由于具体招标对象的不同，招标公告或者投标邀请书中载明的内容也不尽相同。例如：《工程建设项目施工招标投标办法》规定要载明的内容包括：

（1）招标人的名称和地址；

（2）招标项目的内容、规模、资金来源；

（3）招标项目的实施地点和日期；

（4）获取招标文件或者资格预审文件的地点和时间；

（5）对招标文件或者资格预审文件收取的费用；

（6）对投标人的资质等级的要求。

而《工程建设项目货物招标投标办法》规定要载明的内容包括：

（1）招标人的名称和地址；

（2）招标货物的名称、数量、技术规格、资金来源；

（3）交货的地点和时间；

（4）获取招标文件或者资格预审文件的地点和时间；

（5）对招标文件或者资格预审文件收取的费用；

（6）提交资格预审申请书或者投标文件的地点和截止日期；

（7）对投标人的资格要求。

14.2.7　资格审查

资格审查是招标人的一项重要权利，其主要内容是审查潜在投标人或者投标人的资质、业绩、经验，以及信誉、财务状况、人员、设备、分包、诉讼等履约标准，其根本目的是审查潜在投标人或投标人是否具有承担招标项目的能力，以保证投标人中标后，能切实履行合同义务，完成招标项目。《工程建设项目施工招标投标办法》第16条的规定，招标人可以根据招标项目本身的特点和需要，要求潜在投标人或者投标人提供满足其资格要求的文件，对潜在投标人或者投标人进行资格审查。

1. 资格审查的种类

根据《工程建设项目施工招标投标办法》的有关规定，资格审查分为资格预审和资格后审。

（1）资格预审

资格预审，是指在投标前对潜在投标人进行的资格审查。

采取资格预审的，招标人可以发布资格预审公告，资格预审公告适用有关招标公告的规定。招标人应当在资格预审文件中载明资格预审的条件、标准和方法。招标人不得改变载明的资格条件或者以没有载明的资格条件对潜在投标人进行资格预审。

经资格预审后，招标人应当向资格预审合格的潜在投标人发出资格预审合格通知书，告知获取招标文件的时间、地点和方法，并同时向资格预审不合格的潜在投标人告知资格预审结果。资格预审不合格的潜在投标人不得参加投标。

（2）资格后审

资格后审，是指在开标后对投标人进行的资格审查。进行资格预审的，一般不再进行资格后审，但招标文件另有规定的除外。

采取资格后审的，招标人应当在招标文件预先明确对投标人资格要求的条件、标准和方法，不得改变载明的资格条件或者以没有载明的资格条件对投标人进行资格后审。资格后审不合格的投标人的投标应作废标处理。

2. 资格审查的主要内容和要求

《工程建设项目施工招标投标办法》第 20 条的规定，资格审查主要审查潜在投标人或者投标人是否符合下列条件：

(1) 具有独立订立合同的权利；

(2) 具有履行合同的能力，包括专业、技术资格和能力，资金、设备和其他物质设施状况，管理能力，经验、信誉和相应的从业人员。

(3) 没有处于被责令停业，投标资格被取消，财产被接管、冻结，破产状态；

(4) 在最近三年内没有骗取中标和严重违约及重大工程质量问题；

(5) 法律行政法规规定的其他资格条件。

资格审查时，招标人不得以不合理的条件限制、排斥潜在投标人或者投标人，不得对潜在投标人或者投标人实行歧视待遇。任何单位和个人不得以行政手段或者其他不合理方法限制投标人的数量。

14.2.8 招标文件

1. 招标文件的出售

根据《工程建设项目施工招标投标办法》第 15 条的规定，招标人应当按招标公告或者投标邀请书规定的时间、地点出售招标文件。自招标文件出售之日起至停止出售之日止，最短不得少于 5 个工作日。对招标文件的收费应当合理，不得以营利为目的。招标人在发布招标公告、发出投标邀请书后或者售出招标文件或资格预审文件后不得擅自终止招标。

2. 招标文件的内容

《招标投标法》第 19 条规定，招标人应当根据招标项目的特点和需要编制招标文件。招标文件应当包括招标项目的技术要求、对投标人资格审查的标准、投标报价要求和评标标准等所有实质性要求和条件以及拟签订合同的主要条款。这是原则上的规定，对于不同的招标对象，其具体内容因招标内容而不同。例如，《工程建设项目施工招标投标办法》规定了施工招标文件一般应包括如下内容：

(1) 投标邀请书；

(2) 投标人须知；

(3) 合同主要条款；

(4) 投标文件格式；

(5) 采用工程量清单招标的，应当提供工程量清单；

(6) 技术条款；

(7) 设计图纸；

(8) 评标标准和方法；

(9) 投标辅助材料。

而《工程建设项目货物招标投标办法》则规定货物招标文件应当包含如下内容：

（1）投标邀请书；

（2）投标人须知；

（3）投标文件格式；

（4）技术规格、参数及其他要求；

（5）评标标准和方法；

（6）合同主要条款。

投标人应当在招标文件中规定实质性要求和条件，并用醒目的方式标明。

3. 对招标文件的强制性要求

为了规范招标人的行为，保证招标文件的公正合理，我国《招标投标法》及其相关规定还要求招标人编制招标文件，应当遵守如下规定：

(1) 招标文件的内容要体现公平

《招标投标法》第 20 条规定："招标文件不得要求或者标明特定的生产供应者以及含有倾向或者排斥潜在投标人的其他内容。"

《工程建设项目施工招标投标办法》第 26 条进一步规定，招标文件中规定的各项技术标准均不得要求或标明某一特定的专利、商标、名称、设计、原产地或生产供应者，不得含有倾向或者排斥潜在投标人的其他内容。如果必须引用某一生产供应者的技术标准才能准确或者清楚地说明拟招标项目的技术标准时，则应当在参照后面加上"或相当于"的字样。

(2) 招标文件的澄清、修改和答疑

《招标投标法》第 23 条规定，招标人对已发出的招标文件进行必要的澄清或者修改的，应当在招标文件要求提交投标文件截止时间至少 15 日前，以书面形式通知所有招标文件收受人。该澄清或者修改的内容为招标文件的组成部分。

此外，根据《工程建设项目施工招标投标办法》第 33 条规定，对于潜在投标人在阅读招标文件和现场踏勘中提出的疑问，招标人可以书面形式或召开投标预备会的方式解答，但需同时将解答以书面方式通知所有购买招标文件的潜在投标人。该解答的内容同样构成招标文件的组成部分。

(3) 确定编制投标文件的合理时间

《招标投标法》第 24 条规定，在招标文件中，招标人应当确定投标人编制投标文件所需要的合理时间；但是，依法必须进行招标的项目，自招标文件开始发出之日起至投标人提交投标文件截止之日止，最短不得少于 20 日。

[案例 14-2]

2006 年 6 月 8 日，招标人发出招标文件。招标文件中规定了提交投标文件截止的日期为 2006 年 6 月 25 日。某投标人认为这个时间的规定违反了《招标投标法》。因为《招标投标法》第 24 条规定："招标人应当确定投标人编制投标文件所需要的合理时间；但是，依法必须进行招标的项目，自招标文件开始发出之日起至投标人提交投标文件截止之日止，最短不得少于二十日。"你怎么认为？

分析：是否违法应根据具体项目来确定。

必须招标的项目，根据《招标投标法》应该符合两个条件：既要属于必须招标的项目范围，也要符合相应的规模标准。如果不同是符合这两个条件，就不是必须招标的项目。

不是必须招标的项目也可以招标，但是就不受《招标投标法》第24条的"不得少于20日"的限制了，而仅仅满足"投标人编制投标文件所需要的合理时间"就可以了。

所以，如果这个案例中的项目不属于必须招标的项目，招标人的行为就不违法。相反，就是违法的。

(4) 招标文件应当规定一个适当的投标有效期

投标有效期，是招标文件中规定的投标文件有效期，从提交投标文件截止日起计算。在投标有效期内，招标人要完成评标、定标和与中标人签订合同等工作。从法律意义上来说，在投标有效期内，投标人的投标文件对投标人具有法律约束力，投标人不得对其补充、修改、撤回；如果投标人在投标有效期内补充、修改、撤回投标文件，招标人有权没收其投标保证金并要求其赔偿损失。

《工程建设项目施工招标投标办法》第29条规定："招标文件应当规定一个适当的投标有效期，以保证招标人有足够的时间完成评标和与中标人签订合同。投标有效期从投标人提交投标文件截止之日起计算。

在原投标有效期结束前，出现特殊情况的，招标人可以书面形式要求所有投标人延长投标有效期。投标人同意延长的，不得要求或被允许修改其投标文件的实质性内容，但应当相应延长其投标保证金的有效期；投标人拒绝延长的，其投标失效，但投标人有权收回其投标保证金。因延长投标有效期造成投标人损失的，招标人应当给予补偿，但因不可抗力需要延长投标有效期的除外。"

14.2.9　标底

根据我国现行《招标投标法》及有关规定，编制标底并不是强制性的，招标人可以不设标底，进行无标底招标。但是，在我国工程建设领域，标底在招标投标活动中始终得到较为普遍的应用。对于设有标底的招标项目，标底通常是评标的一个关键指标。投标人的投标报价能否接近标底，常常是该投标人能否中标的重要条件。正是由于标底在评标当中的特殊重要作用，一些投标人为了中标不惜采用违法手段探听标底，并由此产生了一系列的违法问题。为了保证招标投标活动公平、公正，《招标投标法》特别规定："招标人设有标底的，标底必须保密。"

为了规范标底的编制，确保标底的科学性、合理性，《工程建设项目施工招标投标办法》进一步规定：招标项目编制标底的，应根据批准的初步设计、投资概算，依据有关计价办法，参照有关工期定额，结合市场供求状况，综合考虑投资、工期和质量等方面的因素合理确定。标底由招标人自行编制或委托中介机构编制，一个工程只能编制一个标底。任何单位和个人不得强制招标人编制或者报审标底，也不得干预其确定标底。招标人设有标底的，标底在评标中应当作为参考，但不得作为评标的唯一依据。

14.3 投标

14.3.1 投标人的资格要求

根据《招标投标法》第 26 条的规定，投标人应当具备承担招标项目的能力；国家有关规定对投标人资格条件或者招标文件对投标人资格条件有规定的，投标人应当具备规定的资格条件。

同时，根据《工程建设项目施工招标投标办法》第 35 条的规定，招标人的任何不具独立法人资格的附属机构（单位），或者为施工招标项目的前期准备或者监理工作提供设计、咨询服务的任何法人及其任何附属机构（单位），都无资格参加该招标项目的投标。

14.3.2 投标文件

1. 投标文件的编制

根据《招标投标法》第 27 条的规定，投标人应当按照招标文件的要求编制投标文件。投标文件应当对招标文件的实质性要求做出响应。招标项目属于建设施工的，投标文件的内容应当包括拟派出的项目负责人与主要技术人员的简历、业绩和拟用于完成招标项目的机械设备等。

根据《工程建设项目施工招标投标办法》的规定，投标文件一般包括下列内容：

（1）投标函；

（2）投标报价；

（3）施工组织设计；

（4）商务和技术偏差表。

投标人根据招标文件载明的项目实际情况，拟在中标后将中标项目的部分非主体、非关键性工作进行分包的，应当在招标文件中载明。

2. 投标保证金

(1) 投标保证金的概念

所谓投标保证金，是为防止投标人不审慎投标而由招标人在招标文件中设定的一种担保形式。招标人通常不希望投标人在投标有效期内随意撤回标书或中标后不能提交履约保证金和签署合同。因此，为了约束投标人的投标行为，保护招标人的利益，维护招标投标活动的正常秩序，招标人通常会要求投标人提供投标保证金。在发生下列情形时，招标人有权没收投标保证金：

1）投标人在投标有效期内撤回其投标文件；

2）中标人未能在规定期限内提交履约保证金或签署合同协议。

(2) 投标保证金的额度和有效期限

《工程建设项目施工招标投标办法》第 37 条规定，招标人可以在招标文件中要求投标人提交投标保证金。投标保证金除现金外，可以是银行出具的银行保函、保兑支票、银行汇票或现金支票。投标保证金一般不得超过投标总价的百分之二，但最高不得超过八十万元人民币。投标保证金有效期应当超出投标有效期三十天。投标人应当按照招标文件要求的方式和金额，将投标保证金随投标文件提交给招标人。投标人不按招标文件要求提交投标保证金的，该投标文件将被拒绝，作废标处理。

[案例 14-3]

A 建筑公司是某施工项目的投标人，其投标时没有提交投标保证金。评标委员会以此为理由确认其所投的标书为废标。你认为这样的确认结果合法吗？

分析：是否合法要根据具体情况。

因为提交投标保证金并不是法律上的强制性规定，招标人可以不要求投标人提交。《招标投标法》中并没有关于提交投标保证金的规定。《工程建设项目施工招标投标办法》第 37 条规定："招标人可以在招标文件中要求投标人提交投标保证金。"也并没有对提交投标保证金作出强制性规定。因此，如果没有这个要求，就不能以投标人没有提交投标保证金为由确认其标书为废标。

3. 投标文件的提交

根据《招标投标法》第 28 条的规定，投标人应当在招标文件要求提交投标文件的截止时间前，将投标文件送达投标地点；在截止时间后送达的投标文件，招标人应当拒收。

招标人收到投标文件后，应当签收保存，不得开启。投标人少于三个的，招标人应当依法重新招标。

4. 投标文件的补充、修改、替代或撤回

根据《招标投标法》第 29 条规定，投标人在招标文件要求投标文件的截止时间前，可以补充、修改或者撤回已提交的投标文件，并书面通知招标人。补充、修改的内容为投标文件的组成部分。

《工程建设项目施工招标投标办法》第 40 条规定，在提交投标文件截止时间后到招标文件规定的投标有效期终止之前，投标人不得补充、修改、替代或者撤回其投标文件。投标人补充、修改、替代投标文件的，招标人不予接受；投标人撤回投标文件的，其投标保证金将被没收。

14.3.3　联合体投标

1. 联合体投标的含义

联合体投标指的是某承包单位为了承揽不适于自己单独承包的工程项目而与其他单位联合，以一个投标人的身份去投标的建设行为。《招标投标法》第 31 条规定，两个以上法人或者其他组织可以组成一个联合体，以一个投标人的身份共同投标。

据此，我们看到联合体投标具有以下特点：

（1）由两个或者两个以上的投标人组成；

（2）招标人与中标后的联合体只签订一个承包合同，而不是与各成员单位签订合同。

2. 联合体各方资质条件

根据《招标投标法》第31条的规定，对联合体各方资质条件要求如下：

（1）联合体各方均应当具备承担招标项目的相应能力；

（2）国家有关规定或者招标文件对投标人资格条件有规定的，联合体各方均应当具备规定的相应资格条件；

（3）由同一专业单位组成的联合体，按照资质等级较低的单位确定资质等级。

3. 联合体共同投标协议及其连带责任

根据《招标投标法》第31条及《工程建设项目施工招标投标办法》的有关规定：

（1）联合体各方应当签订共同投标协议，明确约定各方拟承担的工作和责任，并将共同投标协议连同投标文件一并提交招标人；

（2）联合体各方签订共同投标协议后，不得再以自己名义单独投标，也不得组成新的联合体或参加其他联合体在同一项目投标；

（3）联合体参加资格预审并获通过的，其组成的任何变化都必须在提交投标文件截止之日前征得招标人的同意；

（4）联合体各方必须指定牵头人，授权其代表所有联合体成员负责投标和合同实施阶段的主办、协调工作；

（5）联合体中标的，联合体各方应当共同与招标人签订合同，就中标项目向招标人承担连带责任。

14.3.4　禁止投标人实施不正当竞争行为的规定

根据《招标投标法》第32条、第33条的规定，投标人不得实施以下不正当竞争行为：

1. 投标人相互串通投标报价

《工程建设项目施工招标投标办法》第46条规定，下列行为均属于投标人串通投标报价：

（1）投标人之间相互约定抬高或降低投标报价；

（2）投标人之间相互约定，在招标项目中分别以高、中、低价位报价；

（3）投标人之间先进行内部竞价，内定中标人，然后再参加投标；

（4）投标人之间其他串通投标报价行为。

2. 投标人与招标人串通投标

《工程建设项目施工招标投标办法》第47条规定，下列行为均属于招标人与投标人串通投标：

（1）招标人在开标前开启投标文件，并将投标情况告知其他投标人，或者协助投标人撤换投标文件，更改报价；

（2）招标人向投标人泄露标底；

（3）招标人与投标人商定，投标时压低或抬高标价，中标后再给投标人或招标人额外补偿；

（4）招标人预先内定中标人；

（5）其他串通投标行为。

3. 以向招标人或者评委会成员行贿的手段谋取中标

《招标投标法》第 32 条第 3 款规定："禁止投标人以向招标人或者评标委员会成员行贿的手段谋取中标。"

投标人以行贿的手段谋取中标是严重违背招标投标法基本原则的违法行为，对其他投标人是不公平的。投标人以行贿手段谋取中标的法律后果是中标无效，有关责任人和单位应当承担相应的行政责任或刑事责任，给他人造成损失的，还应当承担民事赔偿责任。

4. 以低于成本的报价竞标

《招标投标法》第 33 条规定，"投标人不得以低于成本的报价竞标"。在这里，所谓"成本"，应指投标人的个别成本，该成本一般应根据投标人的企业定额测定。

《反不正当竞争法》第 11 条规定："经营者不得以排挤竞争对手为目的，以低于成本的价格销售商品。"认为低于成本销售商品属于不正当竞争行为，可以起到排挤竞争对手的效果，这个思想与《招标投标法》的思想是一致的。同时，低于成本竞标也易导致承包单位的偷工减料。《工程建设项目货物招标投标办法》第 44 条规定："最低投标价不得低于成本。"则在《招标投标法》与《反不正当竞争法》中建立起了一个桥梁，进一步确认了低于成本竞标的违法性。

5. 以他人名义投标或以其他方式弄虚作假，骗取中标

《招标投标法》第 33 条规定，"投标人不得以他人名义投标或者以其他方式弄虚作假，骗取中标"。根据《工程建设项目施工招标投标办法》第 48 条规定，以他人名义投标指投标人挂靠其他施工单位，或从其他单位通过转让或租借的方式获取资格或资质证书，或者由其他单位及其法定代表人在自己编制的投标文件上加盖印章或签字等行为。

14.4 评标

14.4.1 开标程序

根据《招标投标法》及相关规定，开标应当遵守如下程序：

开标应当在招标文件确定的提交投标文件截止时间的同一时间公开进行；开标地点应当为招标文件中预先确定的地点。

开标由招标人主持，邀请所有投标人参加。开标时，由投标人或者其推选的代表检查投标文件的密封情况，也可以由招标人委托的公证机构检查并公证；经确认无误后，由工作人员当众拆封，宣读投标人名称、投标价格和投标的其他主要内容。开标过程应当记录，并存档备查。

投标文件有下列情形之一的，招标人不予受理：

（1）逾期送达的或者未送达指定地点的；

（2）未按招标文件要求密封的。

14.4.2　评标委员会

1. 评标委员会的组成

根据《招标投标法》第 37 条的规定，评标由招标人依法组建的评标委员会负责。依法必须进行招标的项目，其评标委员会由招标人的代表和有关技术、经济等方面的专家组成，成员为五人以上单数，其中技术、经济等方面的专家不得少于成员总数的三分之二。评标委员会成员的名单在中标结果确定前应当保密。

2. 评标专家的选取

根据《招标投标法》和《评标委员会和评标方法暂行规定》的有关规定，技术、经济等方面的评标专家由招标人从国务院有关部门或者省、自治区、直辖市人民政府有关部门提供的专家名册或者招标代理机构的专家库的相关专业的专家名单中确定。一般招标项目可以采取随机抽取方式，技术特别复杂、专业性要求特别高或者国家有特殊要求的招标项目，采取随机抽取方式确定的专家难以胜任的，可以由招标人直接确定。

3. 评标专家应当符合的条件

《评标委员会和评标方法暂行规定》第 11 条规定，评标专家应符合下列条件：

（1）从事相关专业领域工作满八年并具有高级职称或者同等专业水平；

（2）熟悉有关招标投标的法律法规，并具有与招标项目相关的实践经验；

（3）能够认真、公正、诚实、廉洁地履行职责。

4. 不得担任评标委员会成员的情形

《招标投标法》第 37 条还规定，与投标人有利害关系的人不得进入相关项目的评标委员会，已经进入的应当更换。《评标委员会和评标方法暂行规定》第 12 条则进一步规定，有下列情形之一的，不得担任评标委员会成员，并应主动提出回避：

（1）投标人或者投标人主要负责人的近亲属；

（2）项目主管部门或者行政监督部门的人员；

（3）与投标人有经济利益关系，可能影响对投标公正评审的；

（4）曾因在招标、评标以及其他与招标投标有关活动中从事违法行为而受过行政处罚或刑事处罚的。

5. 对评标委员会成员的职业道德要求和保密义务

根据《招标投标法》和《评标委员会和评标方法暂行规定》的有关规定，评标委员会成员应当客观、公正地履行职责，遵守职业道德，对所提出的评审意见承担个人责任。

评标委员会成员不得与任何投标人或者与招标结果有利害关系的人进行私下接触，不得收受投标人、中介人、其他利害关系人的财物或者其他好处。

评标委员会成员和与评标活动有关的工作人员不得透露对投标文件的评审和比较、中标候选人的推荐情况以及与评标有关的其他情况。在这里，"与评标活动有关的工作人员"是指评标委员会成员以外的因参与评标监督工作或者事务性工作而知悉有关评标情况的所有人员。

14.4.3 评标

1. 评标的标准和方法

招标人应当采取必要的措施，保证评标在严格保密的情况下进行。任何单位和个人不得非法干预、影响评标的过程和结果。评标委员会应当按照招标文件确定的评标标准和方法，对投标文件进行评审和比较；设有标底的，应当参考标底。

2. 按废标处理的情形

《工程建设项目施工招标投标办法》第 50 条规定，以下的情形将被作为废标处理：

（1）无单位盖章并无法定代表人或法定代表人授权的代理人签字或盖章的；

（2）未按规定的格式填写，内容不全或关键字迹模糊、无法辨认的；

（3）投标人递交两份或多份内容不同的投标文件，或在一份投标文件中对同一招标项目报有两个或多个报价，且未声明哪一个有效，按招标文件规定提交备选投标方案的除外；

（4）投标人名称或组织结构与资格预审时不一致的；

（5）未按招标文件要求提交投标保证金的；

（6）联合体投标未附联合体各方共同投标协议的。

2005 年 3 月 1 日起施行的《工程建设项目货物招标投标办法》在《工程建设项目施工招标投标办法》的基础上进一步补充了应当作为废标的情形：

（1）无法定代表人出具的授权委托书的；

（2）投标人名称或组织结构与资格预审时不一致且未提供有效证明的；

（3）投标有效期不满足招标文件要求的；

评标委员会否决不合格投标或者界定为废标后，因有效投标不足三个使得投标明显缺乏竞争的，根据《招标投标法》第 42 条的规定，"评标委员会可以否决全部投标。依法必须进行招标的项目的所有投标被否决的，招标人应当依法重新招标。"

[案例 14-4]

A 建筑公司所投的投标文件只有单位的盖章而没有法人代表的签字，被评标委员会确定为废标。

评标委员会的理由是：招标文件上明确规定必须要既有单位的盖章也要有法人代表的签字，否则就是废标。

A 建筑公司认为评标委员会的处理是不当的，与《工程建设项目施工招标投标办法》关于废标的规定不符。根据《工程建设项目施工招标投标办法》，只要有单位的盖章就不是废标。你认为评标委员会这样处理是否正确？

分析：评标委员会的处理是正确的。

《工程建设项目施工招标投标办法》第 50 条规定："投标文件有下列情形之一

的，由评标委员会初审后按废标处理：

（1）无单位盖章并无法定代表人或法定代表人授权的代理人签字或盖章的；

……"

通过分析上面这个条款可以得出将其作为废标的条件是：投标文件上既没有单位的盖章，也没有法定代表人或法定代表人授权的代理人签字或盖章。也就是说，签字或盖章的栏目是空白的。由此，也可以从反面得出结论，以下的情形不能被认定为废标：

1. 只有单位的盖章而没有法人代表或法人代表授权的代理人的盖章；

2. 只有单位盖章而没有法人代表或法人代表授权的代理人的签字；

3. 只有法人代表或法人代表授权的代理人的盖章，而没有单位盖章；

4. 只有法人代表或法人代表授权的代理人的签字，而没有单位盖章。

但是，《工程建设项目施工招标投标办法》第 50 条规定：同时也规定："投标文件有下列情形之一的，由评标委员会初审后按废标处理：

（2）未按规定的格式填写，内容不全或关键字迹模糊、无法辨认的；

……"

本案例中的招标文件中如果规定了必须要既有单位的盖章也要有法定代表人的签字或盖章，就属于对投标文件格式的要求，如果投标文件仅有单位的盖章而没有法定代表人的签字或盖章，就是"未按规定的格式填写"，将被作为废标。而如果招标文件中没有这个规定，就不以缺少单位盖章或者法定代表人签字或者盖章将投标文件认定为废标。

3. 投标文件的澄清、说明和补正

《招标投标法》第 39 条规定："评标委员会可以要求投标人对投标文件中含义不明确的内容作必要的澄清或者说明，但是澄清或者说明不得超出投标文件的范围或者改变投标文件的实质性内容。"

对此，《工程建设项目施工招标投标办法》作了进一步补充规定，其第 51 条规定："评标委员会可以书面方式要求投标人对投标文件中含义不明确、对同类问题表述不一致或者有明显文字和计算错误的内容作必要的澄清、说明或补正。评标委员会不得向投标人提出带有暗示性或诱导性的问题，或向其明确投标文件中的遗漏和错误。"

《工程建设项目施工招标投标办法》第 52 条规定："投标文件不响应招标文件的实质性要求和条件的，招标人应当拒绝，并不允许投标人通过修正或撤销其不符合要求的差异或保留，使之成为具有响应性的投标。"

评标委员会在对实质上响应招标文件要求的投标进行报价评估时，除招标文件另有约定外，应当按下述原则进行修正：

（1）用数字表示的数额与用文字表示的数额不一致时，以文字数额为准；

（2）单价与工程量的乘积与总价之间不一致时，以单价为准。若单价有明显的小数点错位，应以总价为准，并修改单价。

调整后的报价经投标人确认后产生约束力。

4. 评标报告和中标候选人

(1) 评标报告

评标委员会完成评标工作后，应当向招标人提出书面评标报告，并抄送有关行政监督部门。

评标报告由评标委员会全体成员签字。对评标结论持有异议的评标委员会成员可以书面方式阐述其不同意见和理由。评标委员会成员拒绝在评标报告上签字且不陈述其不同意见和理由的，视为同意评标结论。评标委员会应当对此作出书面说明并记录在案。

向招标人提交书面评标报告后，评标委员会即告解散。评标过程中使用的文件、表格以及其他资料应当即时归还招标人。

(2) 中标候选人

评标委员会推荐的中标候选人应当限定在一至三人，并表明排列顺序。中标人的投标，应当符合下列条件之一：

1) 能够最大限度地满足招标文件中规定的各项综合评价标准；

2) 能够满足招标文件的实质性要求，并且经评审的投标价格最低；但是投标价格低于成本的除外。

14.5 中标

1. 确定中标人

根据《招标投标法》和《工程建设项目施工招标投标办法》的有关规定，确定中标人应当遵守如下程序：

(1) 评标委员会提出书面评标报告后，招标人一般应当在15日内确定中标人，但最迟应当在投标有效期结束日三十个工作日前确定。

(2) 招标人应当接受评标委员会推荐的中标候选人，不得在评标委员会推荐的中标候选人之外确定中标人。

(3) 依法必须招标的项目，招标人应当确定排名第一的中标候选人为中标人。排名第一的中标候选人放弃中标、因不可抗力提出不能履行合同，或者招标文件规定应当提交履约保证金而在规定的期限内未能提交的，招标人可以确定排名第二的中标候选人为中标人，依此类推。

(4) 招标人可以授权评标委员会直接确定中标人。

2. 中标通知书

根据《招标投标法》及《工程建设项目施工招标投标办法》的有关规定，招标人发出中标通知书应当遵守如下规定：

(1) 中标人确定后，招标人应当向中标人发出中标通知书，并同时将中标结果通知所有未中标的投标人。

(2) 招标人不得以向中标人提出压低报价、增加工作量、缩短工期或其他违背中标人意愿的要求，依此作为发出中标通知书和签订合同的条件。

（3）中标通知书对招标人和投标人具有法律效力。中标通知书发出后，招标人改变中标结果的，或者中标人放弃中标项目的，应当依法承担法律责任。

3. 签订合同

根据《招标投标法》第 46 条第 1 款的有关规定，招标人和中标人应当自中标通知书发出之日起 30 日内，按照招标文件和中标人的投标文件订立书面合同。招标人和中标人不得再行订立背离合同实质性内容的其他协议。

招标文件要求中标人提交履约保证金或者其他形式履约担保的，中标人应当提交；拒绝提交的，视为放弃中标项目。招标人要求中标人提供履约保证金或其他形式履约担保的，招标人应当同时向中标人提供工程款支付担保。招标人不得擅自提高履约保证金，不得强制要求中标人垫付中标项目建设资金。

招标人与中标人签订合同后 5 个工作日内，应当向未中标的投标人退还投标保证金。

4. 招标投标情况书面报告

根据《招标投标法》的有关规定，依法必须进行招标的项目，招标人应当自确定中标人之日起 15 日内，向有关行政监督部门提交招标投标情况书面报告。《工程建设项目施工招标投标办法》规定该书面报告应当至少包括下列内容：

（1）招标范围；

（2）招标方式和发布招标公告的媒介；

（3）招标文件中投标人须知、技术条款、评标标准和方法、合同主要条款等内容；

（4）评标委员会的组成和评标报告；

（5）中标结果。

15.1　劳动合同制度

劳动合同是劳动者与用人单位确立劳动关系、明确双方权利和义务的协议。《劳动法》第16条规定:"建立劳动关系应当订立劳动合同。"

2008年1月1日起施行的《中华人民共和国劳动合同法》在《劳动法》的基础上对劳动合同的订立、履行、终止等作出了更为详尽的规定。

15.1.1　劳动合同的订立

1. 劳动合同订立的时间

(1) 劳动关系的建立

劳动关系是指劳动者与用人单位(包括各类企业、个体工商户、事业单位等)在实现劳动过程中建立的社会经济关系。从广义上讲,生活在城市和农村的任何劳动者与任何性质的用人单位之间因从事劳动而结成的社会关系都属于劳动关系的范畴。从狭义上讲,现实经济生活中的劳动关系是指依照国家劳动法律法规规范的劳动法律关系,即双方当事人是被一定的劳动法律规范所规定和确认的权利和义务联系在一起的,其权利和义务的实现,是由国家强制力来保障的。劳动法律关系的一方(劳动者)必须加入某一个用人单位,成为该单位的一员,并参加单位的生产劳动,遵守单位内部的劳动规则;而另一方(用人单位)则必须按照劳动者的劳动数量或质量给付其报酬,提供工作条件,并不断改进劳动者的物质文化生活。

(2) 劳动合同订立的时间

用人单位自用工之日起即与劳动者建立劳动关系。用人单位应当建立职工名册备查。已建立劳动关系,未同时订立书面劳动合同的,应当自用工之日起一个月内订立书面劳动合同。用人单位与劳动者在用工前订立劳动合同的，劳动关系自用工之日起建立。

劳动合同由用人单位与劳动者协商一致，并经用人单位与劳动者在劳动合同文本上签字或者盖章生效。

劳动合同文本由用人单位和劳动者各执一份。

用人单位招用劳动者时，应当如实告知劳动者工作内容、工作条件、工作地点、职业危害、安全生产状况、劳动报酬，以及劳动者要求了解的其他情况；用人单位有权了解劳动者与劳动合同直接相关的基本情况，劳动者应当如实说明。

用人单位招用劳动者，不得扣押劳动者的居民身份证和其他证件，不得要求劳动者提供担保或者以其他名义向劳动者收取财物。

2. 劳动合同的类型

劳动合同分为固定期限劳动合同、无固定期限劳动合同和以完成一定工作任务为期限的劳动合同。

(1) 固定期限劳动合同

固定期限劳动合同，是指用人单位与劳动者约定合同终止时间的劳动合同。用人单位与劳动者协商一致，可以订立固定期限劳动合同。

(2) 无固定期限劳动合同

无固定期限劳动合同，是指用人单位与劳动者约定无确定终止时间的劳动合同。

用人单位与劳动者协商一致，可以订立无固定期限劳动合同。有下列情形之一，劳动者提出或者同意续订、订立劳动合同的，除劳动者提出订立固定期限劳动合同外，应当订立无固定期限劳动合同：

1) 劳动者在该用人单位连续工作满十年的；

2) 用人单位初次实行劳动合同制度或者国有企业改制重新订立劳动合同时，劳动者在该用人单位连续工作满十年且距法定退休年龄不足十年的；

3) 连续订立二次固定期限劳动合同，且劳动者没有本法第三十九条（即用人单位可以解除劳动合同的条件）和第四十条第一项、第二项规定（即：劳动者患病或者非因工负伤，在规定的医疗期满后不能从事原工作，也不能从事由用人单位另行安排的工作的；劳动者不能胜任工作，经过培训或者调整工作岗位，仍不能胜任工作的）的情形，续订劳动合同的。

用人单位自用工之日起满一年不与劳动者订立书面劳动合同的，视为用人单位与劳动者已订立无固定期限劳动合同。

(3) 以完成一定工作任务为期限的劳动合同

以完成一定工作任务为期限的劳动合同，是指用人单位与劳动者约定以某项工作的完成为合同期限的劳动合同。用人单位与劳动者协商一致，可以订立以完成一定工作任务为期限的劳动合同。

3. 劳动合同的条款

劳动合同应当具备以下条款：

（1）用人单位的名称、住所和法定代表人或者主要负责人；

（2）劳动者的姓名、住址和居民身份证或者其他有效身份证件号码；

（3）劳动合同期限；

（4）工作内容和工作地点；

（5）工作时间和休息休假；

（6）劳动报酬；

（7）社会保险；

（8）劳动保护、劳动条件和职业危害防护；

（9）法律、法规规定应当纳入劳动合同的其他事项。

劳动合同除前款规定的必备条款外，用人单位与劳动者可以约定试用期、培训、保守秘密、补充保险和福利待遇等其他事项。

劳动合同对劳动报酬和劳动条件等标准约定不明确，引发争议的，用人单位与劳动者可以重新协商；协商不成的，适用集体合同规定；没有集体合同或者集体合同未规定劳动报酬的，实行同工同酬；没有集体合同或者集体合同未规定劳动条件等标准的，适用国家有关规定。

4. 试用期

劳动合同期限三个月以上不满一年的，试用期不得超过一个月；劳动合同期限一年以上不满三年的，试用期不得超过二个月；三年以上固定期限和无固定期限的劳动合同，试用期不得超过六个月。

同一用人单位与同一劳动者只能约定一次试用期。

以完成一定工作任务为期限的劳动合同或者劳动合同期限不满三个月的，不得约定试用期。

试用期包含在劳动合同期限内。劳动合同仅约定试用期的，试用期不成立，该期限为劳动合同期限。

劳动者在试用期的工资不得低于本单位相同岗位最低档工资或者劳动合同约定工资的百分之八十，并不得低于用人单位所在地的最低工资标准。

在试用期中，除劳动者有本法第三十九条（即用人单位可以解除劳动合同的条件）和第四十条第一项、第二项（即：劳动者患病或者非因工负伤，在规定的医疗期满后不能从事原工作，也不能从事由用人单位另行安排的工作的；劳动者不能胜任工作，经过培训或者调整工作岗位，仍不能胜任工作的）规定的情形外，用人单位不得解除劳动合同。用人单位在试用期解除劳动合同的，应当向劳动者说明理由。

5. 服务期

用人单位为劳动者提供专项培训费用，对其进行专业技术培训的，可以与该劳动者订立协议，约定服务期。

劳动者违反服务期约定的，应当按照约定向用人单位支付违约金。违约金的数额不得超过用人单位提供的培训费用。用人单位要求劳动者支付的违约金不得超过服务期尚未履行部分所应分摊的培训费用。

用人单位与劳动者约定服务期的，不影响按照正常的工资调整机制提高劳动者在服务期期间的劳动报酬。

6. 保密协议与竞业限制条款

用人单位与劳动者可以在劳动合同中约定保守用人单位的商业秘密和与知识产权相关的保密事项。

对负有保密义务的劳动者，用人单位可以在劳动合同或者保密协议中与劳动者约定竞业限制条款，并约定在解除或者终止劳动合同后，在竞业限制期限内按月给予劳动者经济补偿。劳动者违反竞业限制约定的，应当按照约定向用人单位支付违约金。

竞业限制的人员限于用人单位的高级管理人员、高级技术人员和其他负有保密义务的人员。竞业限制的范围、地域、期限由用人单位与劳动者约定，竞业限制的约定不得违反法律、法规的规定。

在解除或者终止劳动合同后，前款规定的人员到与本单位生产或者经营同类产品、从事同类业务的有竞争关系的其他用人单位，或者自己开业生产或者经营同类产品、从事同类业务的竞业限制期限，不得超过两年。

除本法第二十二条(关于服务期的规定)和第二十三条(关于保密协议与竞业限制条款的规定)规定的情形外，用人单位不得与劳动者约定由劳动者承担违约金。

7. 劳动合同的无效

下列劳动合同无效或者部分无效：

(1) 以欺诈、胁迫的手段或者乘人之危，使对方在违背真实意思的情况下订立或者变更劳动合同的；

(2) 用人单位免除自己的法定责任、排除劳动者权利的；

(3) 违反法律、行政法规强制性规定的。

对劳动合同的无效或者部分无效有争议的，由劳动争议仲裁机构或者人民法院确认。

劳动合同部分无效，不影响其他部分效力的，其他部分仍然有效。

劳动合同被确认无效，劳动者已付出劳动的，用人单位应当向劳动者支付劳动报酬。劳动报酬的数额，参照本单位相同或者相近岗位劳动者的劳动报酬确定。

15.1.2　劳动合同的履行与变更

1. 履行

用人单位与劳动者应当按照劳动合同的约定，全面履行各自的义务。

用人单位应当按照劳动合同约定和国家规定，向劳动者及时足额支付劳动报酬。

用人单位拖欠或者未足额支付劳动报酬的，劳动者可以依法向当地人民法院申请支付令，人民法院应当依法发出支付令。

用人单位应当严格执行劳动定额标准，不得强迫或者变相强迫劳动者加班。用人单位安排加班的，应当按照国家有关规定向劳动者支付加班费。

劳动者拒绝用人单位管理人员违章指挥、强令冒险作业的，不视为违反劳动合同。

　　劳动者对危害生命安全和身体健康的劳动条件，有权对用人单位提出批评、检举和控告。

2. 变更

　　用人单位变更名称、法定代表人、主要负责人或者投资人等事项，不影响劳动合同的履行。

　　用人单位发生合并或者分立等情况，原劳动合同继续有效，劳动合同由承继其权利和义务的用人单位继续履行。

　　用人单位与劳动者协商一致，可以变更劳动合同约定的内容。变更劳动合同，应当采用书面形式。

　　变更后的劳动合同文本由用人单位和劳动者各执一份。

15.1.3　劳动合同的解除和终止

　　用人单位与劳动者协商一致，可以解除劳动合同。用人单位向劳动者提出解除劳动合同并与劳动者协商一致解除劳动合同的，用人单位应当向劳动者给予经济补偿。

　　劳动者提前三十日以书面形式通知用人单位，可以解除劳动合同。劳动者在试用期内提前三日通知用人单位，可以解除劳动合同。

1. 劳动者可以解除劳动合同的情形

　　用人单位有下列情形之一的，劳动者可以解除劳动合同，用人单位应当向劳动者支付经济补偿：

　　(1) 未按照劳动合同约定提供劳动保护或者劳动条件的；

　　(2) 未及时足额支付劳动报酬的；

　　(3) 未依法为劳动者缴纳社会保险费的；

　　(4) 用人单位的规章制度违反法律、法规的规定，损害劳动者权益的；

　　(5) 因本法第二十六条第一款(即：以欺诈、胁迫的手段或者乘人之危，使对方在违背真实意思的情况下订立或者变更劳动合同的)规定的情形致使劳动合同无效的；

　　(6) 法律、行政法规规定劳动者可以解除劳动合同的其他情形。

　　用人单位以暴力、威胁或者非法限制人身自由的手段强迫劳动者劳动的，或者用人单位违章指挥、强令冒险作业危及劳动者人身安全的，劳动者可以立即解除劳动合同，不需事先告知用人单位。

2. 用人单位可以解除劳动合同的情形

　　用人单位单方解除劳动合同，应当事先将理由通知工会。用人单位违反法律、行政法规规定或者劳动合同约定的，工会有权要求用人单位纠正。用人单位应当研究工会的意见，并将处理结果书面通知工会。

(1) 随时解除

　　劳动者有下列情形之一的，用人单位可以解除劳动合同：

1）在试用期间被证明不符合录用条件的；

2）严重违反用人单位的规章制度的；

3）严重失职，营私舞弊，给用人单位造成重大损害的；

4）劳动者同时与其他用人单位建立劳动关系，对完成本单位的工作任务造成严重影响，或者经用人单位提出，拒不改正的；

5）因本法第二十六条第一款第一项（即：以欺诈、胁迫的手段或者乘人之危，使对方在违背真实意思的情况下订立或者变更劳动合同的）规定的情形致使劳动合同无效的；

6）被依法追究刑事责任的。

（2）预告解除

有下列情形之一的，用人单位提前三十日以书面形式通知劳动者本人或者额外支付劳动者一个月工资后，可以解除劳动合同，用人单位应当向劳动者支付经济补偿：

1）劳动者患病或者非因工负伤，在规定的医疗期满后不能从事原工作，也不能从事由用人单位另行安排的工作的；

2）劳动者不能胜任工作，经过培训或者调整工作岗位，仍不能胜任工作的；

3）劳动合同订立时所依据的客观情况发生重大变化，致使劳动合同无法履行，经用人单位与劳动者协商，未能就变更劳动合同内容达成协议的。

（3）经济性裁员

有下列情形之一，需要裁减人员二十人以上或者裁减不足二十人但占企业职工总数百分之十以上的，用人单位提前三十日向工会或者全体职工说明情况，听取工会或者职工的意见后，裁减人员方案经向劳动行政部门报告，可以裁减人员，用人单位应当向劳动者支付经济补偿：

1）依照企业破产法规定进行重整的；

2）生产经营发生严重困难的；

3）企业转产、重大技术革新或者经营方式调整，经变更劳动合同后，仍需裁减人员的；

4）其他因劳动合同订立时所依据的客观经济情况发生重大变化，致使劳动合同无法履行的。

裁减人员时，应当优先留用下列人员：

1）与本单位订立较长期限的固定期限劳动合同的；

2）与本单位订立无固定期限劳动合同的；

3）家庭无其他就业人员，有需要扶养的老人或者未成年人的。

用人单位依照本条第一款规定裁减人员，在六个月内重新招用人员的，应当通知被裁减的人员，并在同等条件下优先招用被裁减的人员。

（4）用人单位不得解除劳动合同的情形

劳动者有下列情形之一的，用人单位不得依照本法第四十条、第四十一条的规定解除劳动合同：

1）从事接触职业病危害作业的劳动者未进行离岗前职业健康检查，或者疑似职业病病人在诊断或者医学观察期间的；

2）在本单位患职业病或者因工负伤并被确认丧失或者部分丧失劳动能力的；

3）患病或者非因工负伤，在规定的医疗期内的；

4）女职工在孕期、产期、哺乳期的；

5）在本单位连续工作满十五年，且距法定退休年龄不足五年的；

6）法律、行政法规规定的其他情形。

3. 劳动合同终止

有下列情形之一的，劳动合同终止：

（1）劳动合同期满的。除用人单位维持或者提高劳动合同约定条件续订劳动合同，劳动者不同意续订的情形外，依照本项规定终止固定期限劳动合同的，用人单位应当向劳动者支付经济补偿。

（2）劳动者开始依法享受基本养老保险待遇的。

（3）劳动者死亡，或者被人民法院宣告死亡或者宣告失踪的。

（4）用人单位被依法宣告破产的；依照本项规定终止劳动合同的，用人单位应当向劳动者支付经济补偿。

（5）用人单位被吊销营业执照、责令关闭、撤销或者用人单位决定提前解散的；依照本项规定终止劳动合同的，用人单位应当向劳动者支付经济补偿。

（6）法律、行政法规规定的其他情形。

劳动合同期满，有本法第四十二条（即用人单位不得解除劳动合同的规定）规定情形之一的，劳动合同应当续延至相应的情形消失时终止。但是，本法第四十二条第二项规定丧失或者部分丧失劳动能力劳动者的劳动合同的终止，按照国家有关工伤保险的规定执行。

4. 经济补偿额的计算

经济补偿按劳动者在本单位工作的年限，每满一年支付一个月工资的标准向劳动者支付。六个月以上不满一年的，按一年计算；不满六个月的，向劳动者支付半个月工资的经济补偿。

劳动者月工资高于用人单位所在直辖市、设区的市级人民政府公布的本地区上年度职工月平均工资三倍的，向其支付经济补偿的标准按职工月平均工资三倍的数额支付，向其支付经济补偿的年限最高不超过十二年。

本条所称月工资是指劳动者在劳动合同解除或者终止前十二个月的平均工资。

5. 违约与赔偿

用人单位违反本法规定解除或者终止劳动合同，劳动者要求继续履行劳动合同的，用人单位应当继续履行；劳动者不要求继续履行劳动合同或者劳动合同已经不能继续履行的，用人单位应当依照本法第八十七条〔用人单位违反本法规定解除或者终止劳动合同的，应当依照本法第四十七条，（即经济补偿额的计算）规定的经济补偿标准的两倍向劳动者支付赔偿金〕规定支付赔偿金。

15.2 劳动保护的规定

15.2.1 劳动安全卫生

劳动安全卫生，又称劳动保护，是指直接保护劳动者在劳动中的安全和健康的法律保障。根据《劳动法》的有关规定，用人单位和劳动者应当遵守如下有关劳动安全卫生的法律规定：

（1）用人单位必须建立、健全劳动安全卫生制度，严格执行国家劳动安全卫生规程和标准，对劳动者进行劳动安全卫生教育，防止劳动过程中的事故，减少职业危害。

（2）劳动安全卫生设施必须符合国家规定的标准。新建、改建、扩建工程的劳动安全卫生设施必须与主体工程同时设计、同时施工、同时投入生产和使用。

（3）用人单位必须为劳动者提供符合国家规定的劳动安全卫生条件和必要的劳动防护用品，对从事有职业危害作业的劳动者应当定期进行健康检查。

（4）从事特种作业的劳动者必须经过专门培训并取得特种作业资格。

（5）劳动者在劳动过程中必须严格遵守安全操作规程。劳动者对用人单位管理人员违章指挥、强令冒险作业，有权拒绝执行；对危害生命安全和身体健康的行为，有权提出批评、检举和控告。

15.2.2 女职工和未成年工特殊保护

1. 女职工的特殊保护

根据我国《劳动法》的有关规定，对女职工的特殊保护规定主要包括：

（1）禁止安排女职工从事矿山井下、国家规定的第四级体力劳动强度的劳动和其他禁忌从事的劳动。

（2）不得安排女职工在经期从事高处、低温、冷水作业和国家规定的第三级体力劳动强度的劳动。

（3）不得安排女职工在怀孕期间从事国家规定的第三级体力劳动强度的劳动和孕期禁忌从事的劳动。对怀孕 7 个月以上的女职工，不得安排其延长工作时间和夜班劳动。

（4）女职工生育享受不少于 90 天的产假。

（5）不得安排女职工在哺乳未满一周岁的婴儿期间从事国家规定的第三级体力劳动强度的劳动和哺乳期禁忌从事的其他劳动，不得安排其延长工作时间和夜班劳动。

2. 未成年工特殊保护

所谓未成年工，是指年满 16 周岁未满 18 周岁的劳动者。根据我国《劳动法》的有关规定，对未成年工的特殊保护规定主要包括：

（1）不得安排未成年工从事矿山井下、有毒有害、国家规定的第四级体力劳动强度的劳动和其他禁忌从事的劳动。

（2）用人单位应当对未成年工定期进行健康检查。

[案例 15-1]

由于实验任务繁重，某路桥公司招聘了两个 15 周岁的男孩帮助施工单位的实验人员做实验。你认为施工单位的行为是否合法？

分析：不合法。

依据《劳动法》，施工单位可以聘用未成年工，未成年工指的是年满 16 周岁未满 18 周岁的劳动者。但是却不可以聘用不足 16 周岁的劳动者，后者我们俗称为"童工"。

15.3　劳动争议的处理

劳动争议，又称劳动纠纷，是指劳动关系当事人之间关于劳动权利和义务的争议。劳动争议普遍存在于工程建设过程中，

我国《劳动法》第 77 条明确规定："用人单位与劳动者发生劳动争议，当事人可以依法申请调解、仲裁、提起诉讼，也可以协商解决。"即我国劳动争议的解决途径有协商、调解、仲裁和诉讼，这一点与普通的民事纠纷的解决途径是相同的。

15.3.1　协商解决劳动争议

协商，是指当事人各方在自愿、互谅的基础上，按照法律、政策的规定，通过摆事实讲道理解决纠纷的一种方法。协商的方法是一种简便易行、最有效、最经济的方法，能及时解决争议，消除分歧，提高办事效率，节省费用，也有利于双方的团结和相互的协作关系。

协商解决纠纷应遵循两个原则：

1. 平等自愿的原则

即在互利、互谅、互让的基础上解决纠纷，任何一方不得以威胁或行政命令等手段强迫对方进行协商，否则，对方有权拒绝。

2. 合法的原则

即协商必须符合国家的法律、法规、规章和政策，也不得损害国家、集体和第三人的合法权益。

15.3.2　通过劳动争议调解委员会进行调解

用人单位设立劳动争议调解委员会，由职工代表、用人单位代表和工会代表三方组成，但用人单位代表的人数不能超过调解委员会成员人数的 1/3。调解委员会主任由工会代表担任。劳动争议调解委员会的主要职责是调解本单位内发生的劳动争议。调解委员会只负责调解用人单位与本单位职工之间的劳动争议，用人单位与其他单位职工，本单位职工与其他单位的争议不属其调解范围。

调解委员会调解劳动争议在查明事实、分清责任的基础上，采用说服教育的方式，促使争议双方在互相理解基础上化解争议的处理方法。调解委员会调解劳动争议应当自当事人申请调解之日起 30 日内结束。到期未结束的，视为调解不成。经调解达成的调解协议也不具有强制执行的效力，靠当事人自觉性和社会舆论保证其履行。

15.3.3　通过劳动争议仲裁委员会进行裁决

1. 劳动争议仲裁的特点

与其他解决方式以及《仲裁法》规定的仲裁相比，劳动争议仲裁有以下基本特点：

（1）从仲裁主体上看，劳动争议仲裁机构由劳动行政主管部门、同级工会、用人单位方面的代表三方组成，是带有司法性质的行政执行机关。它不是一般的民间组织，也区别于司法机构、群众自治性组织和行政机构。

（2）从解决对象看，劳动争议仲裁解决劳动争议，这是与《仲裁法》规定的仲裁方式的重大区别。

（3）从仲裁实行的原则看，劳动争议仲裁实行的是法定管辖，而《仲裁法》规定的是约定管辖。

（4）从与诉讼的关系看，当事人对劳动争议仲裁裁决不服的，可以向法院起诉。《仲裁法》规定的仲裁，则采用或裁或诉的体制。

2. 劳动争议仲裁的原则

劳动争议仲裁原则是指劳动争议仲裁机构在仲裁程序中应遵守的准则，它是劳动争议仲裁的特有原则，反映了劳动争议仲裁的本质要求

（1）一次裁决原则

即劳动争议仲裁实行一个裁级一次裁决制度，一次裁决即为终局裁决。当事人如不服仲裁裁决，只能依法向人民法院起诉，不得向上一级仲裁委员会申请复议或要求重新处理。

（2）合议原则

《条例》第 29 条规定："仲裁庭裁决劳动争议案件，实行少数服从多数的原则。"合议原则是民主集中制在仲裁工作中的体现，其目的是为了保证仲裁裁决的公正性。

（3）强制原则

劳动争议仲裁实行强制原则，主要表现为：当事人申请仲裁无须双方达成一致协议，只要一方申请，仲裁委员会即可受理；在仲裁庭对争议调解不成时，无须得到当事人的同意，可直接行使裁决权；对发生法律效力的仲裁文书，可申请人民法院强制执行。

3. 劳动争议仲裁委员会与仲裁庭

（1）劳动争议仲裁委员会

劳动争议仲裁委员会是依法成立的，通过仲裁方式处理劳动争议的专门机构，

它独立行使劳动争议仲裁权。县、市、市辖区应当设立劳动争议仲裁委员会（以下简称仲裁委员会）。

仲裁委员会由下列人员组成：

1）劳动行政主管部门的代表；

2）工会的代表；

3）政府指定的经济综合管理部门的代表。

仲裁委员会组成人员必须是单数，主任由劳动行政主管部门的负责人担任。

仲裁委员会可以聘任劳动行政主管部门或者政府其他有关部门的人员、工会工作者、专家学者和律师为专职的或者兼职的仲裁员。兼职仲裁员与专职仲裁员在执行仲裁公务时享有同等权利。

县、市、市辖区仲裁委员会负责本行政区域内发生的劳动争议。

设区的市的仲裁委员会和市辖区的仲裁委员会受理劳动争议案件的范围，由省、自治区人民政府规定。

发生劳动争议的企业与职工不在同一个仲裁委员会管辖地区的，由职工当事人工资关系所在地的仲裁委员会处理。

（2）仲裁庭

仲裁庭在仲裁委员会领导下处理劳动争议案件，实行一案一庭制。

仲裁庭由一名首席仲裁员、两名仲裁员组成。简单案件，仲裁委员会可以指定一名仲裁员独任处理。

仲裁庭的首席仲裁员由仲裁委员会负责人或授权其办事机构负责人指定，另两名仲裁员由仲裁委员会授权其办事机构负责人指定或由当事人各选一名，具体办法由省、自治区、直辖市自行确定。

仲裁庭组成不符合规定的，由仲裁委员会予以撤销，重新组成仲裁庭。

（3）仲裁委员会或仲裁庭组成人员的回避

仲裁委员会组成人员或者仲裁员有下列情形之一的，应当回避，当事人有权以口头或者书面方式申请其回避：

1）是劳动争议当事人或者当事人近亲属的；

2）与劳动争议有利害关系的；

3）与劳动争议当事人有其他关系，可能影响公正仲裁的。

4. 劳动争议仲裁的申请与受理

劳动争议发生后，当事人可以向本单位劳动争议调解委员会申请调解；调解不成，当事人一方要求仲裁的，可以向劳动争议仲裁委员会申请仲裁。当事人一方也可以直接向劳动争议仲裁委员会申请仲裁。对仲裁裁决不服的，可以向人民法院提起诉讼。

（1）申请

1993 年 8 月 1 日施行的《中华人民共和国企业劳动争议处理条例》（国务院第117 号令）第 23 规定："当事人应当从知道或者应当知道其权利被侵害之日起六个月内，以书面形式向仲裁委员会申请仲裁。当事人因不可抗力或者有其他正当理由超过前款规定的申请仲裁时效的，仲裁委员会应当受理。"

而 1995 年 1 月 1 日施行的《中华人民共和国劳动法》第八十二条规定："提出仲裁要求的一方应当自劳动争议发生之日起 60 日内向劳动争议仲裁委员会提出书面申请。仲裁裁决一般应在收到仲裁申请的 60 日内作出。对仲裁裁决无异议的，当事人必须履行。"

对于申请仲裁的时间，《中华人民共和国企业劳动争议处理条例》与《中华人民共和国劳动法》有着不同的规定。但是这个不同并不是互相矛盾的，而是相互补充的。因为"知道或应当知道其权利被侵害"并不意味着"劳动发生争议"。

当事人向仲裁委员会申请仲裁，应当提交申诉书，并按照被诉人数提交副本。申诉书应当载明下列事项：

1）职工当事人的姓名、职业、住址和工作单位；企业的名称、地址和法定代表人的姓名、职务；

2）仲裁请求和所根据的事实和理由；

3）证据、证人的姓名和住址。

（2）受理

仲裁委员会应当自收到申诉书之日起七日内作出受理或者不予受理的决定。仲裁委员会决定受理的，应当自作出决定之日起七日内将申诉书的副本送达被诉人，并组成仲裁庭；决定不予受理的，应当说明理由。

被诉人应当自收到申诉书副本之日起十五日内提交答辩书和有关证据。被诉人没有按时提交或者不提交答辩书的，不影响案件的审理。

仲裁委员会有权要求当事人提供或者补充证据。

（3）审理

仲裁庭应当于开庭的四日前，将开庭时间、地点的书面通知送达当事人。当事人接到书面通知，无正当理由拒不到庭或者未经仲裁庭同意中途退庭的，对申诉人按照撤诉处理，对被诉人可以缺席裁决。

仲裁庭处理劳动争议应当先行调解，在查明事实的基础上促使当事人双方自愿达成协议。协议内容不得违反法律、法规。

调解达成协议的，仲裁庭应当根据协议内容制作调解书，调解书自送达之日起具有法律效力。

调解未达成协议或者调解书送达前当事人反悔的，仲裁庭应当及时裁决。

仲裁庭裁决劳动争议案件，实行少数服从多数的原则。不同意见必须如实笔录。

仲裁庭作出裁决后，应当制作裁决书，送达双方当事人。

仲裁庭处理劳动争议，应当自组成仲裁庭之日起六十日内结束。案情复杂需要延期的，经报仲裁委员会批准，可以适当延期，但是延长的期限不得超过三十日。

（4）执行

当事人对仲裁裁决不服的，自收到裁决书之日起十五日内，可以向人民法院起诉；期满不起诉的，裁决书即发生法律效力。

当事人对发生法律效力的调解书和裁决书，应当依照规定的期限履行。一方当事人逾期不履行的，另一方当事人可以申请人民法院强制执行。

15.3.4 通过人民法院处理劳动争议

人民法院受理劳动争议案件的条件：其一是争议案件已经过劳动争议仲裁委员会仲裁；其二是争议案件的当事人在接到仲裁决定书之日起十五日内向法院提起。人民法院处理劳动争议适用《民事诉讼法》规定的程序，由各级人民法院民庭受理，实行两审终审。参见民事诉讼法有关规定。

16.1 房地产开发用地

房地产开发，是指在依据本法取得国有土地使用权的土地上进行基础设施、房屋建设的行为。房地产开发活动原始获得土地使用权的方式主要有两种：土地使用权出让和土地使用权划拨。

16.1.1 土地使用权出让

1. 土地使用权出让的含义

土地使用权出让，是指国家将国有土地使用权（以下简称土地使用权）在一定年限内出让给土地使用者，由土地使用者向国家支付土地使用权出让金的行为。城市规划区内的集体所有的土地，经依法征用转为国有土地后，该幅国有土地的使用权方可有偿出让。

2. 土地使用权出让的条件

土地使用权出让，必须符合土地利用总体规划、城市规划和年度建设用地计划。同时，还需要获得相应主管部门的批准。

县级以上地方人民政府出让土地使用权用于房地产开发的，须根据省级以上人民政府下达的控制指标拟订年度出让土地使用权总面积方案，按照国务院规定，报国务院或者省级人民政府批准。

3. 土地使用权出让的实施部门

土地使用权出让，由市、县人民政府有计划、有步骤地进行。出让的每幅地块、用途、年限和其他条件，由市、县人民政府土地管理部门会同城市规划、建设、房产管理部门共同拟订方案，按照国务院规定，报经有批准权的人民政府批准后，由市、县人民政府土地管理部门实施。

直辖市的县人民政府及其有关部门行使前款规

定的权限，由直辖市人民政府规定。

4. 土地使用权出让方式

土地使用权出让，可以采取拍卖、招标或者双方协议的方式。

商业、旅游、娱乐和豪华住宅用地，有条件的，必须采取拍卖、招标方式；没有条件，不能采取拍卖、招标方式的，可以采取双方协议的方式。

采取双方协议方式出让土地使用权的出让金不得低于按国家规定所确定的最低价。

5. 土地使用权出让合同

土地使用权出让，应当签订书面出让合同。土地使用权出让合同由市、县人民政府土地管理部门与土地使用者签订。

土地合同中将根据具体的情形由双方当事人协商约定合同条款，但是，当事人的权利和义务则是以法律的形式确定的。

(1) 土地使用者支付土地使用权出让金

土地使用者必须按照出让合同约定，支付土地使用权出让金；未按照出让合同约定支付土地使用权出让金的，土地管理部门有权解除合同，并可以请求违约赔偿。

(2) 土地管理部门按照约定提供土地

土地使用者按照出让合同约定支付土地使用权出让金的，市、县人民政府土地管理部门必须按照出让合同约定，提供出让的土地；未按照出让合同约定提供出让的土地的，土地使用者有权解除合同，由土地管理部门返还土地使用权出让金，土地使用者并可以请求违约赔偿。

(3) 土地用途的改变

土地使用者需要改变土地使用权出让合同约定的土地用途的，必须取得出让方和市、县人民政府城市规划行政主管部门的同意，签订土地使用权出让合同变更协议或者重新签订土地使用权出让合同，相应调整土地使用权出让金。

(4) 土地使用权的收回

国家对土地使用者依法取得的土地使用权，在出让合同约定的使用年限届满前不收回；在特殊情况下，根据社会公共利益的需要，可以依照法律程序提前收回，并根据土地使用者使用土地的实际年限和开发土地的实际情况给予相应的补偿。

土地使用权因土地灭失而终止。

(5) 续期使用土地

土地使用权出让合同约定的使用年限届满，土地使用者需要继续使用土地的，应当至迟于届满前一年申请续期，除根据社会公共利益需要收回该幅土地的，应当予以批准。经批准准予续期的，应当重新签订土地使用权出让合同，依照规定支付土地使用权出让金。

土地使用权出让合同约定的使用年限届满，土地使用者未申请续期或者虽申请续期但依照前款规定未获批准的，土地使用权由国家无偿收回。

16.1.2　土地使用权划拨

1. 土地使用权划拨的含义

土地使用权划拨，是指县级以上人民政府依法批准，在土地使用者缴纳补偿、安置等费用后将该幅土地交付其使用，或者将土地使用权无偿交付给土地使用者使用的行为。

以划拨方式取得土地使用权的，除法律、行政法规另有规定外，没有使用期限的限制。

2. 适用于划拨的土地使用权

下列建设用地的土地使用权，确属必需的，可以由县级以上人民政府依法批准划拨：

(1) 国家机关用地和军事用地；

(2) 城市基础设施用地和公益事业用地；

(3) 国家重点扶持的能源、交通、水利等项目用地；

(4) 法律、行政法规规定的其他用地。

16.2　房地产开发

16.2.1　房地产开发的基本要求

1. 房地产开发的原则

房地产开发必须严格执行城市规划，按照经济效益、社会效益、环境效益相统一的原则，实行全面规划、合理布局、综合开发、配套建设。

2. 开发时间的要求

以出让方式取得土地使用权进行房地产开发的，必须按照土地使用权出让合同约定的土地用途、动工开发期限开发土地。超过出让合同约定的动工开发日期满一年未动工开发的，可以征收相当于土地使用权出让金百分之二十以下的土地闲置费；满两年未动工开发的，可以无偿收回土地使用权；但是，因不可抗力或者政府、政府有关部门的行为或者动工开发必需的前期工作迟延造成动工开发迟延的除外。

依法取得的土地使用权，可以依法作价入股，合资、合作开发经营房地产。

3. 开发质量的要求

房地产开发项目的设计、施工，必须符合国家的有关标准和规范。房地产开发项目竣工，经验收合格后，方可交付使用。

16.2.2　房地产开发企业

房地产开发企业是以营利为目的，从事房地产开发和经营的企业。设立房地产开发企业，应当具备下列条件：

(1) 有自己的名称和组织机构；

(2) 有固定的经营场所；

(3) 有符合国务院规定的注册资本；

(4) 有足够的专业技术人员；

(5) 法律、行政法规规定的其他条件。

设立房地产开发企业，应当向工商行政管理部门申请设立登记。工商行政管理部门对符合本法规定条件的，应当予以登记，发给营业执照；对不符合本法规定条件的，不予登记。

设立有限责任公司、股份有限公司，从事房地产开发经营的，还应当执行公司法的有关规定。

房地产开发企业在领取营业执照后的一个月内，应当到登记机关所在地的县级以上地方人民政府规定的部门备案。

房地产开发企业的注册资本与投资总额的比例应当符合国家有关规定。

房地产开发企业分期开发房地产的，分期投资额应当与项目规模相适应，并按照土地使用权出让合同的约定，按期投入资金，用于项目建设。

16.3　房地产交易

16.3.1　房地产交易中的基本制度

1. 权属登记制度

房地产交易包括房地产转让、房地产抵押和房屋租赁。房地产转让、抵押时，房屋的所有权和该房屋占用范围内的土地使用权同时转让、抵押。

房地产转让、抵押，当事人应当依照本法的规定办理权属登记。

2. 房地产价格评估

国家实行房地产价格评估制度。

房地产价格评估，应当遵循公正、公平、公开的原则，按照国家规定的技术标准和评估程序，以基准地价、标定地价和各类房屋的重置价格为基础，参照当地的市场价格进行评估。

基准地价、标定地价和各类房屋的重置价格应当定期确定并公布。具体办法由国务院规定。

3. 房地产价格申报

国家实行房地产成交价格申报制度。

房地产权利人转让房地产，应当向县级以上地方人民政府规定的部门如实申报成交价，不得瞒报或者作不实的申报。

16.3.2　房地产转让

房地产转让，是指房地产权利人通过买卖、赠与或者其他合法方式将其房地产转移给他人的行为。

1. 房地产转让的分类

根据土地使用权取得方式的不同，房地产转让可以分为以出让方式取得土地使用权的房地产转让和以划拨方式取得土地使用权的房地产转让。

房地产转让，应当签订书面转让合同，合同中应当载明土地使用权取得的方式。

(1) 以出让方式取得土地使用权的房地产转让

1) 应符合的条件

以出让方式取得土地使用权的，转让房地产时，应当符合下列条件：

① 按照出让合同约定已经支付全部土地使用权出让金，并取得土地使用权证书；

② 按照出让合同约定进行投资开发，属于房屋建设工程的，完成开发投资总额的百分之二十五以上，属于成片开发土地的，形成工业用地或者其他建设用地条件。

转让房地产时房屋已经建成的，还应当持有房屋所有权证书。

2) 权利义务的转移

房地产转让时，土地使用权出让合同载明的权利、义务随之转移。

以出让方式取得土地使用权的，转让房地产后，其土地使用权的使用年限为原土地使用权出让合同约定的使用年限减去原土地使用者已经使用年限后的剩余年限。

以出让方式取得土地使用权的，转让房地产后，受让人改变原土地使用权出让合同约定的土地用途的，必须取得原出让方和市、县人民政府城市规划行政主管部门的同意，签订土地使用权出让合同变更协议或者重新签订土地使用权出让合同，相应调整土地使用权出让金。

(2) 以划拨方式取得土地使用权的房地产转让

以划拨方式取得土地使用权的，转让房地产时，应当按照国务院规定，报有批准权的人民政府审批。有批准权的人民政府准予转让的，应当由受让方办理土地使用权出让手续，并依照国家有关规定缴纳土地使用权出让金。

以划拨方式取得土地使用权的，转让房地产报批时，有批准权的人民政府按照国务院规定决定可以不办理土地使用权出让手续的，转让方应当按照国务院规定将转让房地产所获收益中的土地收益上缴国家或者作其他处理。

2. 商品房预售

(1) 商品房预售的条件

商品房预售，应当符合下列条件：

1) 已交付全部土地使用权出让金，取得土地使用权证书；

2) 持有建设工程规划许可证；

3) 按提供预售的商品房计算，投入开发建设的资金达到工程建设总投资的百分之二十五以上，并已经确定施工进度和竣工交付日期；

4）向县级以上人民政府房产管理部门办理预售登记，取得商品房预售许可证明。

（2）商品房预售的登记备案

商品房预售人应当按照国家有关规定将预售合同报县级以上人民政府房产管理部门和土地管理部门登记备案。

（3）商品房预售所得款项

商品房预售所得款项，必须用于有关的工程建设。

（4）商品房预购人的再转让

商品房预售的，商品房预购人将购买的未竣工的预售商品房再行转让的问题，由国务院规定。

16.3.3　房地产抵押

1. 房地产抵押的含义

房地产抵押，是指抵押人以其合法的房地产以不转移占有的方式向抵押权人提供债务履行担保的行为。债务人不履行债务时，抵押权人有权依法以抵押的房地产拍卖所得的价款优先受偿。

房地产抵押，抵押人和抵押权人应当签订书面抵押合同。凭土地使用权证书、房屋所有权证书办理。

2. 房地产抵押中的抵押物

依法取得的房屋所有权连同该房屋占用范围内的土地使用权，可以设定抵押权。以出让方式取得的土地使用权，可以设定抵押权。

房地产抵押合同签订后，土地上新增的房屋不属于抵押财产。需要拍卖该抵押的房地产时，可以依法将土地上新增的房屋与抵押财产一同拍卖，但对拍卖新增房屋所得，抵押权人无权优先受偿。

3. 补缴土地使用权出让金

设定房地产抵押权的土地使用权是以划拨方式取得的，依法拍卖该房地产后，应当从拍卖所得的价款中缴纳相当于应缴纳的土地使用权出让金的款额后，抵押权人方可优先受偿。

16.3.4　房屋租赁

房屋租赁，是指房屋所有权人作为出租人将其房屋出租给承租人使用，由承租人向出租人支付租金的行为。

房屋租赁，出租人和承租人应当签订书面租赁合同，约定租赁期限、租赁用途、租赁价格、修缮责任等条款，以及双方的其他权利和义务，并向房产管理部门登记备案。

住宅用房的租赁，应当执行国家和房屋所在城市人民政府规定的租赁政策。租用房屋从事生产、经营活动的，由租赁双方协商议定租金和其他租赁条款。

以营利为目的，房屋所有权人将以划拨方式取得使用权的国有土地上建成的房屋出租的，应当将租金中所含土地收益上缴国家。具体办法由国务院规定。

16.3.5 中介服务机构

房地产中介服务机构包括房地产咨询机构、房地产价格评估机构、房地产经纪机构等。房地产中介服务机构应当具备下列条件：

(1) 有自己的名称和组织机构；

(2) 有固定的服务场所；

(3) 有必要的财产和经费；

(4) 有足够数量的专业人员；

(5) 法律、行政法规规定的其他条件。

设立房地产中介服务机构，应当向工商行政管理部门申请设立登记，领取营业执照后，方可开业。

国家实行房地产价格评估人员资格认证制度。

16.4 房地产权属登记

国家实行土地使用权和房屋所有权登记发证制度。

经省、自治区、直辖市人民政府确定，县级以上地方人民政府由一个部门统一负责房产管理和土地管理工作的，可以制作、颁发统一的房地产权证书，将房屋的所有权和该房屋占用范围内的土地使用权的确认和变更，分别载入房地产权证书。

16.4.1 土地使用权与房屋所有权登记

1. 土地使用权登记

以出让或者划拨方式取得土地使用权，应当向县级以上地方人民政府土地管理部门申请登记，经县级以上地方人民政府土地管理部门核实，由同级人民政府颁发土地使用权证书。

2. 房屋所有权登记

在依法取得的房地产开发用地上建成房屋的，应当凭土地使用权证书向县级以上地方人民政府房产管理部门申请登记，由县级以上地方人民政府房产管理部门核实并颁发房屋所有权证书。

3. 土地使用权与房屋所有权变更登记

房地产转让或者变更时，应当向县级以上地方人民政府房产管理部门申请房产变更登记，并凭变更后的房屋所有权证书向同级人民政府土地管理部门申请土地使用权变更登记，经同级人民政府土地管理部门核实，由同级人民政府更换或者更改土地使用权证书。

法律另有规定的，依照有关法律的规定办理。

16.4.2　房地产抵押登记

　　房地产抵押时，应当向县级以上地方人民政府规定的部门办理抵押登记。

　　因处分抵押房地产而取得土地使用权和房屋所有权的，应当依照本章规定办理过户登记。

第17章 安全生产法

《中华人民共和国安全生产法》（以下简称《安全生产法》）由中华人民共和国第九届全国人民代表大会常务委员会第二十八次会议于2002年6月29日通过，自2002年11月1日起施行。

《安全生产法》的立法目的在于为了加强安全生产监督管理，防止和减少生产安全事故，保障人民群众生命和财产安全，促进经济发展。《安全生产法》包括七章，共九十九条。对生产经营单位的安全生产保障、从业人员的权利和义务、安全生产的监督管理、生产安全事故的应急救援与调查处理四个主要方面作出了规定。

在中华人民共和国领域内从事生产经营活动的单位的安全生产，适用本法。有关法律、行政法规对消防安全和道路交通安全、铁路交通安全、水上交通安全、民用航空安全另有规定的除外。

17.1 生产经营单位的安全生产保障

17.1.1 组织保障措施

1. 建立安全生产保障体系

《安全生产法》第4条规定："生产经营单位必须遵守本法和其他有关安全生产的法律、法规，加强安全生产管理，建立、健全安全生产责任制度，完善安全生产条件，确保安全生产。"

该条规定明确了生产经营单位必须要建立安全生产保障体系。

《安全生产法》第19条在建立安全生产保障体系上进一步作出了规定："矿山、建筑施工单位和危险物品的生产、经营、储存单位，应当设置安全生产管理机构或者配备专职安全生产管理人员。

前款规定以外的其他生产经营单位，从业人员超过三百人的，应当设置安全生产管理机构或者配备专职安全生产管理人员；从业人员在三百人以下的，应当配备专职或者兼职的安全生产管理人员，或者委托具有国家规定的相关专业技术资格的工程技术人员提供安全生产管理服务。"

2. 明确岗位责任

(1) 生产经营单位的主要负责人的职责

生产经营单位的主要负责人对本单位安全生产工作负有下列职责：

1）建立、健全本单位安全生产责任制；

2）组织制定本单位安全生产规章制度和操作规程；

3）保证本单位安全生产投入的有效实施；

4）督促、检查本单位的安全生产工作，及时消除生产安全事故隐患；

5）组织制定并实施本单位的生产安全事故应急救援预案；

6）及时、如实报告生产安全事故。

同时：《安全生产法》第42条规定："生产经营单位发生重大生产安全事故时，单位的主要负责人应当立即组织抢救，并不得在事故调查处理期间擅离职守。"

(2) 生产经营单位的安全生产管理人员的职责：

生产经营单位的安全生产管理人员应当根据本单位的生产经营特点，对安全生产状况进行经常性检查；对检查中发现的安全问题，应当立即处理；不能处理的，应当及时报告本单位有关负责人。检查及处理情况应当记录在案。

(3) 对安全设施、设备的质量负责的岗位

1）对安全设施的设计质量负责的岗位

建设项目安全设施的设计人、设计单位应当对安全设施设计负责。

矿山建设项目和用于生产、储存危险物品的建设项目的安全设施设计应当按照国家有关规定报经有关部门审查，审查部门及其负责审查的人员对审查结果负责。

2）对安全设施的施工负责的岗位

矿山建设项目和用于生产、储存危险物品的建设项目的施工单位必须按照批准的安全设施设计施工，并对安全设施的工程质量负责。

3）对安全设施的竣工验收负责的岗位

矿山建设项目和用于生产、储存危险物品的建设项目竣工投入生产或者使用前，必须依照有关法律、行政法规的规定对安全设施进行验收；验收合格后，方可投入生产和使用。验收部门及其验收人员对验收结果负责。

4）对安全设备质量负责的岗位

生产经营单位使用的涉及生命安全、危险性较大的特种设备，以及危险物品的容器、运输工具，必须按照国家有关规定，由专业生产单位生产，并经取得专业资质的检测、检验机构检测、检验合格，取得安全使用证或者安全标志，方可投入使用。检测、检验机构对检测、检验结果负责。

涉及生命安全、危险性较大的特种设备的目录由国务院负责特种设备安全监督管理的部门制定，报国务院批准后执行。

17.1.2　管理保障措施

1. 人力资源管理

(1) 对主要负责人和安全生产管理人员的管理

生产经营单位的主要负责人和安全生产管理人员必须具备与本单位所从事的生产经营活动相应的安全生产知识和管理能力。

危险物品的生产、经营、储存单位以及矿山、建筑施工单位的主要负责人和安全生产管理人员，应当由有关主管部门对其安全生产知识和管理能力考核合格后方可任职。考核不得收费。

(2) 对一般从业人员的管理

生产经营单位应当对从业人员进行安全生产教育和培训，保证从业人员具备必要的安全生产知识，熟悉有关的安全生产规章制度和安全操作规程，掌握本岗位的安全操作技能。未经安全生产教育和培训合格的从业人员，不得上岗作业。

(3) 对特种作业人员的管理

生产经营单位的特种作业人员必须按照国家有关规定经专门的安全作业培训，取得特种作业操作资格证书，方可上岗作业。

2. 物力资源管理

(1) 设备的日常管理

生产经营单位应当在有较大危险因素的生产经营场所和有关设施、设备上，设置明显的安全警示标志。

安全设备的设计、制造、安装、使用、检测、维修、改造和报废，应当符合国家标准或者行业标准。

生产经营单位必须对安全设备进行经常性维护、保养，并定期检测，保证正常运转。维护、保养、检测应当作好记录，并由有关人员签字。

(2) 设备的淘汰制度

国家对严重危及生产安全的工艺、设备实行淘汰制度。生产经营单位不得使用国家明令淘汰、禁止使用的危及生产安全的工艺、设备。

(3) 生产经营项目、场所、设备的转让管理

生产经营单位不得将生产经营项目、场所、设备发包或者出租给不具备安全生产条件或者相应资质的单位或者个人。

(4) 生产经营项目、场所的协调管理

生产经营项目、场所有多个承包单位、承租单位的，生产经营单位应当与承包单位、承租单位签订专门的安全生产管理协议，或者在承包合同、租赁合同中约定各自的安全生产管理职责；生产经营单位对承包单位、承租单位的安全生产工作统一协调、管理。

17.1.3　经济保障措施

1. 保证安全生产所必需的资金

生产经营单位应当具备的安全生产条件所必需的资金投入，由生产经营单位的决策机构、主要负责人或者个人经营的投资人予以保证，并对由于安全生产所必需的资金投入不足导致的后果承担责任。

2. 保证安全设施所需要的资金

生产经营单位新建、改建、扩建工程项目（以下统称建设项目）的安全设施，必须与主体工程同时设计、同时施工、同时投入生产和使用。安全设施投资应当纳入建设项目概算。

3. 保证劳动防护用品、安全生产培训所需要的资金

生产经营单位必须为从业人员提供符合国家标准或者行业标准的劳动防护用品，并监督、教育从业人员按照使用规则佩戴、使用。

生产经营单位应当安排用于配备劳动防护用品、进行安全生产培训的经费。

4. 保证工伤社会保险所需要的资金

生产经营单位必须依法参加工伤社会保险，为从业人员缴纳保险费。

17.1.4 技术保障措施

1. 对新工艺、新技术、新材料或者使用新设备的管理

生产经营单位采用新工艺、新技术、新材料或者使用新设备，必须了解、掌握其安全技术特性，采取有效的安全防护措施，并对从业人员进行专门的安全生产教育和培训。

2. 对安全条件论证和安全评价的管理

矿山建设项目和用于生产、储存危险物品的建设项目，应当分别按照国家有关规定进行安全条件论证和安全评价。

3. 对废弃危险物品的管理

生产、经营、运输、储存、使用危险物品或者处置废弃危险物品的，由有关主管部门依照有关法律、法规的规定和国家标准或者行业标准审批并实施监督管理。

生产经营单位生产、经营、运输、储存、使用危险物品或者处置废弃危险物品，必须执行有关法律、法规和国家标准或者行业标准，建立专门的安全管理制度，采取可靠的安全措施，接受有关主管部门依法实施的监督管理。

4. 对重大危险源的管理

生产经营单位对重大危险源应当登记建档，进行定期检测、评估、监控，并制订应急预案，告知从业人员和相关人员在紧急情况下应当采取的应急措施。

生产经营单位应当按照国家有关规定将本单位重大危险源及有关安全措施、应急措施报有关地方人民政府负责安全生产监督管理的部门和有关部门备案。

5. 对员工宿舍的管理

生产、经营、储存、使用危险物品的车间、商店、仓库不得与员工宿舍在同一座建筑物内，并应当与员工宿舍保持安全距离。

生产经营场所和员工宿舍应当设有符合紧急疏散要求、标志明显、保持畅通的出口。禁止封闭、堵塞生产经营场所或者员工宿舍的出口。

6. 对危险作业的管理

生产经营单位进行爆破、吊装等危险作业，应当安排专门人员进行现场安全管理，确保操作规程的遵守和安全措施的落实。

7. 对安全生产操作规程的管理

生产经营单位应当教育和督促从业人员严格执行本单位的安全生产规章制度和安全操作规程；并向从业人员如实告知作业场所和工作岗位存在的危险因素、防范措施以及事故应急措施。

8. 对施工现场的管理

两个以上生产经营单位在同一作业区域内进行生产经营活动，可能危及对方生产安全的，应当签订安全生产管理协议，明确各自的安全生产管理职责和应当采取的安全措施，并指定专职安全生产管理人员进行安全检查与协调。

[案例17-1]

张某是某路桥公司新聘用的试验人员。2006年7月8日，张某检测土壤含水量的时候，不小心将所使用的一瓶酒精碰翻，地上的酒精与土样中燃烧的酒精很快相连并燃烧起来。这次火灾将实验室的部分设备烧毁，张某本人也在救火的过程中被轻度烧伤。事后，路桥公司要求张某为此事故负全部责任。张某以路桥公司没有告知作业场所和工作岗位存在的危险为由，要求路桥公司承担部分责任。但是路桥公司认为张某在进入新岗位之前并没有询问现场是否存在危险因素，已经放弃了知情权，自己就不需要为没有告知作业场所和工作岗位存在的危险因素而承担责任了。你认为路桥公司的观点正确吗？

分析：路桥公司的观点是错误的。

询问现场是否存在安全隐患是从业人员的权利，这个权利可以放弃。但是告知作业场所和工作岗位存在的危险因素也同样是施工单位的义务，这个义务并不以从业人员是否已经询问为前提。即使没有询问，施工单位也必须要告知存在的危险因素。本案例中，施工单位没有尽到告知的义务，需要对此事故承担部分责任。

17.2 从业人员安全生产的权利和义务

生产经营单位的从业人员，是指该单位从事生产经营活动各项工作的所有人员，包括管理人员、技术人员和各岗位的工人，也包括生产经营单位临时聘用的人员。《安全生产法》第6条规定："生产经营单位的从业人员有依法获得安全生产保障的权利，并应当依法履行安全生产方面的义务。"

17.2.1 安全生产中从业人员的权利

1. 知情权

《安全生产法》第45条规定："生产经营单位的从业人员有权了解其作业场所和工作岗位存在的危险因素、防范措施及事故应急措施，有权对本单位的安全生产工作提出建议。"

2. 批评权和检举、控告权

《安全生产法》第46条规定："从业人员有权对本单位安全生产工作中存在的问题提出批评、检举、控告"

3. 拒绝权

《安全生产法》第46条同时规定："从业人员有权拒绝违章指挥和强令冒险作业。生产经营单位不得因从业人员对本单位安全生产工作提出批评、检举、控告或者拒绝违章指挥、强令冒险作业而降低其工资、福利等待遇或者解除与其订立的劳动合同。"

4. 紧急避险权

《安全生产法》第47条规定："从业人员发现直接危及人身安全的紧急情况时，有权停止作业或者在采取可能的应急措施后撤离作业场所。生产经营单位不得因从业人员在前款紧急情况下停止作业或者采取紧急撤离措施而降低其工资、福利等待遇或者解除与其订立的劳动合同。"

5. 请求赔偿权

《安全生产法》第48条规定："因生产安全事故受到损害的从业人员，除依法享有工伤社会保险外，依照有关民事法律尚有获得赔偿的权利的，有权向本单位提出赔偿要求。"

依法为从业人员缴纳工伤社会保险费和给予民事赔偿，是生产经营单位的法定义务。《安全生产法》第43条、第44条分别规定，生产经营单位必须依法参加工伤社会保险，为从业人员缴纳保险费；生产经营单位与从业人员订立的劳动合同，应当载明依法为从业人员办理工伤社会保险的事项。

发生生产安全事故后，受到损害的从业人员首先按照劳动合同和工伤社会保险合同的约定，享有请求相应赔偿的权利。如果工伤保险赔偿金不足以补偿受害人的损失，受害人还可以依照有关民事法律的规定，向其所在的生产经营单位提出赔偿要求。为了切实保护从业人员的该项权利，《安全生产法》第44条第2款还规定："生产经营单位不得以任何形式与从业人员订立协议，免除或者减轻其对从业人员因生产安全事故伤亡依法应承担的责任。"

6. 获得劳动防护用品的权利

《安全生产法》第37条规定："生产经营单位必须为从业人员提供符合国家标准或者行业标准的劳动防护用品，并监督、教育从业人员按照使用规则佩戴、使用。"

7. 获得安全生产教育和培训的权利

《安全生产法》第21条规定："生产经营单位应当对从业人员进行安全生产教育和培训，保证从业人员具备必要的安全生产知识，熟悉有关的安全生产规章制度和安全操作规程，掌握本岗位的安全操作技能。"

[案例 17-2]

农民工张某是项目经理部新聘用的员工，其职责是负责运输拌制水泥混凝土的材料。一天，项目经理要求张某将一些不合格的石料掺进合格的石料之中，张某拒绝这个要求。项目经理以张某没有按照劳务合同履行义务为由要求张某承担违约责任。你认为项目经理的理由成立吗？

分析：项目经理的理由不成立。

拒绝权是法律赋予公民的权利，如果合同约定了张山不享有拒绝权，则合同将由于违法而无效。因此张某的拒绝不属于违约，也不需要承担违约责任。

17.2.2 安全生产中从业人员的义务

1. 遵守安全生产规章制度的义务

《安全生产法》第49条规定："从业人员在作业过程中，应当遵守本单位的安全生产规章制度和操作规程，服从管理，正确佩戴和使用劳动防护用品。"

2. 接受安全生产教育培训的义务

《安全生产法》第50条规定："从业人员应当接受安全生产教育和培训，掌握本职工作所需的安全生产知识，提高安全生产技能，增强事故预防和应急处理能力。"

3. 危险报告义务

《安全生产法》第51条规定："从业人员发现事故隐患或者其他不安全因素，应当立即向现场安全生产管理人员或者本单位负责人报告；接到报告的人员应当及时予以处理。"

[案例 17-3]

2006年7月6日，某施工现场为了浇筑钻孔桩而钻了10处深20m，直径约1.5m的孔。为了避免有人掉入孔中，在孔旁设立了明显的警示标志。但是，当晚这些警示标志被当地居民盗走。工人王某看到孔旁没有了警示标志，感到缺少了警示标志后容易出现安全事故，于是通告了自己宿舍的工友，提醒他们路过这些孔时要小心一些。

次日晚，有农民工落入孔中，造成重伤。你认为王某对此是否应承担一定责任？

分析：王某应为此承担一定的责任。

根据《安全生产法》第51条，从业人员发现事故隐患或者其他不安全因素，应当立即向现场安全生产管理人员或者本单位负责人报告。而不仅仅是通告本宿舍的工友。危险报告义务是从业人员必须要遵守的，而王某并没有履行这个法定义务，与农民工掉入孔中有间接关系，应为此承担一定的法律责任。

17.3 生产安全事故的应急救援与调查处理

17.3.1 生产安全事故的应急救援

1. 生产安全事故的分类

2007年6月1日起施行的《生产安全事故报告和调查处理条例》对生产安全事故作出了明确的分类。

根据生产安全事故（以下简称事故）造成的人员伤亡或者直接经济损失，事故一般分为以下等级：

（1）特别重大事故，是指造成30人以上死亡，或者100人以上重伤（包括急性工业中毒，下同），或者1亿元以上直接经济损失的事故；

（2）重大事故，是指造成10人以上30人以下死亡，或者50人以上100人以下重伤，或者5000万元以上1亿元以下直接经济损失的事故；

（3）较大事故，是指造成3人以上10人以下死亡，或者10人以上50人以下重伤，或者1000万元以上5000万元以下直接经济损失的事故；

（4）一般事故，是指造成3人以下死亡，或者10人以下重伤，或者1000万元以下直接经济损失的事故。

国务院安全生产监督管理部门可以会同国务院有关部门，制定事故等级划分的补充性规定。

这里所称的"以上"包括本数，所称的"以下"不包括本数。

2. 应急救援体系的建立

《安全生产法》第68条规定："县级以上地方各级人民政府应当组织有关部门制定本行政区域内特大生产安全事故应急救援预案，建立应急救援体系。"

根据《安全生产法》第69条的规定，建筑施工单位应当建立应急救援组织；生产经营规模较小，可以不建立应急救援组织的，应当指定兼职的应急救援人员。危险物品的生产、经营、储存单位以及矿山、建筑施工单位应当配备必要的应急救援器材、设备，并进行经常性维护、保养，保证正常运转。

17.3.2 生产安全事故报告

1.《安全生产法》关于生产安全事故报告的规定

根据《安全生产法》第70～72条的规定，生产安全事故的报告应当遵守以下规定：

（1）生产经营单位发生生产安全事故后，事故现场有关人员应当立即报告本单位负责人。

（2）单位负责人接到事故报告后，应当迅速采取有效措施，组织抢救，防止事故扩大，减少人员伤亡和财产损失，并按照国家有关规定立即如实报告当地负有安全生产监督管理职责的部门，不得隐瞒不报、谎报或者拖延不报，不得故意破坏事故现场、毁灭有关证据。对于实行施工总承包的建设工程，根据《建设工程安全生产管理条例》第50条的规定，由总承包单位负责上报事故。

（3）负有安全生产监督管理职责的部门接到事故报告后，应当立即按照国家有关规定上报事故情况。负有安全生产监督管理职责的部门和有关地方人民政府对事故情况不得隐瞒不报、谎报或者拖延不报。

（4）有关地方人民政府和负有安全生产监督管理职责部门的负责人接到重大生产安全事故报告后，应当立即赶到事故现场，组织事故抢救。

［案例 17-4］

某施工现场发生了安全生产事故，堆放石料的料堆坍塌，将一些正在工作的工人掩埋，最终导致了三名工人死亡。工人张某在现场目睹了整个事故的全过程，于是立即向本单位负责人报告。由于张某看到的是掩埋了五名工人，他就推测这五名工人均已经死亡。于是向本单位负责人报告说五名工人遇难。此数字与实际数字不符，你认为该工人是否违法？

分析：不违法。

依据《安全生产法》，事故现场有关人员应当立即报告本单位负责人，但并不要求如实报告。因为在进行报告的时候，报告人未必能准确知道伤亡人数。所以，即使报告数据与实际数据不符，也并不违法。

但是，如果报告人不及时报告，就会涉嫌违法。因为可能由于其报告得不及时而使得救援迟缓，伤亡扩大。

2.《生产安全事故报告和调查处理条例》关于生产安全事故报告的规定

《生产安全事故报告和调查处理条例》在《安全生产法》的基础上作出了进一步的详细规定。

（1）事故单位的报告

事故发生后，事故现场有关人员应当立即向本单位负责人报告；单位负责人接到报告后，应当于1小时内向事故发生地县级以上人民政府安全生产监督管理部门和负有安全生产监督管理职责的有关部门报告。

情况紧急时，事故现场有关人员可以直接向事故发生地县级以上人民政府安全生产监督管理部门和负有安全生产监督管理职责的有关部门报告。

（2）监管部门的报告

1）生产安全事故的逐级报告

安全生产监督管理部门和负有安全生产监督管理职责的有关部门接到事故报告后，应当依照下列规定上报事故情况，并通知公安机关、劳动保障行政部门、工会和人民检察院：

① 特别重大事故、重大事故逐级上报至国务院安全生产监督管理部门和负有安全生产监督管理职责的有关部门；

② 较大事故逐级上报至省、自治区、直辖市人民政府安全生产监督管理部门和负有安全生产监督管理职责的有关部门；

③ 一般事故上报至设区的市级人民政府安全生产监督管理部门和负有安全生产监督管理职责的有关部门。

安全生产监督管理部门和负有安全生产监督管理职责的有关部门依照前款规定上报事故情况，应当同时报告本级人民政府。国务院安全生产监督管理部门和负有安全生产监督管理职责的有关部门以及省级人民政府接到发生特别重大事故、重大事故的报告后，应当立即报告国务院。

必要时，安全生产监督管理部门和负有安全生产监督管理职责的有关部门可以越级上报事故情况。

2）生产安全事故报告的时间要求

安全生产监督管理部门和负有安全生产监督管理职责的有关部门逐级上报事故情况，每级上报的时间不得超过两小时。

(3) 报告的内容

报告事故应当包括下列内容：

1）事故发生单位概况；

2）事故发生的时间、地点以及事故现场情况；

3）事故的简要经过；

4）事故已经造成或者可能造成的伤亡人数（包括下落不明的人数）和初步估计的直接经济损失；

5）已经采取的措施；

6）其他应当报告的情况。

事故报告后出现新情况的，应当及时补报。自事故发生之日起 30 日内，事故造成的伤亡人数发生变化的，应当及时补报。道路交通事故、火灾事故自发生之日起 7 日内，事故造成的伤亡人数发生变化的，应当及时补报。

(4) 应急救援

事故发生单位负责人接到事故报告后，应当立即启动事故相应应急预案，或者采取有效措施，组织抢救，防止事故扩大，减少人员伤亡和财产损失。

事故发生地有关地方人民政府、安全生产监督管理部门和负有安全生产监督管理职责的有关部门接到事故报告后，其负责人应当立即赶赴事故现场，组织事故救援。

(5) 现场与证据

事故发生后，有关单位和人员应当妥善保护事故现场以及相关证据，任何单位和个人不得破坏事故现场、毁灭相关证据。

因抢救人员、防止事故扩大以及疏通交通等原因，需要移动事故现场物件的，应当做出标志，绘制现场简图并做出书面记录，妥善保存现场重要痕迹、物证。

17.3.3 生产安全事故调查处理

1.《安全生产法》对生产安全事故调查的规定

根据《安全生产法》第73～75条的规定，生产安全事故调查处理应当遵守以下基本规定：

(1) 事故调查处理应当按照实事求是、尊重科学的原则，及时、准确地查清事故原因，查明事故性质和责任，总结事故教训，提出整改措施，并对事故责任者提出处理意见。

(2) 生产经营单位发生生产安全事故，经调查确定为责任事故的，除了应当查明事故单位的责任并依法予以追究外，还应当查明对安全生产的有关事项负有审查批准和监督职责的行政部门的责任，对有失职、渎职行为的，追究法律责任。

(3) 任何单位和个人不得阻挠和干涉对事故的依法调查处理。

2.《生产安全事故报告和调查处理条例》对生产安全事故调查的规定

(1) 事故调查的管辖

1) 级别管辖

特别重大事故由国务院或者国务院授权有关部门组织事故调查组进行调查。

重大事故、较大事故、一般事故分别由事故发生地省级人民政府、设区的市级人民政府、县级人民政府负责调查。省级人民政府、设区的市级人民政府、县级人民政府可以直接组织事故调查组进行调查，也可以授权或者委托有关部门组织事故调查组进行调查。

未造成人员伤亡的一般事故，县级人民政府也可以委托事故发生单位组织事故调查组进行调查。

上级人民政府认为必要时，可以调查由下级人民政府负责调查的事故。

自事故发生之日起30日内(道路交通事故、火灾事故自发生之日起7日内)，因事故伤亡人数变化导致事故等级发生变化，依照本条例规定应当由上级人民政府负责调查的，上级人民政府可以另行组织事故调查组进行调查。

2) 地域管辖

特别重大事故以下等级事故，事故发生地与事故发生单位不在同一个县级以上行政区域的，由事故发生地人民政府负责调查，事故发生单位所在地人民政府应当派人参加。

(2) 事故调查组的组成

1) 组成的原则

事故调查组的组成应当遵循精简、效能的原则。

2) 成员的来源

根据事故的具体情况，事故调查组由有关人民政府、安全生产监督管理部门、负有安全生产监督管理职责的有关部门、监察机关、公安机关以及工会派人组成，并应当邀请人民检察院派人参加。

事故调查组可以聘请有关专家参与调查。

3）成员的条件

事故调查组成员应当具有事故调查所需要的知识和专长，并与所调查的事故没有直接利害关系。

4）事故调查组组长

事故调查组组长由负责事故调查的人民政府指定。事故调查组组长主持事故调查组的工作。

（3）事故调查组的职责

1）事故调查组的职责与权利

① 事故调查组履行下列职责：

● 查明事故发生的经过、原因、人员伤亡情况及直接经济损失；

● 认定事故的性质和事故责任；

● 提出对事故责任者的处理建议；

● 总结事故教训，提出防范和整改措施；

● 提交事故调查报告。

事故调查中发现涉嫌犯罪的，事故调查组应当及时将有关材料或者其复印件移交司法机关处理。

② 事故调查组有以下权利：

事故调查组有权向有关单位和个人了解与事故有关的情况，并要求其提供相关文件、资料，有关单位和个人不得拒绝。

2）事故调查组成员的职责

事故发生单位的负责人和有关人员在事故调查期间不得擅离职守，并应当随时接受事故调查组的询问，如实提供有关情况。

事故调查组成员在事故调查工作中应当诚信公正、恪尽职守，遵守事故调查组的纪律，保守事故调查的秘密。未经事故调查组组长允许，事故调查组成员不得擅自发布有关事故的信息。

（4）调查的时限

事故调查组应当自事故发生之日起 60 日内提交事故调查报告；特殊情况下，经负责事故调查的人民政府批准，提交事故调查报告的期限可以适当延长，但延长的期限最长不超过 60 日。

事故调查中需要进行技术鉴定的，事故调查组应当委托具有国家规定资质的单位进行技术鉴定。必要时，事故调查组可以直接组织专家进行技术鉴定。技术鉴定所需时间不计入事故调查期限。

（5）事故调查报告

事故调查报告应当包括下列内容：

1）事故发生单位概况；

2）事故发生经过和事故救援情况；

3）事故造成的人员伤亡和直接经济损失；

4）事故发生的原因和事故性质；

5）事故责任的认定以及对事故责任者的处理建议；

6）事故防范和整改措施。

事故调查报告应当附具有关证据材料。事故调查组成员应当在事故调查报告上签名。事故调查报告报送负责事故调查的人民政府后，事故调查工作即告结束。事故调查的有关资料应当归档保存。

3.《生产安全事故报告和调查处理条例》对生产安全事故处理的规定

(1) 处理时限

重大事故、较大事故、一般事故，负责事故调查的人民政府应当自收到事故调查报告之日起 15 日内做出批复；特别重大事故，30 日内做出批复，特殊情况下，批复时间可以适当延长，但延长的时间最长不超过 30 日。

有关机关应当按照人民政府的批复，依照法律、行政法规规定的权限和程序，对事故发生单位和有关人员进行行政处罚，对负有事故责任的国家工作人员进行处分。

事故发生单位应当按照负责事故调查的人民政府的批复，对本单位负有事故责任的人员进行处理。负有事故责任的人员涉嫌犯罪的，依法追究刑事责任。

(2) 整改

事故发生单位应当认真吸取事故教训，落实防范和整改措施，防止事故再次发生。防范和整改措施的落实情况应当接受工会和职工的监督。

安全生产监督管理部门和负有安全生产监督管理职责的有关部门应当对事故发生单位落实防范和整改措施的情况进行监督检查。

(3) 处理结果的公布

事故处理的情况由负责事故调查的人民政府或者其授权的有关部门、机构向社会公布，依法应当保密的除外。

17.4　安全生产的监督管理

17.4.1　安全生产监督管理部门

根据《安全生产法》和《建设工程安全生产管理条例》的有关规定，国务院负责安全生产监督管理的部门，对全国建设工程安全生产工作实施综合监督管理。国务院建设行政主管部门对全国建设工程安全生产实施监督管理。国务院铁路、交通、水利等有关部门按照国务院的职责分工，负责有关专业建设工程安全生产的监督管理。

根据《建设工程安全生产管理条例》第 44 条的规定，建设行政主管部门或者其他有关部门可以将施工现场的监督检查委托给建设工程安全监督机构具体实施。

17.4.2　安全生产监督管理措施

《安全生产法》第 54 条规定："依照本法第 9 条规定对安全生产负有监督管理

职责的部门(以下统称负有安全生产监督管理职责的部门)依照有关法律、法规的规定,对涉及安全生产的事项需要审查批准(包括批准、核准、许可、注册、认证、颁发证照等,下同)或者验收的,必须严格依照有关法律、法规和国家标准或者行业标准规定的安全生产条件和程序进行审查;不符合有关法律、法规和国家标准或者行业标准规定的安全生产条件的,不得批准或者验收通过。对未依法取得批准或者验收合格的单位擅自从事有关活动的,负责行政审批的部门发现或者接到举报后应当立即予以取缔,并依法予以处理。对已经依法取得批准的单位,负责行政审批的部门发现其不再具备安全生产条件的,应当撤销原批准。"

依据该规定,《建设工程安全生产管理条例》第42条进一步规定,建设行政主管部门在审核发放施工许可证时,应当对建设工程是否有安全施工措施进行审查,对没有安全施工措施的,不得颁发施工许可证。

建设行政主管部门或者其他有关部门对建设工程是否有安全施工措施进行审查时,不得收取费用。

17.4.3　安全生产监督管理部门的职权

根据《安全生产法》第56条的规定,负有安全生产监督管理职责的部门依法对生产经营单位执行有关安全生产的法律、法规和国家标准或者行业标准的情况进行监督检查,行使以下职权:

(1)进入生产经营单位进行检查,调阅有关资料,向有关单位和人员了解情况。

(2)对检查中发现的安全生产违法行为,当场予以纠正或者要求限期改正;对依法应当给予行政处罚的行为,依照本法和其他有关法律、行政法规的规定作出行政处罚决定。

(3)对检查中发现的事故隐患,应当责令立即排除;重大事故隐患排除前或者排除过程中无法保证安全的,应当责令从危险区域内撤出作业人员,责令暂时停产停业或者停止使用;重大事故隐患排除后,经审查同意,方可恢复生产经营和使用。

(4)对有根据认为不符合保障安全生产的国家标准或者行业标准的设施、设备、器材予以查封或者扣押,并应当在十五日内依法作出处理决定。监督检查不得影响被检查单位的正常生产经营活动。

17.4.4　安全生产监督检查人员的义务

根据《安全生产法》第58条的规定,安全生产监督检查人员在行使职权时,应当履行如下法定义务:

(1)应当忠于职守,坚持原则,秉公执法;

(2)执行监督检查任务时,必须出示有效的监督执法证件;

(3)对涉及被检查单位的技术秘密和业务秘密,应当为其保密。

《建设工程安全生产管理条例》（以下简称《安全生产管理条例》）于 2003 年 11 月 12 日经国务院第 28 次常务会议通过，2003 年 11 月 24 日以中华人民共和国国务院令第 393 号公布，自 2004 年 2 月 1 日起施行。

《安全生产管理条例》的立法目的在于加强建设工程安全生产监督管理，保障人民群众生命和财产安全。《建筑法》和《安全生产法》是制定该条例的基本法律依据。是《建筑法》和《安全生产法》在工程建设领域的进一步细化与延伸。《安全生产管理条例》包分为八章，共包括七十一条。分别对建设单位、施工单位、工程监理单位以及勘察、设计和其他有关单位的安全责任作出了规定。

《建设工程安全生产管理条例》第 2 条规定："在中华人民共和国境内从事建设工程的新建、扩建、改建和拆除等有关活动及实施对建设工程安全生产的监督管理，必须遵守本条例。本条例所称建设工程，是指土木工程、建筑工程、线路管道和设备安装工程及装修工程。"

18.1 建设工程安全生产管理基本制度

2003 年 11 月 24 日《建设工程安全生产管理条例》（国务院令第 393 号）颁布实施，该《条例》依据《中华人民共和国建筑法》和《中华人民共和国安全生产法》的规定进一步明确了建设工程安全生产管理基本制度。

1. 安全生产责任制度

安全生产责任制度是建筑生产中最基本的安全管理制度，是所有安全规章制度的核心。安全生产

第 18 章 建设工程安全生产管理条例

责任制度是指将各种不同的安全责任落实到负责有安全管理责任的人员和具体岗位人员身上的一种制度。这一制度是安全第一、预防为主方针的具体体现，是建筑安全生产的基本制度。在建筑活动中，只有明确安全责任，分工负责，才能形成完整有效的安全管理体系，激发每个人的安全责任感，严格执行建筑工程安全的法律、法规和安全规程、技术规范，防患于未然，减少和杜绝建筑工程事故，为建筑工程的生产创造一个良好的环境。

安全责任制度的主要内容包括：

(1) 从事建筑活动主体的负责人的责任制

建筑施工企业的法定代表人要对本企业的安全负主要的安全责任。

(2) 从事建筑活动主体的职能机构或职能处室负责人及其工作人员的安全生产责任制

建筑企业根据需要设置的安全处室或者专职安全人员要对安全负责。

(3) 岗位人员的安全生产责任制

岗位人员必须对安全负责。从事特种作业的安全人员必须进行培训，经过考试合格后方能上岗作业。

2. 群防群治制度

群防群治制度是职工群众进行预防和治理安全的一种制度。这一制度也是"安全第一、预防为主"的具体体现，同时也是群众路线在安全工作中的具体体现，是企业进行民主管理的重要内容。这一制度要求建筑企业职工在施工中应当遵守有关生产的法律、法规和建筑行业安全规章、规程，不得违章作业；对于危及生命安全和身体健康的行为有权提出批评、检举和控告。

3. 安全生产教育培训制度

安全生产教育培训制度是对广大建筑干部职工进行安全教育培训，提高安全意识，增加安全知识和技能的制度。安全生产，人人有责。只有通过对广大职工进行安全教育、培训，才能使广大职工真正认识到安全生产的重要性、必要性，才能使广大职工掌握更多更有效的安全生产的科学技术知识，牢固树立安全第一的思想，自觉遵守各项安全生产和规章制度。分析许多建筑安全事故，一个重要的原因就是有关人员安全意识不强，安全技能不够，这些都是没有搞好安全教育培训工作的后果。

4. 安全生产检查制度

安全生产检查制度是上级管理部门或企业自身对安全生产状况进行定期或不定期检查的制度。通过检查可以发现问题，查出隐患，从而采取有效措施，堵塞漏洞，把事故消灭在发生之前，做到防患于未然，是"预防为主"的具体体现。通过检查，还可总结出好的经验加以推广，为进一步搞好安全工作打下基础。安全检查制度是安全生产的保障。

5. 伤亡事故处理报告制度

施工中发生事故时，建筑企业应当采取紧急措施减少人员伤亡和事故损失，并按照国家有关规定及时向有关部门报告的制度。事故处理必须遵循一定的程序，做到三不放过（事故原因不清不放过、事故责任者和群众没有受到教育不放过、没有防范措施不放过）。通过对事故的严格处理，可以总结出教训，为制定规程、规章提供第一手素材，做到亡羊补牢。

6. 安全责任追究制度

建设单位、设计单位、施工单位、监理单位，由于没有履行职责造成人员伤亡和事故损失的，视情节给予相应处理；情节严重的，责令停业整顿，降低资质等级或吊销资质证书；构成犯罪的，依法追究刑事责任。

18.2 建设单位的安全责任

1. 向施工单位提供资料的责任

《安全生产管理条例》第6条规定："建设单位应当向施工单位提供施工现场及毗邻区域内供水、排水、供电、供气、供热、通信、广播电视等地下管线资料，气象和水文观测资料，相邻建筑物和构筑物、地下工程的有关资料，并保证资料的真实、准确、完整。

建设单位因建设工程需要，向有关部门或者单位查询前款规定的资料时，有关部门或者单位应当及时提供。"

建设单位提供的资料将成为施工单位后续工作的主要参考依据。这些资料如果不真实、准确、完整，并因此导致了施工单位的损失，施工单位可以就此向建设单位要求赔偿。

2. 依法履行合同的责任

《安全生产管理条例》第7条规定："建设单位不得对勘察、设计、施工、工程监理等单位提出不符合建设工程安全生产法律、法规和强制性标准规定的要求，不得压缩合同约定的工期。"

建设单位与勘察、设计、施工、工程监理等单位都是完全平等的合同双方的关系，不存在建设单位是这些单位的管理单位的关系。其对这些单位的要求必须要以合同为根据并不得触犯相关的法律、法规。

工期并非不可压缩，但是此处的"不得压缩合同约定的工期"指的是不得单方面压缩工期。如果由于外界的原因不得不压缩工期的话，也要在不违背施工工艺的前提下，与合同另一方当事人协商并达成一致意见后方可压缩。

3. 提供安全生产费用的责任

《安全生产管理条例》第8条规定："建设单位在编制工程概算时，应当确定建设工程安全作业环境及安全施工措施所需费用。"

安全生产需要资金的保证，而这笔资金的源头就是建设单位。只有建设单位提供了用于安全生产的费用，施工单位才可能有保证安全生产的费用。

4. 不得推销劣质材料设备的责任

《安全生产管理条例》第9条规定："建设单位不得明示或者暗示施工单位购买、租赁、使用不符合安全施工要求的安全防护用具、机械设备、施工机具及配件、消防设施和器材。"

由于建设单位与施工单位的特殊关系，建设单位的明示或者暗示经常被施工单位理解为是强制性的命令。因此，法律明确规定了建设单位不得向施工单位去推销劣质材料，以解除施工单位进退两难的处境。

5. 提供安全施工措施资料的责任

《安全生产管理条例》第10条规定："建设单位在申请领取施工许可证时，应当提供建设工程有关安全施工措施的资料。

依法批准开工报告的建设工程，建设单位应当自开工报告批准之日起十五日内，将保证安全施工的措施报送建设工程所在地的县级以上地方人民政府建设行政主管部门或者其他有关部门备案。"

这一点与《建筑法》也是相吻合的。

6. 对拆除工程进行备案的责任

《安全生产管理条例》第11条规定："建设单位应当将拆除工程发包给具有相应资质等级的施工单位。

建设单位应当在拆除工程施工十五日前，将下列资料报送建设工程所在地的县级以上地方人民政府建设行政主管部门或者其他有关部门备案：

（1）施工单位资质等级证明；

（2）拟拆除建筑物、构筑物及可能危及毗邻建筑的说明；

（3）拆除施工组织方案；

（4）堆放、清除废弃物的措施。

实施爆破作业的，应当遵守国家有关民用爆炸物品管理的规定。"

18.3　工程监理单位的安全责任

根据《建设工程安全生产管理条例》，工程监理单位的安全责任主要体现在：

1. 审查施工组织设计的责任

工程监理单位应当审查施工组织设计中的安全技术措施或者专项施工方案是否符合工程建设强制性标准。

施工组织设计是整个施工过程的指导文件，具有十分重要的作用。《建设工程施工现场管理规定》第10条规定："施工单位必须编制建设工程施工组织设计。建设工程实行总包和分包的，由总包单位负责编制施工组织设计或者分阶段施工组织设计。分包单位在总包单位的总体部署下，负责编制分包工程的施工组织设计。"

《建设工程施工现场管理规定》第11条规定，施工组织设计应当包括下列主要内容：

（1）工程任务情况；

（2）施工总方案、主要施工方法、工程施工进度计划、主要单位工程综合进度计划和施工力量、机具及部署；

（3）施工组织技术措施，包括工程质量、安全防护以及环境污染防护等各种措施；

（4）施工总平面布置图；

（5）总包和分包的分工范围及交叉施工部署等。

根据《建设工程安全生产管理条例》的相关规定，施工组织设计中必须包含安全技术措施和施工现场临时用电方案。对基坑支护、降水工程、土方开挖工程、模板工程、起重吊装工程、脚手架工程、拆除、爆破工程等达到一定规模的危险性较大的分部分项工程，施工单位还应当编制专项施工方案。工程监理单位依法应当对这些安全技术措施和专项施工方案进行审查，审查的重点是其是否符合工程建设强制性标准。

2. 安全隐患报告的责任

工程监理单位在实施监理过程中，发现存在安全事故隐患的，应当要求施工单位整改；情况严重的，应当要求施工单位暂时停止施工，并及时报告建设单位。施工单位拒不整改或者不停止施工的，工程监理单位应当及时向有关主管部门报告。

3. 依法监理的责任

工程监理单位和监理工程师应当按照法律、法规和工程建设强制性标准实施监理，并对建设工程安全生产承担监理责任。

根据《建设工程安全生产管理条例》第 57 条的有关规定，工程监理单位违反上述三项法定义务，视情形将可能分别受到责令停业整顿并处罚款、降低资质等级、吊销资质证书等行政处罚；构成犯罪的，其直接责任人员要承担刑事责任；造成损失的，工程监理单位还要依法承担民事赔偿责任。

18.4　施工单位的安全责任

18.4.1　施工单位主要负责人、项目负责人和专职安全生产管理人员的安全责任

1. 主要负责人

加强对施工单位安全生产的管理，首先要明确责任人。《建设工程安全生产管理条例》第 21 条第 1 款的规定，"施工单位主要负责人依法对本单位的安全生产工作全面负责"。在这里，"主要负责人"并不仅限于施工单位的法定代表人，而是指对施工单位全面负责，有生产经营决策权的人。

明确施工单位主要负责人对安全生产工作全面负责，是贯彻"安全第一、预防为主"方针的基本要求，也是被实践证明的行之有效的"管生产必须同时管安全"原则在法律制度上的具体体现。根据《建设工程安全生产管理条例》的有关规定，施工单位主要负责人的安全生产方面的主要职责包括：

（1）建立健全安全生产责任制度和安全生产教育培训制度。

（2）制定安全生产规章制度和操作规程。

（3）保证本单位安全生产条件所需资金的投入。

（4）对所承建的建设工程进行定期和专项安全检查，并做好安全检查记录。

2. 项目负责人

《建设工程安全生产管理条例》第21条第2款规定，施工单位的项目负责人应当由取得相应执业资格的人员担任，对建设工程项目的安全施工负责。

项目负责人（主要指项目经理）在工程项目中处于中心地位，对建设工程项目的安全全面负责。鉴于项目负责人对安全生产的重要作用，国家规定施工单位的项目负责人应当由取得相应执业资格的人员担任。这里，"相应执业资格"目前指建造师执业资格。

根据《建设工程安全生产管理条例》第21条的规定，项目负责人的安全责任主要包括：

（1）落实安全生产责任制度，安全生产规章制度和操作规程；

（2）确保安全生产费用的有效使用；

（3）根据工程的特点组织制定安全施工措施，消除安全事故隐患；

（4）及时、如实报告生产安全事故。

3. 安全生产管理机构和专职安全生产管理人员

根据《建设工程安全生产管理条例》第23条规定，"施工单位应当设立安全生产管理机构，配备专职安全生产管理人员"。

(1) 安全生产管理机构的设立及其职责

安全生产管理机构是指施工单位及其在建设工程项目中设置的负责安全生产管理工作的独立职能部门。

根据建设部《建筑施工企业安全生产管理机构设置及专职安全生产管理人员配备办法》（建质〔2004〕213号）规定，施工单位所属的分公司、区域公司等较大的分支机构应当各自独立设置安全生产管理机构，负责本企业（分支机构）的安全生产管理工作。施工单位及其所属分公司、区域公司等较大的分支机构必须在建设工程项目中设立安全生产管理机构。

安全生产管理机构的职责主要包括：落实国家有关安全生产法律法规和标准、编制并适时更新安全生产管理制度、组织开展全员安全教育培训及安全检查等活动。

(2) 专职安全生产管理人员的职责

专职安全生产管理人员是指经建设主管部门或者其他有关部门安全生产考核合格，并取得安全生产考核合格证书在企业从事安全生产管理工作的专职人员，包括施工单位安全生产管理机构的负责人及其工作人员和施工现场专职安全生产管理人员。

根据《建设工程安全生产管理条例》第23条的有关规定，专职安全生产管理人员的安全责任主要包括：对安全生产进行现场监督检查。发现安全事故隐患，应当及时向项目负责人和安全生产管理机构报告；对于违章指挥、违章操作的，应当立即制止。

(3) 专职安全生产管理人员的配备

《建设工程安全生产管理条例》第 23 条规定，"专职安全生产管理人员的配备办法由国务院建设行政主管部门会同国务院其他有关部门制定"。根据建设部《建筑施工企业安全生产管理机构设置及专职安全生产管理人员配备办法》（建质〔2004〕213 号），我国目前有关施工单位专职安全生产管理人员配备的基本要求如下：

1) 施工单位的安全生产管理内的专职安全生产管理人员

施工单位安全生产管理机构内的专职安全生产管理人员应当按企业资质类别和等级足额配备，根据企业生产能力或施工规模，专职安全生产管理人员人数至少为：

① 集团公司：1 人/100 万 m^2·年(生产能力)或每十亿施工总产值·年，且不少于 4 人。

② 工程公司(分公司、区域公司)：1 人/10 万 m^2·年(生产能力)或每一亿施工总产值·年，且不少于 3 人。

③ 专业公司：1 人/10 万 m^2·年(生产能力)或每一亿施工总产值·年，且不少于 3 人。

④ 劳务公司：1 人/50 名施工人员，且不少于 2 人。

2) 建设工程项目的专职安全生产管理人员

建设工程项目应当成立由项目经理负责的安全生产管理小组，小组成员应包括企业派驻到项目的专职安全生产管理人员，专职安全生产管理人员的配置为：

建筑工程、装修工程按照建筑面积：

① 1 万 m^2 及以下的工程至少 1 人；

② 1 万～5 万 m^2 的工程至少 2 人；

③ 5 万 m^2 以上的工程至少 3 人，应当设置安全主管，按土建、机电设备等专业设置专职安全生产管理人员。

土木工程、线路管道、设备按照建筑安装总造价：

① 5000 万元以下的工程至少 1 人；

② 5000 万～1 亿元的工程至少 2 人；

③ 1 亿以上的工程至少 3 人，应当设置安全主管，按土建、机电设备等专业设置专职安全生产管理人员。

工程项目采用新技术、新工艺、新材料或致害因素多、施工作业难度大的工程项目，施工现场专职安全生产管理人员的数量应当根据施工实际情况，在前述规定的配置标准上增配。

劳务分包企业建设工程项目施工人员 50 人以下的，应当设置 1 名专职安全生产管理人员；50～200 人的，应设 2 名专职安全生产管理人员；200 人以上的，应根据所承担的分部分项工程施工危险实际情况增配，并不少于企业总人数的 5‰。施工作业班组应设置兼职安全巡查员，对本班组的作业场所进行安全监督检查。

18.4.2 总承包单位和分包单位的安全责任

1. 总承包单位的安全责任

《建设工程安全生产管理条例》第24条规定，"建设工程实行施工总承包的，由总承包单位对施工现场的安全生产负总责"。建设工程实行施工总承包的，由建设单位将包括土建和安装等方面的施工任务一并发包给一家具有相应施工总承包资质的施工单位，施工总承包单位在法律规定和合同约定的范围内，全面负责施工现场的组织管理。

《建设工程施工现场管理规定》第9条规定："建设工程实行总包和分包的，由总包单位负责施工现场的统一管理，监督检查分包单位的施工现场活动。分包单位应当在总包单位的统一管理下，在其分包范围内建立施工现场管理责任制，并组织实施。"这条规定赋予了总承包商施工现场的统一管理权，其中也包括对分包单位的安全生产管理。

同时，为了防止违法分包和转包等违法行为的发生，真正落实施工总承包单位的安全责任，《建设工程安全生产管理条例》进一步强调："总承包单位应当自行完成建设工程主体结构的施工"。

2. 总承包单位与分包单位的安全责任划分

《建设工程安全生产管理条例》第24条规定，"总承包单位依法将建设工程分包给其他单位的，分包合同中应当明确各自的安全生产方面的权利、义务。总承包单位和分包单位对分包工程的安全生产承担连带责任"。

施工现场往往同时有多个分包单位同时在施工现场作业，需要由总承包单位统一协调。但是，由于利益等原因，分包商并不愿意服从总承包单位的管理，基于此，《建设工程安全生产管理条例》第24条规定："分包单位应当服从总承包单位的安全生产管理，分包单位不服从管理导致生产安全事故的，由分包单位承担主要责任。"

18.4.3 安全生产教育培训

1. 管理人员的考核

《建设工程安全生产管理条例》第36条规定，"施工单位的主要负责人、项目负责人、专职安全生产管理人员应当经建设行政主管部门或者其他有关部门考核合格后方可任职"。

2. 作业人员的安全生产教育培训

(1) 日常的安全生产教育培训

《建设工程安全生产管理条例》第36条还规定，"施工单位应当对管理人员和作业人员每年至少进行一次安全生产教育培训，其教育培训情况记入个人工作档案。安全生产教育培训考核不合格的人员，不得上岗"。

(2) 新岗位培训

《建设工程安全生产管理条例》第37条规定，"作业人员进入新的岗位或者新的施工现场前，应当接受安全生产教育培训。未经教育培训或者教育培训考核不合格的人员，不得上岗作业。施工单位在采用新技术、新工艺、新设备、新材料时，应当对作业人员进行相应的安全生产教育培训。"

(3) 特种作业人员的培训

特种作业人员是指从事特殊岗位作业的人员。《建设工程安全生产管理条例》第 25 条规定："垂直运输机械作业人员、安装拆卸工、爆破作业人员、起重信号工、登高架设作业人员等特种作业人员，必须按照国家有关规定经过专门的安全作业培训，并取得特种作业操作资格证书后，方可上岗作业。"

18.4.4　施工单位应采取的安全措施

1. 编制安全技术措施、施工现场临时用电方案和专项施工方案

(1) 编制安全技术措施

《建设工程安全生产管理条例》第 26 条规定，"施工单位应当在施工组织设计中编制安全技术措施"。

(2) 编制施工现场临时用电方案

《建设工程安全生产管理条例》第 26 条还规定，"施工单位应当在施工组织设计中编制安全技术措施和施工现场临时用电方案"。临时用电方案直接关系到用电人员的安全，应当严格按照《施工现场临时用电安全技术规范》(JGJ 46—2005)进行编制，保障施工现场用电，防止触电和电气火灾事故发生。

《建设工程施工现场管理规定》第 22 条规定："施工现场的用电线路、用电设施的安装和使用必须符合安装规范和安全操作规程，并按照施工组织设计进行架设，严禁任意拉线接电。施工现场必须设有保证施工安全要求的夜间照明。危险潮湿场所的照明以及手持照明灯具，必须采用符合安全要求的电压 。"

(3) 编制专项施工方案

《建设工程安全生产管理条例》第 26 条规定，对下列达到一定规模的危险性较大的分部分项工程编制专项施工方案，并附具安全验算结果，经施工单位技术负责人、总监理工程师签字后实施，由专职安全生产管理人员进行现场监督：

1）基坑支护与降水工程；

2）土方开挖工程；

3）模板工程；

4）起重吊装工程；

5）脚手架工程；

6）拆除、爆破工程；

7）国务院建设行政主管部门或者其他有关部门规定的其他危险性较大的工程。

《建设工程安全生产管理条例》第 26 条还规定："对前款所列工程中涉及深基坑、地下暗挖工程、高大模板工程的专项施工方案，施工单位还应当组织专家进行论证、审查。"

2. 安全施工技术交底

《建设工程安全生产管理条例》第 27 条规定，"建设工程施工前，施工单位负责项目管理的技术人员应当对有关安全施工的技术要求向施工作业班组、作业人员作出详细说明，并由双方签字确认"。施工前的安全施工技术交底的目的就是让所有的安全生产从业人员都对安全生产有所了解，最大限度避免安全事故的发生。依据 2006 年 12 月 1 日实施的《建设工程项目管理规范》11.3.3 款职业健康安全技术交底应符合下列规定：

1）工程开工前，项目经理部的技术负责人应向有关人员进行安全技术交底。

2）结构复杂的分部分项工程实施前，项目经理部的技术负责人应进行安全技术交底。

3）项目经理部应保存安全技术交底记录。

3. 施工现场安全警示标志的设置

《建设工程安全生产管理条例》第 28 条第 1 款规定，"施工单位应当在施工现场入口处、施工起重机械、临时用电设施、脚手架、出入通道口、楼梯口、电梯井口、孔洞口、桥梁口、隧道口、基坑边沿、爆破物及有害危险气体和液体存放处等危险部位，设置明显的安全警示标志。安全警示标志必须符合国家标准"。

对施工现场危险部位的一项重要管理工作是设置明显的安全警示标志。安全警示标志是提醒人们注意的各种标牌、文字、符号和灯光等。安全警示标志应当设置在明显的地点、易于被看到。安全警示标志如果是文字的，应当易于读懂；如果是符号，则应当易于理解；如果是灯光，应当明亮显眼。安全警示标志不能随意设置，必须符合国家标准，即《安全标志》（GB 2894—1996）和《安全标志使用导则》（GB 16719—1996）。

4. 施工现场的安全防护

《建设工程安全生产管理条例》第 28 条第 2 款规定，"施工单位应当根据不同施工阶段和周围环境及季节、气候的变化，在施工现场采取相应的安全施工措施。施工现场暂时停止施工的，施工单位应当做好现场防护，所需费用由责任方承担，或者按照合同约定执行"。

由于处于不同的施工阶段、不同的季节和气候，施工单位所采取的措施是不同的，这些都需要因时因地采取不同的措施，法律不便作出统一的规定。但是，《建设工程施工现场管理规定》第 27 条作出了一般性的规定："建设单位或者施工单位应当做好施工现场安全保卫工作，采取必要的防盗措施，在现场周边设立围护设施。施工现场在市区的，周围应当设置遮栏围栏，临街的脚手架也应当设置相应的围扩设施。非施工人员不得擅自进入施工现场。"

引起施工现场停工的原因很多，可能是施工单位的原因，可能是建设单位的原因，可能是设计或监理单位的原因，还可能是自然环境的原因。不管是什么原因引起的，所发生的费用都要由责任方承担。这里的责任方，主要是就施工承包合同当事人而言的，而不是指真正的责任方。例如，如果由于监理工程师指令有误而导致施工现场停止施工，产生的费用就要由建设单位承担。也就是说，施工单位可以就此向建设单位索赔，而不是直接向监理单位索赔。

如果合同对此另有约定，在合同内容有效的情况下，也即不存在无效、被撤销、效力待定的情况下，就要按照合同的约定来承担这笔费用了。

5. 施工现场的布置应当符合安全和文明施工要求

《建设工程安全生产管理条例》第 29 条规定，"施工单位应当将施工现场的办公、生活区与作业区分开设置，并保持安全距离；办公、生活区的选址应当符合安全性要求。职工的膳食、饮水、休息场所等应当符合卫生标准。施工单位不得在尚未竣工的建筑物内设置员工集体宿舍"。

《建设工程施工现场管理规定》第 26 条也规定："施工现场应当设置各类必要的职工生活设施，并符合卫生、通风、照明等要求。职工的膳食、饮水供应等应当符合卫生要求。"

同时，《建设工程安全生产管理条例》第 29 条还规定，"施工现场临时搭建的建筑物应当符合安全使用要求。施工现场使用的装配式活动房屋应当具有产品合格证"。临时建筑物一般包括施工现场的办公用房、宿舍、食堂、仓库、卫生间等。这些设施虽然是临时搭建的，但由于直接用于现场工作人员的生产生活，因此必须符合安全使用要求。

6. 对周边环境采取防护措施

工程建设不能以牺牲环境为代价，施工单位在进行施工时必须要采取措施减少对周边环境的不良影响。

《建筑法》第 41 条规定："建筑施工企业应当遵守有关环境保护和安全生产的法律、法规的规定，采取控制和处理施工现场的各种粉尘、废气、废水、固体废物以及噪声、振动对环境的污染和危害的措施。"

《建设工程安全生产管理条例》第 30 条规定，施工单位对因建设工程施工可能造成损害的毗邻建筑物、构筑物和地下管线等，应当采取专项防护措施。施工单位应当遵守有关环境保护法律、法规的规定，在施工现场采取措施，防止或者减少粉尘、废气、废水、固体废物、噪声、振动和施工照明对人和环境的危害和污染。在城市市区内的建设工程，施工单位应当对施工现场实行封闭围挡。

《建设工程施工现场管理规定》第 31 条规定："施工单位应当遵守国家有关环境保护的法律规定，采取措施控制施工现场的各种粉尘、废气、废水、固定废弃物以及噪声、振动对环境的污染和危害。"

《建设工程施工现场管理规定》第 32 条规定："施工单位应当采取下列防止环境污染的措施：

（1）妥善处理泥浆水，未经处理不得直接排入城市排水设施和河流；

（2）除设有符合规定的装置外，不得在施工现场熔融沥青或者焚烧油毡、油漆以及其他会产生有毒有害烟尘和恶臭气体的物质；

（3）使用密封式的圈筒或者采取其他措施处理高空废弃物；

（4）采取有效措施控制施工过程中的扬尘；

（5）禁止将有毒有害废弃物用作土方回填；

（6）对产品噪声、振动的施工机械、应采取有效控制措施，减轻噪声扰民。"

7. 施工现场的消防安全措施

《建设工程安全生产管理条例》第31条规定："施工单位应当在施工现场建立消防安全责任制度，确定消防安全责任人，制定用火、用电、使用易燃易爆材料等各项消防安全管理制度和操作规程，设置消防通道、消防水源，配备消防设施和灭火器材，并在施工现场入口处设置明显标志"。

8. 安全防护设备管理

《建设工程安全生产管理条例》第34条规定："施工单位采购、租赁的安全防护用具、机械设备、施工机具及配件，应当具有生产（制造）许可证、产品合格证，并在进入施工现场前进行查验。

施工现场的安全防护用具、机械设备、施工机具及配件必须由专人管理，定期进行检查、维修和保养，建立相应的资料档案，并按照国家有关规定及时报废。"

作业人员应当遵守安全施工的强制性标准、规章制度和操作规程，正确使用安全防护用具、机械设备等。

9. 起重机械设备管理

《建设工程安全生产管理条例》第35条规定："施工单位在使用施工起重机械和整体提升脚手架、模板等自升式架设设施前，应当组织有关单位进行验收，也可以委托具有相应资质的检验检测机构进行验收；使用承租的机械设备和施工机具及配件的，由施工总承包单位、分包单位、出租单位和安装单位共同进行验收。验收合格的方可使用。

《特种设备安全监察条例》规定的施工起重机械，在验收前应当经有相应资质的检验检测机构监督检验合格。

施工单位应当自施工起重机械和整体提升脚手架、模板等自升式架设设施验收合格之日起30日内，向建设行政主管部门或者其他有关部门登记。登记标志应当置于或者附着于该设备的显著位置。"

依据《特种设备安全监察条例》第2条，作为特种设备的施工起重机械指的是"涉及生命安全、危险性较大的"起重机械。

10. 办理意外伤害保险

《建设工程安全生产管理条例》第38条规定："施工单位应当为施工现场从事危险作业的人员办理意外伤害保险。

意外伤害保险费由施工单位支付。实行施工总承包的，由总承包单位支付意外伤害保险费。意外伤害保险期限自建设工程开工之日起至竣工验收合格止。"

根据这个条款，分包单位的从事危险作业人员的意外伤害保险的保险费是由总承包单位支付的。而这个结论是与2003年建设部、国家工商行政管理总局颁发的《建设工程施工劳务分包合同（示范文本）（GF-2003-0214）》是矛盾的。该文本第15.4款规定："劳务分包人必须为从事危险作业的职工办理意外伤害保险，并为施工场地内自有人员生命财产和施工机械设备办理保险，支付保险费用。"但是，由于《建设工程施工劳务分包合同（示范文本）（GF-2003-0214）》不具有强制约束力，所以，在工程实践中还是要由总承包单位来支付分包单位职工的意外伤害保险。

18.5 勘察、设计单位的安全责任

1. 勘察单位的安全责任

建设工程勘察是工程建设的基础性工作。建设工程勘察文件，是建设工程项目规划、选址和设计的重要依据，其勘察成果是否科学、准确，对建设工程安全生产具有重要影响。

(1) 确保勘察文件的质量，以保证后续工作的安全的责任

《建设工程安全生产管理条例》第 12 条规定，"勘察单位应当按照法律、法规和工程建设强制性标准进行勘察，提供的勘察文件应当真实、准确，满足建设工程安全生产的需要"。

(2) 科学勘察，以保证周边建筑物安全的责任

同时，《建设工程安全生产管理条例》还规定，"勘察单位在勘察作业时，应当严格执行操作规程，采取措施保证各类管线、设施和周边建筑物、构筑物的安全"。

2. 设计单位的安全责任

(1) 科学设计的责任

《建设工程安全生产管理条例》第 13 条规定："设计单位应当按照法律、法规和工程建设强制性标准进行设计，防止因设计不合理导致生产安全事故的发生。"

(2) 提出建议的责任

《建设工程安全生产管理条例》第 13 条同时规定："设计单位应当考虑施工安全操作和防护的需要，对涉及施工安全的重点部位和环节在设计文件中注明，并对防范生产安全事故提出指导意见。

采用新结构、新材料、新工艺的建设工程和特殊结构的建设工程，设计单位应当在设计中提出保障施工作业人员安全和预防生产安全事故的措施建议。"

(3) 承担后果的责任

《建设工程安全生产管理条例》第 13 条同时规定："设计单位和注册建筑师等注册执业人员应当对其设计负责。"

18.6 其他相关单位的安全责任

1. 机械设备和配件供应单位的安全责任

《建设工程安全生产管理条例》第 15 条规定："为建设工程提供机械设备和配件的单位，应当按照安全施工的要求配备齐全有效的保险、限位等安全设施和装置。"

2. 出租机械设备和施工机具及配件单位的安全责任

《建设工程安全生产管理条例》第 16 条规定："出租的机械设备和施工机具及

配件，应当具有生产(制造)许可证、产品合格证，并应当对出租的机械设备和施工机具及配件的安全性能进行检测，在签订租赁协议时，应当出具检测合格证明。禁止出租检测不合格的机械设备和施工机具及配件。"

在这里，不仅要求出租单位具备生产(制造)许可证、产品合格证，还特别强调在出租时应对租赁物进行安全性能检测，并出具检测合格证明。如果出租单位出租未经安全性能检测或者经检测不合格的机械设备和施工机具及配件，将受到责令停业整顿、罚款等行政处罚，造成损失的，还要依法承担赔偿责任。由此可见，出租单位是否依法履行安全性能检测义务，是其应否承担安全责任的关键。

3. 施工起重机械和自升式架设设施的安全管理

(1) 安装与拆卸

施工起重机械和自升式架设设施等的安装、拆卸属于特殊专业安装，具有高度危险性，容易造成重大伤亡事故，和施工安全具有密切关系。因此，有必要将其纳入到资质管理。

《建设工程安全生产管理条例》第17条第1款规定："在施工现场安装、拆卸施工起重机械和整体提升脚手架、模板等自升式架设设施，必须由具有相应资质的单位承担。"《建筑业企业资质等级标准》则分别规定了起重设备安装工程专业承包资质(分为三个等级)和整体提升脚手架专业承包资质。

《建设工程安全生产管理条例》第17条还规定，安装、拆卸施工起重机械和整体提升脚手架、模板等自升式架设设施，应当编制拆装方案、制定安全施工措施，并由专业技术人员现场监督。施工起重机械和整体提升脚手架、模板等自升式架设设施安装完毕后，安装单位应当自检，出具自检合格证明，并向施工单位进行安全使用说明，办理验收手续并签字。

(2) 检验检测

1) 强制检测

《建设工程安全生产管理条例》第18条规定："施工起重机械和整体提升脚手架、模板等自升式架设设施的使用达到国家规定的检验检测期限的，必须经具有专业资质的检验检测机构检测。经检测不合格的，不得继续使用。"

施工起重机械和自升式架设设施在使用过程中，应当按照规定进行定期检测，并及时进行全面检修保养。对于达到国家规定的检验检测期限的，必须经具有专业资质的检验检测机构检测。根据国务院《特种设备安全监察条例》的规定，从事施工起重机械定期检验、监督检验的检验检测机构，应当经国务院特种设备安全监督部门核准，取得核准后方可从事检验检测活动。检验检测机构必须具备与所从事的检验检测工作相适应的检验检测人员、检验检测仪器和设备，有健全的检验检测管理制度和检验检测责任制度。同时，检验检测机构进行检测工作是应当符合安全技术规范的要求，经检测不合格的，不得继续使用。

2) 检验检测机构的安全责任

《建设工程安全生产管理条例》第19条规定："检验检测机构对检测合格的施工起重机械和整体提升脚手架、模板等自升式架设设施，应当出具安全合格证明文件，并对检测结果负责。"

根据国务院《特种设备安全监察条例》的规定，检验检测机构和检验检测人员进行特种设备检验检测，应当遵循诚信原则和方便企业的原则，为施工单位提供可靠、便捷的检验检测服务。检验检测机构和检验检测人员应当客观、公正、及时地出具检验检测结果、鉴定结论。检测合格的，应当出具安全合格证明文件。检验检测结果、鉴定结论经检验检测人员签字后，由检验检测机构负责人签署。设备检验检测机构和检验检测人员对检验检测结果、鉴定结论负责。

设备检验检测机构进行设备检验检测时发现严重事故隐患，应当及时告知施工单位，并立即向特种设备安全监督管理部门报告。

《建设工程质量管理条例》于 2000 年 1 月 10 日经国务院第 25 次常务会议通过，2000 年 1 月 30 日实施。

《建设工程质量管理条例》的立法目的在于为了加强对建设工程质量的管理，保证建设工程质量，保护人民生命和财产安全。共包括一百三十七条，分别对建设单位、施工单位、工程监理单位和勘察、设计单位质量责任和义务作出了规定。

《建设工程质量管理条例》第 2 条规定："凡在中华人民共和国境内从事建设工程的新建、扩建、改建等有关活动及实施对建设工程质量监督管理的，必须遵守本条例。"

19.1 建设单位的质量责任和义务

1. 依法对工程进行发包的责任

《建设工程质量管理条例》第 7 条规定，建设单位应当将工程发包给具有相应资质等级的单位，不得将建设工程肢解发包。

建设单位应当依法行使工程发包权，建筑法对此已有明确规定。

2. 依法对材料设备招标的责任

《建设工程质量管理条例》第 8 条规定，建设单位应当依法对工程建设项目的勘察、设计、施工、监理以及与工程建设有关的重要设备、材料等的采购进行招标。

建设单位实施的工程建设项目采购行为，应当符合《招标投标法》及其相关规定。

3. 提供原始资料的责任

《建设工程质量管理条例》第 9 条规定，建设单位必须向有关的勘察、设计、施工、工程监理等单位提供与建设工程有关的原始资料。原始资料必须真实、准确、齐全。

《建设工程安全生产管理条例》对此有类似规定。

4. 不得干预投标人的责任

《建设工程质量管理条例》第10条规定，建设工程发包单位不得迫使承包方以低于成本价格竞标。

在这里，承包方主要指勘察、设计和施工单位。《招标投标法》从规范投标人竞标行为的角度，在第33条规定"投标人不得以低于成本的报价竞标"。建设单位迫使施工单位实施违法的建设行为自然是法律所不允许的。

《建设工程质量管理条例》第10条还规定，建设单位不得任意压缩合理工期，不得明示或者暗示设计单位或者施工单位违反工程建设强制性标准，降低建设工程质量。《建设工程安全生产管理条例》也有类似规定。

5. 送审施工图的责任

《建设工程质量管理条例》第11条规定，建设单位应当将施工图设计文件报县级以上人民政府建设行政主管部门或者其他有关部门审查。施工图设计文件未经审查批准的，不得使用。

根据这一规定，施工图设计文件审查成为基本建设必须进行的一道程序，建设单位应当严格执行。关于施工图设计文件审查的主要内容，《建设工程勘察设计管理条例》第33条进一步明确规定，县级以上人民政府有关行政主管部门"应当对施工图设计文件中涉及公共利益、公众安全、工程建设强制性标准的内容进行审查"。施工图设计文件未经审查或者审查不合格，建设单位擅自施工的，根据《建设工程质量管理条例》第56条的规定，建设单位除被责令整改外，还应当承担罚款的行政责任。

6. 委托监理的责任

根据《建设工程质量管理条例》第12条的规定，建设单位应当依法委托监理。详见《建筑法》关于工程监理的有关内容。

7. 确保提供的物资符合要求的责任

《建设工程质量管理条例》第14条规定，按照合同约定，由建设单位采购建筑材料、建筑构配件和设备的，建设单位应当保证建筑材料、建筑构配件和设备符合设计文件和合同要求。

如果建设单位提供的建筑材料、建筑构配件和设备不符合设计文件和合同要求，属于违约行为，应当向施工单位承担违约责任，施工单位有权拒绝接收这些货物。

我国《建设工程施工合同（示范文本）》也对此作出了相关约定：

27.2款：发包人按一览表约定的内容提供材料设备，并向承包人提供产品合格证明，对其质量负责。发包人在所供材料设备到货贷前24小时，以书面形式通知承包人，由承包人派人与发包人共同清点。

27.4款：发包人供应的材料设备与一览表不符时，发包人承担有关责任。

27.5款：发包人供应的材料设备使用前，由承包人负责检验或试验，不合格的不得使用，检验或试验费用由发包人承担。

8. 不得擅自改变主体和承重结构进行装修的责任

《建设工程质量管理条例》第15条规定，涉及建筑主体和承重结构变动的装修工程，建设单位应当在施工前委托原设计单位或者具有相应资质等级的设计单位提出设计方案；没有设计方案的，不得施工。

9. 依法组织竣工验收的责任

《建设工程质量管理条例》第16条第1款规定，建设单位收到建设工程竣工报告后，应当组织设计、施工、工程监理等有关单位进行竣工验收。

建设工程竣工验收是施工全过程的最后一道程序，是建设投资成果转入生产或使用的标志，也是全面考核投资效益、检验设计和施工质量的重要环节。根据该条例第16条的规定，建设工程竣工验收应当具备下列条件：

（1）完成建设工程设计和合同约定的各项内容；

（2）有完整的技术档案和施工管理资料；

（3）有工程使用的主要建筑材料、建筑构配件和设备的进场试验报告；

（4）有勘察、设计、施工、工程监理等单位分别签署的质量合格文件；

（5）有施工单位签署的工程保修书。

在工程实践中，部分建设单位忽视竣工验收的重要性，未经竣工验收或验收不合格，即将工程提前交付使用。这种不规范的行为很容易产生质量问题，并会在发承包双方之间就质量责任归属问题产生争议。《建设工程质量管理条例》第16条第3款明确规定："建设工程经竣工验收合格的，方可交付使用"。如果建设单位有下列行为，根据《建设工程质量管理条例》将承担法律责任：

（1）未组织竣工验收，擅自交付使用的；

（2）验收不合格，擅自交付使用的；

（3）对不合格的建设工程按照合格工程验收的。

此外，根据最高人民法院的有关司法解释规定，"建设工程未经竣工验收，发包人擅自使用后，又以使用部分质量不符合约定为由主张权利的，不予支持；但是承包人应当在建设工程的合理使用寿命内对地基基础工程和主体结构质量承担民事责任"。

10. 移交建设项目档案的责任

根据《建设工程质量管理条例》第17条规定，建设单位还应当严格按照国家有关档案管理的规定，向建设行政主管部门或者其他有关部门移交建设项目档案。

19.2 勘察、设计单位的质量责任和义务

1. 勘察、设计单位共同的责任

（1）依法承揽工程的责任

《建设工程质量管理条例》第18条规定："从事建设工程勘察、设计的单位应

当依法取得相应等级的资质证书，并在其资质等级许可的范围内承揽工程。

禁止勘察、设计单位超越其资质等级许可的范围或者以其他勘察、设计单位的名义承揽工程。禁止勘察、设计单位允许其他单位或者个人以本单位的名义承揽工程。

勘察、设计单位不得转包或者违法分包所承揽的工程。"

《建设工程质量管理条例》第18条规定了勘察、设计单位的资质等级许可制度。《建筑法》第13条对此已有明确规定。

(2) 执行强制性标准的责任

《建设工程质量管理条例》第19条规定："勘察、设计单位必须按照工程建设强制性标准进行勘察、设计，并对其勘察、设计的质量负责。注册建筑师、注册结构工程师等注册执业人员应当在设计文件上签字，对设计文件负责。"

2. 勘察单位的质量责任

《建设工程质量管理条例》第20条规定："勘察单位提供的地质、测量、水文等勘察成果必须真实、准确。"

3. 设计单位的质量责任

(1) 科学设计的责任

《建设工程质量管理条例》第21条规定："设计单位应当根据勘察成果文件进行建设工程设计。

设计文件应当符合国家规定的设计深度要求，注明工程合理使用年限。"

(2) 选择材料设备的责任

《建设工程质量管理条例》第22条规定："设计单位在设计文件中选用的建筑材料、建筑构配件和设备，应当注明规格、型号、性能等技术指标，其质量要求必须符合国家规定的标准。

除有特殊要求的建筑材料、专用设备、工艺生产线等外，设计单位不得指定生产厂、供应商。"

(3) 解释设计文件的责任

《建设工程质量管理条例》第23条规定："设计单位应当就审查合格的施工图设计文件向施工单位作出详细说明"

由于施工图是设计单位设计的，设计单位对施工图会有更深刻的理解，由其对施工单位作出说明是非常必要的，有助于施工单位理解施工图，保证工程质量。

《建设工程勘察设计管理条例》第30条规定："建设工程勘察、设计单位应当在建设工程施工前，向施工单位和监理单位说明建设工程勘察、设计意图，解释建设工程勘察、设计文件。建设工程勘察、设计单位应当及时解决施工中出现的勘察、设计问题。"

(4) 参与质量事故分析的责任

《建设工程质量管理条例》第24条规定："设计单位应当参与建设工程质量事故分析，并对因设计造成的质量事故，提出相应的技术处理方案。"

19.3　施工单位的质量责任和义务

1. 依法承揽工程的责任

《建设工程质量管理条例》第 25 条规定："施工单位应当依法取得相应等级的资质证书，并在其资质等级许可的范围内承揽工程。

禁止施工单位超越本单位资质等级许可的业务范围或者以其他施工单位的名义承揽工程。禁止施工单位允许其他单位或者个人以本单位的名义承揽工程。

施工单位不得转包或者违法分包工程。"

2. 建立质量保证体系的责任

《建设工程质量管理条例》第 26 条规定："施工单位对建设工程的施工质量负责。

施工单位应当建立质量责任制，确定工程项目的项目经理、技术负责人和施工管理负责人。

建设工程实行总承包的，总承包单位应当对全部建设工程质量负责；建设工程勘察、设计、施工、设备采购的一项或者多项实行总承包的，总承包单位应当对其承包的建设工程或者采购的设备的质量负责。"

3. 分包单位保证工程质量的责任

《建设工程质量管理条例》第 27 条规定："总承包单位依法将建设工程分包给其他单位的，分包单位应当按照分包合同的约定对其分包工程的质量向总承包单位负责，总承包单位与分包单位对分包工程的质量承担连带责任。"

此条规定来源于《建筑法》。

4. 按图施工的责任

《建设工程质量管理条例》第 28 条规定："施工单位必须按照工程设计图纸和施工技术标准施工，不得擅自修改工程设计，不得偷工减料。

施工单位在施工过程中发现设计文件和图纸有差错的，应当及时提出意见和建议。"

工程设计图纸和施工技术标准都属于合同文件的一部分，如果施工单位没有按照工程设计图纸施工，首先要对建设单位承担违约责任。同时，由于不按照工程设计图纸和工程技术标准施工存在潜在的巨大的社会危害性，法律又将其确定为违法行为。

如果施工单位在施工的过程中发现施工图中确实存在一定的问题，或者存在修改后可以提高施工图质量的情况，可以提出意见和建议，按照正常程序提请变更。

对于需要变更的情形，要依程序申请变更。

［案例 19-1］

A 建筑公司首次进入 H 省施工，为了"干一个工程，竖一块丰碑"，创造良好的社会效益，项目经理李某决定暗自修改水泥混凝土的配合比，使得修改后的混凝土强度远高于原配合比的混凝土强度。项目经理部也愿意承担所增加的费用。

你认为这个决定可取吗？

分析：不可取

根据《质量管理条例》，施工单位不得擅自修改工程设计。这样做的结果不仅是违约，要承担违约责任，而且也是违法，将受到行政处罚。

5. 对建筑材料、构配件和设备进行检验的责任

《建设工程质量管理条例》第 29 条规定："施工单位必须按照工程设计要求、施工技术标准和合同约定，对建筑材料、建筑构配件、设备和商品混凝土进行检验，检验应当有书面记录和专人签字；未经检验或者检验不合格的，不得使用。"

施工单位对建筑材料、建筑构配件、设备和商品混凝土的检验是保证工程质量的重要环节。如果不能把住这道关口，就可能使劣质的建筑材料、构配件和设备用于工程，会留下质量和安全的隐患。例如，某互通式立交桥计划浇筑连续梁，使用的是商品混凝土。在浇筑前没有对此商品混凝土进行检验，结果在浇筑三分之一时发生了堵管现象。由于坍落度太低，混凝土不能及时从管中喷出。很快，由于已经浇筑完毕的混凝土中的水泥初凝，导致了拟浇筑连续梁不能形成一个整体，造成了损失。

6. 对施工质量进行检验的责任

《建设工程质量管理条例》第 30 条规定："施工单位必须建立、健全施工质量的检验制度，严格工序管理，作好隐蔽工程的质量检查和记录。隐蔽工程在隐蔽前，施工单位应当通知建设单位和建设工程质量监督机构。"

隐蔽工程具有不可逆性，对隐蔽工程的验收应当严格按照法律、法规、强制性标准及合同约定进行。《合同法》第 278 条还规定："隐蔽工程验收前，承包人应当通知发包人检查。发包人没有及时检查的，承包人可以顺延工程日期，并有权要求赔偿停工、窝工等损失。"

由于隐蔽工程将要被后一道工序所覆盖，所以要在覆盖之前进行验收。而且验收的数据就作为了最终验收的数据。对此，《建设工程施工合同（示范文本）》第 17.1 进行了约定：工程具备隐蔽条件或达到专用条款约定的中间验收部位，承包人进行自检，并在隐蔽或中间验收前 48 小时以书面形式通知工程师验收。通知包括隐蔽和中间验收的内容、验收时间和地点。承包人准备验收记录，验收合格，工程师在验收记录上签字后，承包人可进行隐蔽和继续施工。验收不合格，承包人在工程师限定的时间内修改后重新验收。

7. 见证取样的责任

《建设工程质量管理条例》第 31 条规定："施工人员对涉及结构安全的试块、试件以及有关材料，应当在建设单位或者工程监理单位监督下现场取样，并送具有相应资质等级的质量检测单位进行检测。"

在工程施工过程中，为了控制工程总体或局部施工质量，需要依据有关技术标准和规定的方法，对用于工程的材料和构件抽取一定数量的样品进行检测，并根据检测结果判断其所代表部位的质量。为了加强对建设工程质量检测的管理，根据《建筑法》和《建设工程质量管理条例》，建设部于 2005 年 9 月 28 日发布了《建设工程质量检测管理办法》（建设部令第 141 号，2005 年 11 月 1 日起实施），明确规定：

（1）检测机构是具有独立法人资格的中介机构。检测机构从事规定的质量检测业务，应当依据该办法取得相应的资质证书。

（2）该办法规定的质量检测业务，由工程项目建设单位委托具有相应资质的检测机构进行检测。

（3）质量检测试样的取样应当严格执行有关工程建设标准和国家有关规定，在建设单位或者工程监理单位监督下现场取样。提供质量检测试样的单位和个人，应当对试样的真实性负责。

（4）检测机构不得与行政机关，法律、法规授权的具有管理公共事务职能的组织以及所检测工程项目相关的设计单位、施工单位、监理单位有隶属关系或者其他利害关系。

（5）检测机构应当将检测过程中发现的建设单位、监理单位、施工单位违反有关法律、法规和工程建设强制性标准的情况，以及涉及结构安全检测结果的不合格情况，及时报告工程所在地建设主管部门。

8. 保修的责任

《建设工程质量管理条例》第 32 条规定："施工单位对施工中出现质量问题的建设工程或者竣工验收不合格的建设工程，应当负责返修。"

在建设工程竣工验收合格前，施工单位应对质量问题履行返修义务；建设工程竣工验收合格后，施工单位应对保修期内出现的质量问题履行保修义务。《合同法》第 281 条对施工单位的返修义务也有相应规定："因施工人原因致使建设工程质量不符合约定的，发包人有权要求施工人在合理期限内无偿修理或者返工、改建。经过修理或者返工、改建后，造成逾期交付的，施工人应当承担违约责任。"返修包括修理和返工。

19.4 工程监理单位的质量责任和义务

1. 依法承揽业务的责任

《建设工程质量管理条例》第 34 条规定："工程监理单位应当依法取得相应等级的资质证书，并在其资质等级许可的范围内承担工程监理业务。

禁止工程监理单位超越本单位资质等级许可的范围或者以其他工程监理单位的名义承担工程监理业务。禁止工程监理单位允许其他单位或者个人以本单位的名义承担工程监理业务。

工程监理单位不得转让工程监理业务。"

这个规定与《建筑法》是相同的。

2. 独立监理的责任

《建设工程质量管理条例》第 35 条规定："工程监理单位与被监理工程的施工承包单位以及建筑材料、建筑构配件和设备供应单位不得有隶属关系或者其他利害关系的，不得承担该项建设工程的监理业务。"

独立是公正的前提条件，监理单位如果不独立是不可能保持公正的。

这个规定与《建筑法》也是相同的。

3. 依法监理的责任

《建设工程质量管理条例》第36条规定："工程监理单位应当依照法律、法规以及有关技术标准、设计文件和建设工程承包合同，代表建设单位对施工质量实施监理，并对施工质量承担监理责任。"

这个规定与《建筑法》也是相同的。

《建设工程质量管理条例》第38条规定："监理工程师应当按照工程监理规范的要求，采取旁站、巡视和平行检验等形式，对建设工程实施监理。"

4. 确认质量的责任

《建设工程质量管理条例》第37条规定："工程监理单位应当选派具备相应资格的总监理工程师和监理工程师进驻施工现场。

未经监理工程师签字，建筑材料、建筑构配件和设备不得在工程上使用或者安装，施工单位不得进行下一道工序的施工。未经总监理工程师签字，建设单位不拨付工程款，不进行竣工验收。"

19.5 建设工程质量保修制度

所谓建设工程质量保修，是指建设工程竣工验收后在保修期限内出现的质量缺陷(或质量问题)，由施工单位依照法律规定或合同约定予以修复。其中，质量缺陷是指建设工程的质量不符合工程建设强制性标准以及合同的约定。

建设工程实行质量保修制度，是《建筑法》确立的一项基本法律制度。《建设工程质量管理条例》则在建设工程的保修范围、保修期限和保修责任等方面，对该项制度作出了更具体的规定。

1. 工程质量保修书

《建设工程质量管理条例》第39条第2款规定，"建设工程承包单位在向建设单位提交工程竣工验收报告时，应当向建设单位出具质量保修书。质量保修书中应当明确建设工程的保修范围、保修期限和保修责任"。

根据《建设工程质量管理条例》第16条的规定，"有施工单位签署的工程保修书"是建设工程竣工验收应具备的条件之一。工程质量保修书也是一种合同，是发承包双方就保修范围、保修期限和保修责任等设立权利义务的协议，集中体现了承包单位对发包单位的工程质量保修承诺。

实践证明，一份完善的质量保修书，除了条例规定的保修范围、保修期限和保修责任等基本内容外，还应当包括保修金的有关约定(特别是应当明确保修金的具体返还期限)。

2. 保修范围和最低保修期限

《建设工程质量管理条例》第40条规定了保修范围，及其在正常使用条件下各自对应的最低保修期限：

（1）基础设施工程、房屋建筑的地基基础工程和主体结构工程，为设计文件规定的该工程的合理使用年限；

（2）屋面防水工程、有防水要求的卫生间、房间和外墙面的防渗漏，为5年；

（3）供热与供冷系统，为两个采暖期、供冷期；

（4）电气管线、给排水管道、设备安装和装修工程，为两年。

上述保修范围属于法律强制性规定。超出该范围的其他项目的保修不是强制的，而是属于发承包双方意思自治的领域——在工程实践中，通常由发包方在招标文件中事先明确规定，或由双方在竣工验收前另行达成约定。最低保修期限同样属于法律强制性规定，发承包双方约定的保修期限不得低于条例规定的期限，但可以延长。

[案例 19-2]

A装饰公司承揽了某办公楼的装饰工程。合同中约定保修期为1年。竣工后两年，该装饰工程出现了质量问题，A装饰公司以过保修期限为由拒绝承担保修责任。你认为美姿装饰公司的理由成立吗？

分析：不成立。

1年的保修期违反了国家强制性规定，该条款属于违法条款，是无效的条款。A装饰公司必须继续承担保修责任。

3. 保修责任

《建设工程质量管理条例》第41条规定："建设工程在保修范围和保修期内发生质量问题的，施工单位应当履行保修义务，并对造成的损失承担赔偿责任。"

根据该条规定，质量问题应当发生在保修范围和保修期以内，是施工单位承担保修责任的两个前提条件。《房屋建筑工程质量保修办法》（2000年6月30日建设部令第80号发布）规定了三种不属于保修范围的情况，分别是：

（1）因使用不当造成的质量缺陷；

（2）第三方造成的质量缺陷；

（3）不可抗力造成的质量缺陷。

根据国家有关规定及行业惯例，就工程质量保修事宜，建设单位和施工单位应遵守如下基本程序：

（1）建设工程在保修期限内出现质量缺陷，建设单位应当向施工单位发出保修通知。

（2）施工单位接到保修通知后，应当到现场核查情况，在保修书约定的时间内予以保修。发生涉及结构安全或者严重影响使用功能的紧急抢修事故，施工单位接到保修通知后，应当立即到达现场抢修。

（3）施工单位不按工程质量保修书约定保修的，建设单位可以另行委托其他单位保修，由原施工单位承担相应责任。

（4）保修费用由造成质量缺陷的责任方承担。如果质量缺陷是由于施工单位未按照工程建设强制性标准和合同要求施工造成的，则施工单位不仅要负责保修，还要承担保修费用。但是，如果质量缺陷是由于设计单位、勘察单位或建设单位、监理单位的原因造成的，施工单位仅负责保修，其有权对由此发生的保修费用向建设单位索赔。建设单位向施工单位承担赔偿责任后，有权向造成质量缺陷的责任方追偿。

4. 建设工程质量保证金

2005年1月12日，建设部、财政部联合颁发了《建设工程质量保证金管理暂行办法》，该《办法》的实施，将有助于进一步规范质量保修制度的经济保障措施。

(1) 质量保证金的含义

建设工程质量保证金(保修金)(以下简称保证金)是指发包人与承包人在建设工程承包合同中约定，从应付的工程款中预留，用以保证承包人在缺陷责任期内对建设工程出现的缺陷进行维修的资金。

缺陷是指建设工程质量不符合工程建设强制性标准、设计文件，以及承包合同的约定。

(2) 缺陷责任期

缺陷责任期从工程通过竣(交)工验收之日起计。由于承包人原因导致工程无法按规定期限进行竣(交)工验收的，缺陷责任期从实际通过竣(交)工验收之日起计。由于发包人原因导致工程无法按规定期限进行竣(交)工验收的，在承包人提交竣(交)工验收报告90天后，工程自动进入缺陷责任期。

缺陷责任期一般为六个月、十二个月或二十四个月，具体可由发、承包双方在合同中约定。

缺陷责任期内，由承包人原因造成的缺陷，承包人应负责维修，并承担鉴定及维修费用。如承包人不维修也不承担费用，发包人可按合同约定扣除保证金，并由承包人承担违约责任。承包人维修并承担相应费用后，不免除对工程的一般损失赔偿责任。

由他人原因造成的缺陷，发包人负责组织维修，承包人不承担费用，且发包人不得从保证金中扣除费用。

(3) 质量保证金的数额

发包人应当在招标文件中明确保证金预留、返还等内容，并与承包人在合同条款中对涉及保证金的下列事项进行约定：

1) 保证金预留、返还方式；

2) 保证金预留比例、期限；

3) 保证金是否计付利息，如计付利息，利息的计算方式；

4) 缺陷责任期的期限及计算方式；

5) 保证金预留、返还及工程维修质量、费用等争议的处理程序；

6) 缺陷责任期内出现缺陷的索赔方式。

建设工程竣工结算后，发包人应按照合同约定及时向承包人支付工程结算价款并预留保证金。

全部或者部分使用政府投资的建设项目，按工程价款结算总额 5％左右的比例预留保证金。社会投资项目采用预留保证金方式的，预留保证金的比例可参照执行。

采用工程质量保证担保、工程质量保险等其他保证方式的，发包人不得再预留保证金。

（4）质量保证金的返还

缺陷责任期内，承包人认真履行合同约定的责任，到期后，承包人向发包人申请返还保证金。

发包人在接到承包人返还保证金申请后，应于 14 日内会同承包人按照合同约定的内容进行核实。如无异议，发包人应当在核实后 14 日内将保证金返还给承包人，逾期支付的，从逾期之日起，按照同期银行贷款利率计付利息，并承担违约责任。发包人在接到承包人返还保证金申请后 14 日内不予答复，经催告后 14 日内仍不予答复，视同认可承包人的返还保证金申请。

19.6　建设工程质量的监督管理

《建设工程质量管理条例》明确规定，国家实行建设工程质量监督管理制度。政府质量监督作为一项制度，以行政法规的性质在《建设工程质量管理条例》中加以明确，强调了建设工程质量必须实行政府监督管理。政府建设工程质量监督的主要目的是保证建设工程使用安全和环境质量，主要依据是法律、法规和强制性标准，主要方式是政府认可的第三方强制监督，主要内容是地基基础、主体结构、环境质量和与此相关的工程建设各方主体的质量行为，主要手段是施工许可制度和竣工验收备案制度。

建设工程质量监督管理具有以下几个特点：

第一，具有权威性，建设工程质量监督体现的是国家意志，任何从事工程建设活动的单位和个人都应当服从这种监督管理。

第二，具有综合性，这种监督管理并不局限于某一个阶段或某一个方面，而是贯穿于工程建设全过程，并适用于建设单位、勘察单位、设计单位、监理单位和施工单位。

工程质量监督也不局限于某一个工程建设项目，工程质量监督管理部门可以对本区域内的所有建设工程项目进行监督。

1. 建设工程质量监督的主体

对建设工程质量进行监督管理的主体是各级政府建设行政主管部门和其他有关部门。根据《建设工程质量管理条例》第 43 条第 2 款的规定，国务院建设行政主管部门对全国的建设工程质量实施统一的监督管理。国务院铁路、交通、水利等有关部门按照国务院规定的职责分工，负责对全国的有关专业建设工程质量的监督管理。

《建设工程质量管理条例》规定各级政府有关主管部门应当加强对有关建设工

程质量的法律、法规和强制性标准执行情况的监督检查；同时，规定政府有关主管部门履行监督检查职责时，有权采取系列措施：

(1) 要求被检查的单位提供有关工程质量的文件和资料；

(2) 进入被检查的施工现场进行检查；

(3) 发现有影响工程质量的问题时，责令改正。

由于建设工程质量监督具有专业性强、周期长、程序繁杂等特点，政府部门通常不宜亲自进行日常检查工作。这就需要通过委托由政府认可的第三方，即建设工程质量监督机构，来依法代行工程质量监督职能，并对委托的政府部门负责。政府部门主要对建设工程质量监督机构进行业务指导和管理，不进行具体工程质量监督。

根据建设部《关于建设工程质量监督机构深化改革的指导意见》(建建[2000]151号)的有关规定，建设工程质量监督机构是经省级以上建设行政主管部门或有关专业部门考核认定的独立法人。建设工程质量监督机构及其负责人、质量监督工程师和助理质量监督工程师，均应具备国家规定的基本条件。其中，从事施工图设计文件审查的建设工程质量监督机构，还应当具备国家规定的其他条件。建设工程质量监督机构的主要任务包括：

(1) 根据政府主管部门的委托，受理建设工程项目质量监督。

(2) 制定质量监督工作方案。具体包括：

1) 确定负责该项工程的质量监督工程师和助理质量监督工程师；

2) 根据有关法律、法规和工程建设强制性标准，针对工程特点，明确监督的具体内容、监督方式；

3) 在方案中对地基基础、主体结构和其他涉及结构安全的重要部位和关键工序，作出实施监督的详细计划安排；

4) 建设工程质量监督机构应将质量监督工作方案通知建设、勘察、设计、施工、监理单位。

(3) 检查施工现场工程建设各方主体的质量行为。主要包括：

1) 核查施工现场工程建设各方主体及有关人员的资质或资格；

2) 检查勘察、设计、施工、监理单位的质量保证体系和质量责任制落实情况；

3) 检查有关质量文件、技术资料是否齐全并符合规定。

(4) 检查建设工程的实体质量。主要包括：

1) 按照质量监督工作方案，对建设工程地基基础、主体结构和其他涉及结构安全的关键部位进行现场实地抽查；

2) 对用于工程的主要建筑材料、构配件的质量进行抽查；

3) 对地基基础分部、主体结构分部工程和其他涉及结构安全的分部工程的质量验收进行监督。

(5) 监督工程竣工验收。主要包括：

1) 监督建设单位组织的工程竣工验收的组织形式、验收程序以及在验收过程中提供的有关资料和形成的质量评定文件是否符合有关规定；

2）实体质量是否存有严重缺陷；

3）工程质量的检验评定是否符合国家验收标准。

（6）工程竣工验收后 5 日内，应向委托部门报送建设工程质量监督报告。建设工程质量监督报告应包括：

1）对地基基础和主体结构质量检查的结论；

2）工程竣工验收的程序、内容和质量检验评定是否符合有关规定；

3）及历次抽查该工程发现的质量问题和处理情况等内容。

（7）对预制建筑构件和商品混凝土的质量进行监督。

（8）受委托部门委托，按规定收取工程质量监督费。

（9）政府主管部门委托的工程质量监督管理的其他工作。

建设工程质量监督机构在进行监督工作中发现有违反建设工程质量管理规定行为和影响工程质量的问题时，有权采取责令改正、局部暂停施工等强制性措施，直至问题得到改正。需要给予行政处罚的，报告委托部门批准后实施。

[案例 19-3]

某质量监督站派出的监督人员到施工现场进行检查，发现工程进度相对于合同中约定的进度严重滞后。于是，质量监督站的监督人员对施工单位和监理单位提出了批评，并拟对其进行行政处罚。你认为质量监督站的决定正确吗？

分析：不正确。

首先，政府监督的依据是法律、法规和强制性标准，不包括合同。所以，进度不符合合同要求不属于监督范围之内。

其次，既是应该予以行政处罚，也不是由监督人员直接处罚，而是由其报告委托部门后实施。

2. 竣工验收备案制度

根据《建设工程质量管理条例》第 49 条的规定，建设单位应当自建设工程竣工验收合格之日起 15 日内，将建设工程竣工验收报告和规划、公安消防、环保等部门出具的认可文件或者准许使用文件报建设行政主管部门或者其他有关部门备案。

建设行政主管部门或者其他有关部门发现建设单位在竣工验收过程中有违反国家有关建设工程质量管理规定行为的，责令停止使用，重新组织竣工验收。

3. 工程质量事故报告制度

根据《建设工程质量管理条例》第 52 条第 1 款规定，"建设工程发生质量事故，有关单位应当在 24 小时内向当地建设行政主管部门和其他有关部门报告。对重大质量事故，事故发生地的建设行政主管部门和其他有关部门应当按照事故类别和等级向当地人民政府和上级建设行政主管部门和其他有关部门报告"。

根据《工程建设重大事故报告和调查程序规定》（建设部令第 3 号发布），重大事故系指在工程建设过程中由于责任过失造成工程倒塌或报废、机械设备损坏和安全设施失当造成人身伤亡或者重大经济损失的事故，共分为四个等级。而重大工

质量事故，则是指由于质量因素而导致的工程建设重大事故。❶

《建设工程质量管理条例》第 52 条第 2 款还规定："特别重大质量事故的调查程序按照国务院有关规定办理。"根据国务院《特别重大事故调查程序暂行规定》，特别重大事故，是指造成特别重大人身伤亡或者巨大经济损失以及性质特别严重、产生重大影响的事故。对于特别重大质量事故的调查处理，应按国务院《特别重大事故调查程序暂行规定》及有关规定进行。

---

❶ 引自《关于严肃工程建设重大质量事故报告和调查处理制度的通知》建监(1997)63 号

20.1 水污染防治法

水污染，是指水体因某种物质的介入，而导致其化学、物理、生物或者放射性等方面特性的改变，从而影响水的有效利用，危害人体健康或者破坏生态环境，造成水质恶化的现象。在我国，《水污染防治法》是规范水污染防治的基本法律。

1. 防治水污染的原则性规定

(1) 水污染的环境影响评价

依据《水污染防治法》，新建、扩建、改建直接或者间接向水体排放污染物的建设项目和其他水上设施，必须遵守国家有关建设项目环境保护管理的规定。建设项目的环境影响报告书，必须对建设项目可能产生的水污染和对生态环境的影响作出评价，规定防治的措施，按照规定的程序报经有关环境保护部门审查批准。在运河、渠道、水库等水利工程内设置排污口，应当经过有关水利工程管理部门同意。

环境影响报告书中，应当有该建设项目所在地单位和居民的意见。

(2) 水污染防护设施

依据《水污染防治法》，建设项目中防治水污染的设施，必须与主体工程同时设计，同时施工，同时投产使用。防治水污染的设施必须经过环境保护部门检验，达不到规定要求的，该建设项目不准投入生产或者使用。

直接或者间接向水体排放污染物的企业事业单位，应当按照国务院环境保护部门的规定，向所在地的环境保护部门申报登记拥有的污染物排放设施、处理设施和在正常作业条件下排放污染物的种类、数量和浓度，并提供防治水污染方面的有关技术资料。

第20章 环境保护法

前款规定的排污单位排放水污染物的种类、数量和浓度有重大改变的，应当及时申报；其水污染物处理设施必须保持正常使用，拆除或者闲置水污染物处理设施的，必须事先报经所在地的县级以上地方人民政府环境保护部门批准。

（3）缴纳排污费用

企业事业单位向水体排放污染物的，按照国家规定缴纳排污费；超过国家或者地方规定的污染物排放标准的，按照国家规定缴纳超标准排污费。排污费和超标准排污费必须用于污染的防治，不得挪作他用。

超标准排污的企业事业单位必须制定规划，进行治理，并将治理规划报所在地的县级以上地方人民政府环境保护部门备案。

2. 防治水污染的具体规定

（1）防止地表水污染的具体规定

1）在生活饮用水源地、风景名胜区水体、重要渔业水体和其他有特殊经济文化价值的水体的保护区内，不得新建排污口。在保护区附近新建排污口，必须保证保护区水体不受污染。本法公布前已有的排污口，排放污染物超过国家或者地方标准的，应当治理；危害饮用水源的排污口，应当搬迁。

2）排污单位发生事故或者其他突发性事件，排放污染物超过正常排放量，造成或者可能造成水污染事故的，必须立即采取应急措施，通报可能受到水污染危害和损害的单位，并向当地环境保护部门报告。

3）禁止向水体排放油类、酸液、碱液或者剧毒废液。

4）禁止在水体清洗装贮过油类或者有毒污染物的车辆和容器。

5）禁止将含有汞、镉、砷、铬、铅、氰化物、黄磷等的可溶性剧毒废渣向水体排放、倾倒或者直接埋入地下。存放可溶性剧毒废渣的场所，必须采取防水、防渗漏、防流失的措施。

6）禁止向水体排放、倾倒工业废渣、城市垃圾和其他废弃物。

7）禁止在江河、湖泊、运河、渠道、水库最高水位线以下的滩地和岸坡堆放、存贮固体废弃物和其他污染物。

8）禁止向水体排放或者倾倒放射性固体废弃物或者含有高放射性和中放射性物质的废水。向水体排放含低放射性物质的废水，必须符合国家有关放射防护的规定和标准。

9）向水体排放含热废水，应当采取措施，保证水体的水温符合水环境质量标准，防止热污染危害。

10）排放含病原体的污水，必须经过消毒处理；符合国家有关标准后，方准排放。

（2）防止地下水污染的具体规定

1）禁止企业事业单位利用渗井、渗坑、裂隙和溶洞排放、倾倒含有毒污染物的废水、含病原体的污水和其他废弃物。

2）在无良好隔渗地层，禁止企业事业单位使用无防止渗漏措施的沟渠、坑塘等输送或者存贮含有毒污染物的废水、含病原体的污水和其他废弃物。

3）在开采多层地下水的时候，如果各含水层的水质差异大，应当分层开采；对已受污染的潜水和承压水，不得混合开采。

4）兴建地下工程设施或者进行地下勘探、采矿等活动，应当采取防护性措施，防止地下水污染。

5）人工回灌补给地下水，不得恶化地下水质。

20.2　固体废弃物污染环境防治法

固体废物污染环境是指固体废物在产生、收集、贮存、运输、利用、处置的过程中产生的危害环境的现象。

1. 固体废物污染防治的原则性规定

（1）固体废物污染的环境影响评价

建设产生工业固体废物的项目以及建设贮存、处置固体废物的项目，必须遵守国家有关建设项目环境保护管理的规定。

建设项目的环境影响报告书，必须对建设项目产生的固体废物对环境的污染和影响作出评价，规定防治环境污染的措施，并按照国家规定的程序报环境保护行政主管部门批准。环境影响报告书经批准后，审批建设项目的主管部门方可批准该建设项目的可行性研究报告或者设计任务书。

（2）固体废物污染环境防治设施

建设项目的环境影响报告书确定需要配套建设的固体废物污染环境防治设施，必须与主体工程同时设计、同时施工、同时投产使用。固体废物污染环境防治设施必须经原审批环境影响报告书的环境保护行政主管部门验收合格后，该建设项目方可投入生产或者使用。对固体废物污染环境防治设施的验收应当与对主体工程的验收同时进行。

2. 固体废物污染环境的具体规定

固体废物，是指在生产建设、日常生活和其他活动中产生的污染环境的固态、半固态废弃物质。依据《固体废物污染环境防治法》，与工程建设有关的具体规定包括：

（1）产生固体废物的单位和个人，应当采取措施，防止或者减少固体废物对环境的污染。

（2）收集、贮存、运输、利用、处置固体废物的单位和个人，必须采取防扬散、防流失、防渗漏或者其他防止污染环境的措施。不得在运输过程中沿途丢弃、遗撒固体废物。

（3）在国务院和国务院有关主管部门及省、自治区、直辖市人民政府划定的自然保护区、风景名胜区、生活饮用水源地和其他需要特别保护的区域内，禁止建设工业固体废物集中贮存、处置设施、场所和生活垃圾填埋场。

（4）转移固体废物出省、自治区、直辖市行政区域贮存、处置的，应当向固体废物移出地的省级人民政府环境保护行政主管部门报告，并经固体废物接受地的省级人民政府环境保护行政主管部门许可。

（5）禁止中国境外的固体废物进境倾倒、堆放、处置。

（6）国家禁止进口不能用作原料的固体废物；限制进口可以用作原料的固体废物。

（7）露天贮存冶炼渣、化工渣、燃煤灰渣、废矿石、尾矿和其他工业固体废物的，应当设置专用的贮存设施、场所。

（8）施工单位应当及时清运、处置建筑施工过程中产生的垃圾，并采取措施，防止污染环境。

3. 危险废物污染环境防治的特别规定

危险废物，是指列入国家危险废物名录或者根据国家规定的危险废物鉴别标准和鉴别方法认定的具有危险特性的废物。依据《固体废物污染环境防治法》，与工程建设有关的具体规定有：

（1）对危险废物的容器和包装物以及收集、贮存、运输、处置危险废物的设施、场所，必须设置危险废物识别标志。

（2）以填埋方式处置危险废物不符合国务院环境保护行政主管部门的规定的，应当缴纳危险废物排污费。危险废物排污费征收的具体办法由国务院规定。危险废物排污费用于危险废物污染环境的防治，不得挪作他用。

（3）从事收集、贮存、处置危险废物经营活动的单位，必须向县级以上人民政府环境保护行政主管部门申请领取经营许可证，具体管理办法由国务院规定。禁止无经营许可证或者不按照经营许可证规定从事危险废物收集、贮存、处置的经营活动。禁止将危险废物提供或者委托给无经营许可证的单位从事收集、贮存、处置的经营活动。

（4）收集、贮存危险废物，必须按照危险废物特性分类进行。禁止混合收集、贮存、运输、处置性质不相容而未经安全性处置的危险废物。禁止将危险废物混入非危险废物中贮存。

（5）转移危险废物的，必须按照国家有关规定填写危险废物转移联单，并向危险废物移出地和接受地的县级以上地方人民政府环境保护行政主管部门报告。

（6）运输危险废物，必须采取防止污染环境的措施，并遵守国家有关危险货物运输管理的规定。禁止将危险废物与旅客在同一运输工具上载运。

（7）收集、贮存、运输、处置危险废物的场所、设施、设备和容器、包装物及其他物品转作他用时，必须经过消除污染的处理，方可使用。

（8）直接从事收集、贮存、运输、利用、处置危险废物的人员，应当接受专业培训，经考核合格，方可从事该项工作。

（9）产生、收集、贮存、运输、利用、处置危险废物的单位，应当制定在发生意外事故时采取的应急措施和防范措施，并向所在地县级以上地方人民政府环境保护行政主管部门报告；环境保护行政主管部门应当进行检查。

（10）禁止经中华人民共和国过境转移危险废物。

20.3　大气污染环境防治法

所谓"大气污染"是指有害物质进入大气，对人类和生物造成危害的现象。如果对它不加以控制和防治，将严重的破坏生态系统和人类生存条件。

1. 防治大气污染的原则性规定

(1) 大气污染的环境影响评价

依据《大气污染防治法》，新建、扩建、改建向大气排放污染物的项目，必须遵守国家有关建设项目环境保护管理的规定。建设项目的环境影响报告书，必须对建设项目可能产生的大气污染和对生态环境的影响作出评价，规定防治措施，并按照规定的程序报环境保护行政主管部门审查批准。

(2) 大气污染防治设施

建设项目投入生产或者使用之前，其大气污染防治设施必须经过环境保护行政主管部门验收，达不到国家有关建设项目环境保护管理规定的要求的建设项目，不得投入生产或者使用。

向大气排放污染物的单位，必须按照国务院环境保护行政主管部门的规定向所在地的环境保护行政主管部门申报拥有的污染物排放设施、处理设施和在正常作业条件下排放污染物的种类、数量、浓度，并提供防治大气污染方面的有关技术资料。

前款规定的排污单位排放大气污染物的种类、数量、浓度有重大改变的，应当及时申报；其大气污染物处理设施必须保持正常使用，拆除或者闲置大气污染物处理设施的，必须事先报经所在地的县级以上地方人民政府环境保护行政主管部门批准。

向大气排放污染物的，其污染物排放浓度不得超过国家和地方规定的排放标准。

(3) 缴纳排污费用

国家实行按照向大气排放污染物的种类和数量征收排污费的制度，根据加强大气污染防治的要求和国家的经济、技术条件合理制定排污费的征收标准。

征收排污费必须遵守国家规定的标准，具体办法和实施步骤由国务院规定。

征收的排污费一律上缴财政，按照国务院的规定用于大气污染防治，不得挪作他用，并由审计机关依法实施审计监督。

2. 防止大气污染的具体规定

依据《大气污染防治法》，与工程建设相关的具体规定包括：

(1) 向大气排放粉尘的排污单位，必须采取除尘措施。

(2) 严格限制向大气排放含有毒物质的废气和粉尘；确需排放的，必须经过净化处理，不超过规定的排放标准。

(3) 在人口集中地区和其他依法需要特殊保护的区域内，禁止焚烧沥青、油毡、橡胶、塑料、皮革、垃圾以及其他产生有毒有害烟尘和恶臭气体的物质。

（4）运输、装卸、贮存能够散发有毒有害气体或者粉尘物质的，必须采取密闭措施或者其他防护措施。

（5）在城市市区进行建设施工或者从事其他产生扬尘污染活动的单位，必须按照当地环境保护的规定，采取防治扬尘污染的措施。

20.4 环境噪声污染防治法

环境噪声，是指在工业生产、建筑施工、交通运输和社会生活中所产生的干扰周围生活环境的声音。环境噪声污染，则是指所产生的环境噪声超过国家规定的环境噪声排放标准，并干扰他人正常生活、工作和学习的现象。在我国，《环境噪声污染防治法》是规范噪声污染防治的基本法律。

1. 防治噪声污染的原则性规定

（1）噪声污染的环境影响评价

新建、改建、扩建的建设项目，必须遵守国家有关建设项目环境保护管理的规定。建设项目可能产生环境噪声污染的，建设单位必须提出环境影响报告书，规定环境噪声污染的防治措施，并按照国家规定的程序报环境保护行政主管部门批准。

环境影响报告书中，应当有该建设项目所在地单位和居民的意见。

（2）噪声污染防治设施

建设项目的环境噪声污染防治设施必须与主体工程同时设计、同时施工、同时投产使用。

建设项目在投入生产或者使用之前，其环境噪声污染防治设施必须经原审批环境影响报告书的环境保护行政主管部门验收；达不到国家规定要求的，该建设项目不得投入生产或者使用。

产生环境噪声污染的企业事业单位，必须保持防治环境噪声污染的设施的正常使用；拆除或者闲置环境噪声污染防治设施的，必须事先报经所在地的县级以上地方人民政府环境保护行政主管部门批准。

（3）缴纳排污费用

产生环境噪声污染的单位，应当采取措施进行治理，并按照国家规定缴纳超标准排污费。征收的超标准排污费必须用于污染的防治，不得挪作他用。

2. 防治噪声污染的具体规定

《环境噪声污染防治法》中与工程建设有关的噪声是建筑施工噪声和交通运输噪声。建筑施工噪声，是指在建筑施工过程中产生的干扰周围生活环境的声音。交通运输噪声，是指机动车辆、铁路机车、机动船舶、航空器等交通运输工具在运行时所产生的干扰周围生活环境的声音。具体规定有：

（1）在城市市区范围内向周围生活环境排放建筑施工噪声的，应当符合国家规定的建筑施工场界环境噪声排放标准。

（2）在城市市区范围内，建筑施工过程中使用机械设备，可能产生环境噪声污染的，施工单位必须在工程开工 15 日以前向工程所在地县级以上地方人民政府环境保护行政主管部门申报该工程的项目名称、施工场所和期限、可能产生的环境噪声值以及所采取的环境噪声污染防治措施的情况。

(3) 在城市市区噪声敏感建筑物集中区域内,禁止夜间进行产生环境噪声污染的建筑施工作业,但抢修、抢险作业和因生产工艺上要求或者特殊需要必须连续作业的除外。

因特殊需要必须连续作业的,必须有县级以上人民政府或者其有关主管部门的证明。前款规定的夜间作业,必须公告附近居民。

(4) 建设经过已有的噪声敏感建筑物集中区域的高速公路和城市高架、轻轨道路,有可能造成环境噪声污染的,应当设置声屏障或者采取其他有效的控制环境噪声污染的措施。

"噪声敏感建筑物"是指医院、学校、机关、科研单位、住宅等需要保持安静的建筑物。"噪声敏感建筑物集中区域"是指医疗区、文教科研区和以机关或者居民住宅为主的区域。

(5) 在已有的城市交通干线的两侧建设噪声敏感建筑物的,建设单位应当按照国家规定间隔一定距离,并采取减轻、避免交通噪声影响的措施。

20.5 民用建筑节能

《中华人民共和国节约能源法》(以下简称《节约能源法》),并自 1998 年 1 月 1 日起开始实施。

《节约能源法》的立法目的在于为了推进全社会节约能源,提高能源利用效率和经济效益,保护环境,保障国民经济和社会的发展,满足人民生活需要。《节约能源法》分为六章,共五十条,分别对节能管理、合理使用能源、节能技术进步作出了规定。

依据《节约能源法》,建设部于 2005 年 11 月 10 日发布了《民用建筑节能管理规定》,该规定自 2006 年 1 月 1 日起施行。此规定所称民用建筑,是指居住建筑和公共建筑。

1. 节能的含义

所谓节能,是指加强用能管理,采取技术上可行、经济上合理以及环境和社会可以承受的措施,减少从能源生产到消费各个环节中的损失和浪费,更加有效、合理地利用能源。

节能是我国经济和社会发展的一项长远战略方针,也是当前一项极为紧迫的任务。为推动全社会开展节能降耗,缓解能源瓶颈制约,建设节能型社会,促进经济社会可持续发展,实现全面建设小康社会的宏伟目标,经国务院同意,国家发展和改革委员会于 2004 年 11 月制定发布了《十一五节能中长期专项规划》。节能专项规划是我国能源中长期发展规划的重要组成部分,也是我国中长期节能工作的指导性文件和节能项目建设的依据。《十一五节能中长期专项规划》规定了节能的十大重点工程,分别是:燃煤工业锅炉(窑炉)改造工程、区域热电联产工程、余热余压利用工程、节约和替代石油工程、电机系统节能工程、能量系统优化工程、建筑节能工程、绿色照明工程、政府机构节能工程、节能监测和技术服务体系建设工程。

根据《节约能源法》第12条，固定资产投资工程项目的可行性研究报告，应当包括合理用能的专题论证。固定资产投资工程项目的设计和建设，应当遵守合理用能标准和节能设计规范。达不到合理用能标准和节能设计规范要求的项目，依法审批的机关不得批准建设；项目建成后，达不到合理用能标准和节能设计规范要求的，不予验收。

对于属于工程建设强制性标准的节能标准，根据《建设工程质量管理条例》及相关规定，建设工程项目各参建单位，包括建设单位、设计单位、施工图设计文件审查机构、监理单位以及施工单位等，均应当严格遵守，其中：

（1）建设单位应当按照节能政策要求和节能标准委托工程项目的设计。建设单位不得以任何理由要求设计单位、施工单位擅自修改经审查合格的节能设计文件，降低节能标准。

（2）设计单位应当依据节能标准的要求进行设计，保证节能设计质量。

（3）施工图设计文件审查机构在进行审查时，应当审查节能设计的内容，在审查报告中单列节能审查章节；不符合节能强制性标准的，施工图设计文件审查结论应当定为不合格。

（4）监理单位应当依照法律、法规以及节能标准、节能设计文件、建设工程承包合同及监理合同对节能工程建设实施监理。

（5）施工单位应当按照审查合格的设计文件和节能施工标准的要求进行施工，保证工程施工质量。

以上各参建单位未遵守上述规定的，应当按照《节约能源法》、《建设工程质量管理条例》等法律、法规和规章，承担相应的法律责任。

2. 民用建筑节能

根据2006年施行的《民用建筑节能规定》（建设部第143号令），民用建筑节能，是指民用建筑在规划、设计、建造和使用过程中，通过采用新型墙体材料，执行建筑节能标准，加强建筑物用能设备的运行管理，合理设计建筑围护结构的热工性能，提高采暖、制冷、照明、通风、给排水和通道系统的运行效率，以及利用可再生能源，在保证建筑物使用功能和室内热环境质量的前提下，降低建筑能源消耗，合理、有效地利用能源的活动。此处的民用建筑包括居住建筑和公共建筑。

本规定鼓励发展下列建筑节能技术和产品：

（1）新型节能墙体和屋面的保温、隔热技术与材料；

（2）节能门窗的保温隔热和密闭技术；

（3）集中供热和热、电、冷联产联供技术；

（4）供热采暖系统温度调控和分户热量计量技术与装置；

（5）太阳能、地热等可再生能源应用技术及设备；

（6）建筑照明节能技术与产品；

（7）空调制冷节能技术与产品；

（8）其他技术成熟、效果显著的节能技术和节能管理技术。

建设单位应当按照建筑节能政策要求和建筑节能标准委托工程项目的设计。

建设单位不得以任何理由要求设计单位、施工单位擅自修改经审查合格的节能设计文件，降低建筑节能标准。

设计单位应当依据建筑节能标准的要求进行设计，保证建筑节能设计质量。

新建民用建筑应当严格执行建筑节能标准要求，民用建筑工程扩建和改建时，应当对原建筑进行节能改造。

施工图设计文件审查机构在进行审查时，应当审查节能设计的内容，在审查报告中单列节能审查章节；不符合建筑节能强制性标准的，施工图设计文件审查结论应当定为不合格。

施工单位应当按照审查合格的设计文件和建筑节能施工标准的要求进行施工，保证工程施工质量。

监理单位应当依照法律、法规以及建筑节能标准、节能设计文件、建设工程承包合同及监理合同对节能工程建设实施监理。

建设单位在竣工验收过程中，有违反建筑节能强制性标准行为的，按照《建设工程质量管理条例》的有关规定，重新组织竣工验收。

第 16 条规定，从事建筑节能及相关管理活动的单位，应当对其从业人员进行建筑节能标准与技术等专业知识的培训。

21.1 税法

税法是调整税收关系的法律规范的总称。本书仅就与工程建设密切相关的法律、法规进行介绍。主要包括：

(1)《税收征收管理法》；

(2)《中华人民共和国营业税暂行条例》；

(3)《营业税暂行条例实施细则》；

(4)《城市维护建设税暂行条例》；

(5)《中华人民共和国企业所得税暂行条例》；

(6)《中华人民共和国个人所得税法》。

21.1.1 纳税人的权利和义务

1. 权利

(1) 特殊情况下延期纳税的权利

根据《税收征收管理法》的有关规定，纳税人因有特殊困难，不能按期缴纳税款的，经批准可以延期缴纳税款，但是最长不得超过三个月。纳税人未按照规定期限缴纳税款的，扣缴义务人未按照规定期限解缴税款的，税务机关除责令限期缴纳外，从滞纳税款之日起，按日加收滞纳税款万分之五的滞纳金。

(2) 收取完税凭证的权利

税务机关征收税款时，必须给纳税人开具完税凭证。扣缴义务人代扣、代收税款时，纳税人要求扣缴义务人开具代扣、代收税款凭证的，扣缴义务人应当开具。

2. 义务

(1) 依法纳税

纳税人、扣缴义务人应按照法律、行政法规规定或者税务机关依照法律、行政法规的规定确定的期限，缴纳或者解缴税款。

未按规定解缴税款是指扣缴义务人已将纳税人应缴的税款代扣、代收，但没有按时缴入国库的行为。

(2) 出境清税

欠缴税款的纳税人或者他的法定代表人需要出境的，应当在出境前向税务机关结清应纳税款、滞纳金或者提供担保。未结清税款、滞纳金，又不提供担保的，税务机关可以通知出境管理机关阻止其出境。

(3) 纳税人报告制度

欠缴税款数额较大的纳税人在处分其不动产或者大额资产之前，应当向税务机关报告。

21.1.2　与建设工程相关的几个主要税种

1. 营业税

营业税，是以从事工商营利事业和服务业所取得的收入为征税对象的一种税。

(1) 营业税的纳税人

根据《中华人民共和国营业税暂行条例》（以下简称《营业税暂行条例》）第1条的规定，营业税的纳税人为在中国境内提供应税劳务、转让无形资产或者销售不动产的单位和个人。根据《营业税暂行条例》第11条的规定，建筑安装业务实行分包或者转包的，以总承包人为扣缴义务人。

(2) 营业税的征税对象

营业税的征税对象为应税劳务、转让无形资产或者销售不动产，建筑业（包括建筑、安装、修缮、装饰及其他工程作业）即属于营业税的征税对象。

(3) 营业税的税基

营业税的税基为营业额。根据《营业税暂行条例》第5条的规定，纳税人的营业额为纳税人提供应税劳务、转让无形资产或者销售不动产向对方收取的全部价款和价外费用。但是，建筑业的总承包人将工程分包或者转包给他人的，以工程的全部承包额减去付给分包人或者转包人的价款后的余额为营业额。

此外，财政部《营业税暂行条例实施细则》第18条还规定，纳税人从事建筑、修缮、装饰工程作业，无论与对方如何结算，其营业额均应包括工程所用原材料及其他物资和动力的价款在内。纳税人从事安装工程作业，凡所安装的设备的价值作为安装工程产值的，其营业额应包括设备的价款在内。

(4) 营业税的税率

建筑业实行固定比例税率，为3%。

(5) 城市维护建设税和教育费附加

1) 城市维护建设税

根据国务院《城市维护建设税暂行条例》的规定，缴纳营业税（包括缴纳产品税和增值税）的单位和个人，应当同时缴纳城市维护建设税。在缴纳营业税的情况下，城市维护建设税以营业税为税基，其税率如下：

① 纳税人所在地在市区的，税率为7%；

② 纳税人所在地在县城、镇的，税率为5%；

③ 纳税人所在地不在市区、县城或镇的，税率为1%。

2）教育费附加

根据国务院《征收教育费附加的暂行规定》及2005年《国务院关于修改〈征收教育费附加的暂行规定〉的决定》，缴纳营业税（包括缴纳产品税和增值税）的单位和个人，应当同时缴纳教育费附加。在缴纳营业税的情况下，教育费附加以营业税为税基，其税率为3%。

2. 企业所得税

企业所得税是以企业在一定期间内的纯所得为征税对象的一种税。

(1) 企业所得税的纳税人

根据《中华人民共和国企业所得税法》第1条的规定，在中华人民共和国境内，企业和其他取得收入的组织（以下统称企业）为企业所得税的纳税人，依照本法的规定缴纳企业所得税。个人独资企业、合伙企业不适用本法。

(2) 企业所得税的征税对象

企业每一纳税年度的收入总额，减除不征税收入、免税收入、各项扣除以及允许弥补的以前年度亏损后的余额，为应纳税所得额。企业以货币形式和非货币形式从各种来源取得的收入，为收入总额。包括：

1）销售货物收入；

2）提供劳务收入；

3）转让财产收入；

4）股息、红利等权益性投资收益；

5）利息收入；

6）租金收入；

7）特许权使用费收入；

8）接受捐赠收入；

9）其他收入。

(3) 企业所得税的税率

根据《中华人民共和国企业所得税法》，企业所得税的税率为25%。

3. 个人所得税

个人所得税是以个人的所得为征税对象的一种税。

(1) 个人所得税的纳税人

根据《中华人民共和国个人所得税法》（以下简称《个人所得税法》）第1条的规定，个人所得税的纳税人为在中国境内有住所，或者无住所而在中国境内居住满一年的个人，以及在中国境内无住所又不居住或者在境内居住不满一年但有来源于中国境内所得的个人。

(2) 个人所得税的征税对象

《个人所得税法》第2条规定，下列各项个人所得，应纳个人所得税：

1) 工资、薪金所得；

2) 个体工商户的生产、经营所得；

3) 对企事业单位的承包经营、承租经营所得；

4) 劳务报酬所得；

5) 稿酬所得；

6) 特许权使用费所得；

7) 利息、股息、红利所得；

8) 财产租赁所得；

9) 财产转让所得；

10) 偶然所得；

11) 经国务院财政部门确定征税的其他所得。

(3) 个人所得税的税基

个人所得税的税基为应纳税所得额。根据《个人所得税法》第6条的规定，应纳税所得额按如下方式计算：

1) 工资、薪金所得，以每月收入额减除费用三千元后的余额，为应纳税所得额。

2) 个体工商户的生产、经营所得，以每一纳税年度的收入总额，减除成本、费用以及损失后的余额，为应纳税所得额。

3) 对企事业单位的承包经营、承租经营所得，以每一纳税年度的收入总额，减除必要费用后的余额，为应纳税所得额。

4) 劳务报酬所得、稿酬所得、特许权使用费所得、财产租赁所得，每次收入不超过四千元的，减除费用八百元；四千元以上的，减除百分之二十的费用，其余额为应纳税所得额。

5) 财产转让所得，以转让财产的收入额减除财产原值和合理费用后的余额，为应纳税所得额。

6) 利息、股息、红利所得，偶然所得和其他所得，以每次收入额为应纳税所得额。

(4) 个人所得税的税率

个人所得税根据不同的税目适用不同的税率。根据《个人所得税法》第2条的规定，个人所得税的税率分别为：

1) 工资、薪金所得，适用超额累进税率，税率为百分之五至百分之四十五。

2) 个体工商户的生产、经营所得和对企事业单位的承包经营、承租经营所得，适用百分之五至百分之三十五的超额累进税率。

3) 稿酬所得，适用比例税率，税率为百分之二十，并按应纳税额减征百分之三十。

4) 劳务报酬所得，适用比例税率，税率为百分之二十。对劳务报酬所得一次收入畸高的，可以实行加成征收。

5) 特许权使用费所得，利息、股息、红利所得，财产租赁所得，财产转让所得，偶然所得和其他所得，适用比例税率，税率为百分之二十。

21.1.3　税务管理的规定

税务管理是税收征管程序中的基础性环节，主要包括三项制度，分别是税务登记制度、账簿凭证管理制度和纳税申报制度。

1. 税务登记制度

(1) 开业、变更及注销登记

根据《中华人民共和国税收征收管理法》（以下简称《税收征收管理法》）的有关规定，企业及其在外地设立的分支机构等从事生产、经营的纳税人，应当自领取营业执照之日起 30 日内，向税务机关申报办理税务登记。税务登记内容发生变化的，纳税人应当自办理工商变更登记之日起 30 日内或办理工商注销登记前，向税务机关申报办理变更或者注销税务登记。

从事生产、经营的纳税人应当按照国家有关规定，持税务登记证件，在银行或者其他金融机构开立基本存款账户和其他账户，并将其全部账号向税务机关报告。

(2) 税务登记证件

纳税人应当按照国家有关规定使用税务登记证件，不得转借、涂改、损毁、买卖或者伪造税务登记证件。税务登记证件具有重要作用，除按照规定不需要发给税务登记证件的，纳税人办理下列事项时，必须持税务登记证件：

1) 开立银行账户；

2) 申请减税、免税、退税；

3) 申请办理延期申报、延期缴纳税款；

4) 领购发票；

5) 申请开具外出经营活动税收管理证明；

6) 办理停业、歇业等。

2. 账簿凭证管理制度

根据《税收征收管理法》的有关规定，纳税人、扣缴义务人按照有关法律、行政法规和国务院财政、税务主管部门的规定设置账簿，根据合法、有效凭证记账，进行核算。从事生产、经营的纳税人、扣缴义务人必须按照国务院财政、税务主管部门规定的保管期限保管账簿、记账凭证、完税凭证及其他有关资料，账簿、记账凭证、完税凭证及其他有关资料不得伪造、变造或者擅自损毁。

3. 纳税申报管理制度

根据《税收征收管理法》的有关规定，纳税人必须依照法律、行政法规规定或者税务机关依照法律、行政法规的规定确定的申报期限、申报内容如实办理纳税申报，报送纳税申报表、财务会计报表以及税务机关根据实际需要要求纳税人报送的其他纳税资料。扣缴义务人必须依照法律、行政法规规定或者税务机关依照法律、行政法规的规定确定的申报期限、申报内容如实报送代扣代缴、代收代缴税款报告表以及税务机关根据实际需要要求扣缴义务人报送的其他有关资料。

纳税人、扣缴义务人不能按期办理纳税申报或者报送代扣代缴、代收代缴税款报告表的，经税务机关核准，可以延期申报，但应在核准的延期内办理税款结算。

21.2　消防法

《中华人民共和国消防法》（以下简称《消防法》）于 1998 年 4 月 29 日第九届全国人民代表大会常务委员会第二次会议通过，自 1998 年 9 月 1 日起施行。

《消防法》的立法目的在于为了预防火灾和减少火灾危害，保护公民人身、公共财产和公民财产的安全，维护公共安全，保障社会主义现代化建设的顺利进行。

《消防法》分为六章，共五十四条。本书仅节选了其中与工程建设相关的规定进行介绍。

1. 消防设计的审核

根据《消防法》第 10 条的规定，按照国家工程建筑消防技术标准需要进行消防设计的建筑工程，设计单位应当按照国家工程建筑消防技术标准进行设计，建设单位应当将建筑工程的消防设计图纸及有关资料报送公安消防机构审核；未经审核或者经审核不合格的，建设行政主管部门不得发给施工许可证，建设单位不得施工。

经公安消防机构审核的建筑工程消防设计需要变更的，应当报经原审核的公安消防机构核准；未经核准的，任何单位和个人不得变更。

同时，根据《消防法》第 11 条的规定，建筑构件和建筑材料的防火性能必须符合国家标准或者行业标准。公共场所室内装修、装饰根据国家工程建设消防技术标准的规定，应当使用不燃、难燃材料的，必须选用依照《中华人民共和国产品质量法》等法律、法规确定的检验机构检验合格的材料。

2. 消防设计的验收

根据《消防法》第 10 条第 3 款的规定，按照国家工程建筑消防技术标准进行消防设计的建筑工程竣工时，必须经公安消防机构进行消防验收；未经验收或者经验收不合格的，不得投入使用。

3. 机关、团体、企事业单位应当履行的消防安全职责

根据《消防法》第 14 条的规定，机关、团体、企业、事业单位应当履行下列消防安全职责：

（1）制定消防安全制度、消防安全操作规程；

（2）实行防火安全责任制，确定本单位和所属各部门、岗位的消防安全责任人；

（3）针对本单位的特点对职工进行消防宣传教育；

（4）组织防火检查，及时消除火灾隐患；

（5）按照国家有关规定配置消防设施和器材、设置消防安全标志，并定期组织检验、维修，确保消防设施和器材完好、有效；

（6）保障疏散通道、安全出口畅通，并设置符合国家规定的消防安全疏散标志。

4. 工程建设中应当采取的消防安全措施

（1）根据《消防法》第 15 条的规定，在设有车间或者仓库的建筑物内，不得设置员工集体宿舍。在设有车间或者仓库的建筑物内，已经设置员工集体宿舍的，应当限期加以解决。对于暂时确有困难的，应当采取必要的消防安全措施，经公安消防机构批准后，可以继续使用。

（2）根据《消防法》第 17 条的规定，生产、储存、运输、销售或者使用、销毁易燃易爆危险物品的单位、个人，必须执行国家有关消防安全的规定。进入生产、储存易燃易爆危险物品的场所，必须执行国家有关消防安全的规定。禁止携带火种进入生产、储存易燃易爆危险物品的场所。储存可燃物资仓库的管理，必须执行国家有关消防安全的规定。

（3）根据《消防法》第 18 条的规定，禁止在具有火灾、爆炸危险的场所使用明火；因特殊情况需要使用明火作业的，应当按照规定事先办理审批手续。作业人员应当遵守消防安全规定，并采取相应的消防安全措施。进行电焊、气焊等具有火灾危险的作业人员和自动消防系统的操作人员，必须持证上岗，并严格遵守消防安全操作规程。

（4）根据《消防法》第 19 条的规定，消防产品的质量必须符合国家标准或者行业标准。禁止生产、销售或者使用未经依照《产品质量法》的规定确定的检验机构检验合格的消防产品。禁止使用不符合国家标准或者行业标准的配件或者灭火剂维修消防设施和器材。公安消防机构及其工作人员不得利用职务为用户指定消防产品的销售单位和品牌。

（5）根据《消防法》第 20 条的规定，电器产品、燃气用具的质量必须符合国家标准或者行业标准。电器产品、燃气用具的安装、使用和线路、管路的设计、敷设，必须符合国家有关消防安全技术规定。

（6）根据《消防法》第 21 条的规定，任何单位、个人不得损坏或者擅自挪用、拆除、停用消防设施、器材，不得埋压、圈占消火栓，不得占用防火间距，不得堵塞消防通道。公用和城建等单位在修建道路以及停电、停水、截断通信线路时有可能影响消防队灭火救援的，必须事先通知当地公安消防机构。

21.3 反不正当竞争法

1993 年 9 月 2 日第八届全国人民代表大会常务委员会第三次会议通过《中华人民共和国反不正当竞争法》，自 1993 年 12 月 1 日起施行。

为保障社会主义市场经济健康发展，鼓励和保护公平竞争，制止不正当竞争行为，保护经营者和消费者的合法权益，制定《中华人民共和国反不正当竞争法》。

21.3.1 不正当竞争的含义

经营者在市场交易中，应当遵循自愿、平等、公平、诚实信用的原则，遵守公认的商业道德。不正当竞争是指经营者违反本法规定，损害其他经营者合法权益，扰乱社会经济秩序的行为。经营者是指从事商品经营或者营利性服务（以下所称商品包括服务）的法人、其他经济组织和个人。

各级人民政府应当采取措施，制止不正当竞争行为，为公平竞争创造良好的环境和条件。县级以上人民政府、工商行政管理部门对不正当竞争行为进行监督检查；法律、行政法规规定由其他部门监督检查的依照其规定。

国家鼓励、支持和保护一切组织和个人对不正当竞争行为进行社会监督。国家机关工作人员不得支持、包庇不正当竞争行为。

21.3.2 不正当竞争行为的内容

1. 以不正当的手段从事市场交易

经营者不得采用下列不正当手段从事市场交易，损害竞争对手：

(1) 假冒他人的注册商标；

(2) 擅自使用知名商品特有的名称、包装、装潢，或者使用与知名商品近似的名称、包装、装潢，造成和他人的知名商品相混淆，使购买者误认为是该知名商品；

(3) 擅自使用他人的企业名称或者姓名，引人误认为是他人的商品；

(4) 在商品上伪造或者冒用认证标志、名优标志等质量标志，伪造产地，对商品质量作引人误解的虚假表示。

(5) 公用企业或者其他依法具有独占地位的经营者，不得限定他人购买其指定的经营者的商品，以排挤其他经营者的公平竞争。

(6) 政府及其所属部门不得滥用行政权力，限定他人购买其指定的经营者的商品，限制其他经营者正当的经营活动。政府及其所属部门不得滥用行政权力，限制外地商品进入本地市场，或者本地商品流向外地市场。

(7) 经营者不得采用财物或者其他手段进行贿赂以销售或者购买商品。在账外暗中给予对方单位或者个人回扣的，以行贿论处；对方单位或者个人在账外暗中收受回扣的，以受贿论处。经营者销售或者购买商品，可以以明示方式给对方折扣，可以给中间人佣金。经营者给对方折扣、给中间人佣金的，必须如实入账。接受折扣、佣金的经营者必须如实入账。

(8) 经营者不得利用广告或者其他方法，对商品的质量、制作成分、性能、用途、生产者、有效期限、产地等作引人误解的虚假宣传。广告的经营者不得在明知或者应知的情况下，代理、设计、制作、发布虚假广告。

2. 侵犯商业秘密

经营者不得采用下列手段侵犯商业秘密：

(1) 以盗窃、利诱、胁迫或者其他不正当手段获取权利人的商业秘密；

(2) 披露、使用或者允许他人使用以前项手段获取权利人的商业秘密；

(3) 违反约定或者违反权利人有关保守商业秘密的要求，披露、使用或者允许他人使用其所掌握的商业秘密。第三人明知或者应知前款所列违法行为，获取、使用或者披露他人的商业秘密，视为商业秘密。本条所称的秘密，是指不为公众所知悉、能为权利人带来经济利益、具有实用性并经权利人采取保密措施的技术信息和经营信息。

3. 违法有奖销售

经营者不得从事下列有奖销售：

（1）采用谎称有奖或者故意让内定人员中奖的欺骗方式进行有奖销售；

（2）利用有奖销售的手段推销质次价高的商品；

（3）抽奖式的有奖销售，最高奖的金额不超过五千元。

经营者不得捏造、散布虚伪事实，损害竞争对手的商业信誉、商品声誉。

投标者不得串通投标，抬高标价或者压低标价。投标者和招标者不得相互勾结，以排挤竞争对手的公平竞争。

21.3.3　不属于不正当行为的内容

经营者不得以排挤对手为目的，以低于成本的价格销售商品。有下列情形之一的，不属于不正当行为：

（1）销售鲜活商品；

（2）处理有效期限即将到期的商品或者其他积压的商品；

（3）季节性降价；

（4）因清偿债务、转产、歇业降价销售商品。

经营者销售商品，不得违背购买者的意愿搭售商品或者附加其他不合理的条件。

21.3.4　监督检查

县级以上监督检查部门对不正当竞争行为，可以进行监督检查。

监督检查部门在监督检查不正当竞争行为时，有权行使下列职权：按照规定程序询问被检查的经营者、利害关系人、证明人，并要求提供证明材料或者与不正当竞争行为有关的其他资料；查询、复制与不正当竞争行为有关的协议、账册、单据、文件、记录、业务函电和其他资料；检查与不正当竞争行为有关的财物，必要时可以责令被检查的经营者说明该商品的来源和数量，暂停销售，听候检查，不得转移、隐匿、销毁财物。

监督检查部门工作人员监督检查不正当竞争行为时，应当出示检查证件。

监督检查部门在监督检查不正当竞争行为时，被检查的经营者、利害关系人和证明人应当如实提供有关资料或者情况。

民事诉讼法，是指国家制定的规范法院与民事诉讼参加人诉讼活动、调整法院与民事诉讼参加人法律关系的法律规范的总称。狭义的民事诉讼法，是指《中华人民共和国民事诉讼法》（下文简称《民事诉讼法》），广义的民事诉讼法还包括其他法律中关于民事诉讼的具体规定以及最高人民法院的有关司法解释。

《民事诉讼法》于 1991 年 4 月 9 日第七届全国人民代表大会第四次会议通过，1991 年 4 月 9 日施行。

《民事诉讼法》的立法目的在于保护当事人行使诉讼权利，保证人民法院查明事实，分清是非，正确适用法律，及时审理民事案件，确认民事权利义务关系，制裁民事违法行为，保护当事人的合法权益，教育公民自觉遵守法律，维护社会秩序、经济秩序，保障社会主义建设事业顺利进行。

《民事诉讼法》分为四篇，二十九章，共二百七十条。本书仅就与工程建设相关的规定进行介绍。

22.1 民事诉讼法律基本制度

民事纠纷，特别是发包人和承包人就有关工期、质量、造价等方面产生的建设工程合同争议，是工程建设领域最常见的纠纷形式。建设工程民事纠纷的处理方式主要有四种，分别是和解、调解、仲裁和诉讼。我国《合同法》第 128 条规定，当事人可以通过和解或者调解解决合同争议。当事人不愿和解、调解或者和解、调解不成的，可以根据仲裁协议向仲裁机构申请仲裁。当事人没有订立仲裁协议或者仲裁协议无效的，可以向人民法院起诉。当事人应当履行发生法律效力的判决、仲裁裁决、调解书；拒不履行的，对方可以请求人民法院执行。

1. 民事诉讼的含义

民事诉讼，是指人民法院在当事人和其他诉讼参与人的参加下，以审理、裁判、执行等方式解决民事纠纷的活动，以及由此产生的各种诉讼关系的总和。诉讼参与人包括原告、被告、第三人、证人、鉴定人、勘验人等。

在我国，《中华人民共和国民事诉讼法》（以下简称《民事诉讼法》）是调整和规范法院和诉讼参与人的各种民事诉讼活动的基本法律。

2. 民事诉讼的基本特征

(1) 公权性

民事诉讼是由人民法院代表国家意志行使司法审判权，通过司法手段解决平等民事主体之间的纠纷，这使得民事诉讼与具有民间性质的调解和仲裁有所不同。

(2) 强制性

民事诉讼的公权性，决定了其在案件的受理和执行等方面具有强制性。调解、仲裁均建立在当事人自愿的基础上，如果一方当事人不愿意进行调解、仲裁，调解和仲裁将不会发生。但民事诉讼则不同，只要原告起诉符合法定的条件，无论被告是否愿意，诉讼都会发生。此外，民间的和解、调解协议的履行依靠当事人的自觉，不具有强制执行的效力，但法院的裁判则具有强制执行的效力，当事人不自动履行生效裁判，法院依另一方当事人申请可依法强制执行。

(3) 程序性

民事诉讼是依照法定程序进行的诉讼活动，无论是法院，还是当事人和其他诉讼参与人，均须按照民事诉讼法律规定的程序实施诉讼行为。与民事诉讼相比，民间调解通常没有严格的程序规则，仲裁虽然也要按照预先确定的程序进行，但相对灵活，当事人的选择权也较大。

3. 民事诉讼法律基本制度

《民事诉讼法》第10条规定："人民法院审理民事案件，依照法律规定实行合议、回避、公开审判和两审终审制度。"

(1) 合议制度

合议制度是指由三人以上单数的审判人员组成合议庭，对民事案件进行审理的制度。合议庭评议案件，实行少数服从多数的原则。实行合议制度，是为了发挥集体的力量，弥补个人能力的不足，以保证案件的审判质量。

(2) 回避制度

回避制度是指为了保证案件的公正审判，而要求与案件有一定利害关系的审判人员或其他有关人员，不得参与本案的审理活动或诉讼活动的审判制度。

(3) 公开审判制度

公开审判制度是指人民法院审理民事案件，除法律规定的情况外，审判过程及结果应当向社会公开，允许群众旁听庭审和宣判过程，允许新闻媒体对庭审过程进行采访、报道，并将案件向社会披露。

(4) 两审终审制度

两审终审制度是指一个民事诉讼案件经过两级法院审判后即告终结的制度。根据两审终审制度，对于一般民事诉讼案件，当事人不服一审法院的判决或裁定，可上诉至二审法院。二审法院所作的判决、裁定为生效判决、裁定，当事人不得再上诉。最高人民法院所做的一审判决、裁定，为终审判决、裁定，当事人不得上诉。

22.2 诉讼管辖与回避制度

22.2.1 诉讼管辖

民事诉讼中的管辖，是指各级法院之间和同级法院之间受理第一审民事案件的分工和权限。

1. 级别管辖

级别管辖，是指按照一定的标准，划分上下级法院之间受理第一审民事案件的分工和权限。我国法院有四级，分别是基层人民法院、中级人民法院、高级人民法院和最高人民法院，每一级均受理一审民事案件。我国《民事诉讼法》主要根据案件的性质、复杂程度和案件影响来确定级别管辖。在实践中，争议标的金额的大小，往往是确定级别管辖的重要依据，但各地人民法院确定的级别管辖的争议标的数额标准不尽相同。

2. 地域管辖

地域管辖，是指按照各法院的辖区和民事案件的隶属关系，划分同级法院受理第一审民事案件的分工和权限。地域管辖实际上是以法院与当事人、诉讼标的以及法律事实之间的隶属关系和关联关系来确定的，主要包括如下几种情况：

（1）一般地域管辖

一般地域管辖，是以当事人与法院的隶属关系来确定诉讼管辖，通常实行"原告就被告"原则，即以被告住所地作为确定管辖的标准。根据《民事诉讼法》第22条规定：

1）对公民提起的民事诉讼，由被告住所地人民法院管辖；被告住所地与经常居住地不一致的，由经常居住地人民法院管辖。其中，公民的住所地是指该公民的户籍所在地。经常居住地是指公民离开住所至起诉时已连续居住满1年的地方，但公民住院就医的地方除外。

2）对法人或者其他组织提起的民事诉讼，由被告住所地人民法院管辖。在这里，被告住所地是指法人或者其他组织的主要办事机构所在地或者主要营业地。

（2）特殊地域管辖

特殊地域管辖，是指以被告住所地、诉讼标的所在地、法律事实所在地为标准确定的管辖。我国《民事诉讼法》规定了九种特殊地域管辖的诉讼，其中与工程建设领域关系最为密切的是因合同纠纷提起的诉讼。

《民事诉讼法》第24条规定："因合同纠纷提起的诉讼，由被告住所地或者合同履行地人民法院管辖。"在这里，合同履行地是指合同约定的履行义务的地点，主要是指合同标的交付地点。合同履行地应当在合同中明确约定，没有约定或约定不明的，当事人既不能协商确定，又不能按照合同有关条款和交易习惯确定的，按照《合同法》第62条的有关规定确定。对于建设工程施工合同纠纷，最高人民法院《关于审理建设工程施工合同纠纷案件适用法律问题的解释》第24条规定："建设工程施工合同纠纷以施工行为地为合同履行地"。

发生合同纠纷的，我国《民事诉讼法》还规定了协议管辖制度。所谓协议管辖，是指合同当事人在纠纷发生前后，在法律允许的范围内，以书面形式约定案件的管辖法院。协议管辖仅适用于合同纠纷。《民事诉讼法》第25条规定："合同的当事人可以在书面合同中协议选择被告住所地、合同履行地、合同签订地、原告住所地、标的物所在地人民法院管辖，但不得违反本法对级别管辖和专属管辖的规定。"

(3) 专属管辖

专属管辖，是指法律规定某些特殊类型的案件和专门由特定的法院管辖。专属管辖是排他性管辖，排除了诉讼当事人协议选择管辖法院的权利。专属管辖与一般地域管辖和特殊地域的关系是：凡法律规定为专属管辖的诉讼，均适用专属管辖。

我国《民事诉讼法》第34条规定了三种适用专属管辖的案件。其中，因不动产纠纷提起的诉讼，由不动产所在地人民法院管辖，如房屋买卖纠纷、土地使用权转让纠纷等。但是应当注意的是，根据最高人民法院《关于审理建设工程施工合同纠纷案件适用法律问题的解释》的规定，建设工程施工合同纠纷不适用专属管辖，而应当按照《民事诉讼法》第24条的规定，适用合同纠纷的地域管辖原则，即由被告住所地或合同履行地人民法院管辖。发包人和承包人也可根据《民事诉讼法》第25条的规定，在发包人住所地、承包人住所地、合同签订地、施工行为地(工程所在地)的范围内，通过协议确定管辖法院。

3. 管辖权异议

管辖权异议，是指当事人向受诉法院提出的该法院对案件无管辖权的主张。《民事诉讼法》第38条规定："人民法院受理案件后，当事人对管辖权有异议的，应当在提交答辩状期间提出。人民法院对当事人提出的异议，应当审查。异议成立的，裁定将案件移交有管辖权的人民法院；异议不成立的，裁定驳回。"

22.2.2 回避

根据《民事诉讼法》第45条规定，审判人员、书记员、翻译人员、鉴定人、勘验人有下列情形之一的，必须回避，当事人有权用口头或者书面方式申请回避：

(1) 是本案当事人或者当事人、诉讼代理人的近亲属；

(2) 与本案有利害关系；

(3) 与本案当事人有其他关系，可能影响对案件公正审理的。

根据《民事诉讼法》的有关规定，当事人提出回避申请，应当说明理由，在案件开始审理时提出。回避事由在案件开始审理后知道的，也可以在法庭辩论终结前提出。被申请回避的人员在人民法院作出是否回避的决定前，应当暂停参与本案的工作。

［案例22-1］

A建筑公司是黑龙江省的一家建筑公司，其承揽的雅典家园位于黑龙江省哈尔滨市。建设单位是上海市一家开发公司。

2006年8月10日，雅典家园施工项目竣工。但是建设单位却没有按照合同约定支付工程款。A建筑公司拟对建设单位提起诉讼，于是对于应该到哪家法院起诉的问题咨询了律师，律师告诉A建筑公司的负责人：由于所修建的雅典家园属于不动产，根据《民事诉讼法》第34条，属于专属管辖，只能由不动产所在地法院管辖。

你认为这位律师的观点正确吗？

分析：

不正确。尽管所修建的雅典家园属于不动产，但是，根据最高人民法院民事审判第一庭编著的《最高人民法院建设工程施工合同司法解释的理解与适用》，建设工程施工合同纠纷不适用专属管辖，而应当按照《民事诉讼法》第24条的规定，适用合同纠纷的地域管辖原则，即由被告住所地或合同履行地人民法院管辖。发包人和承包人也可根据《民事诉讼法》第25条的规定，在发包人住所地、承包人住所地、合同签订地、施工行为地（工程所在地）的范围内，通过协议确定管辖法院。

22.3 财产保全及先予执行

在民事诉讼中，从人民法院受理当事人的起诉开始，到作出生效的法律文书并实现文书所确定的权利，往往需要较长的时间。为了防止过长的诉讼时间带来的对当事人权利无法周密保护问题，民事诉讼法规定了财产保全和先予执行制度。

22.3.1 财产保全

1. 财产保全的概念

所谓财产保全，是指当可能因发生有关财产被一方当事人转移、隐匿、毁损等情形，导致法院将来的判决不能执行或难以执行，进而另一方当事人（或利害关系人）的合法利益受到损害的，根据当事人或者利害关系人的申请或人民法院的裁定，由人民法院对有关财产采取保全措施的诉讼法律制度。

2. 财产保全的种类

(1) 诉讼财产保全

诉讼财产保全，是指在诉讼过程中，为了保证人民法院的判决能够执行，人民法院根据当事人的申请，或在必要时依职权裁定对有关财产采取保全措施的制度。

根据《民事诉讼法》第92条的规定，人民法院采取诉讼财产保全措施的，可以责令申请人提供担保。申请人不提供担保的，驳回申请。人民法院接受申请后，对情况紧急的，必须在48小时内作出裁定。裁定采取诉讼财产保全措施的，应当立即开始执行。

（2）诉前财产保全

诉前财产保全，是指在诉讼发生前，利害关系人因情况紧急，不立即申请财产保全将会使其合法权益受到难以弥补的损害的情况下，人民法院根据利害关系人的申请，对有关的财产采取保全措施的制度。

根据《民事诉讼法》第 93 条的规定，利害关系人请求人民法院采取诉前财产保全措施，应当提供担保，不提供担保的，驳回申请。人民法院接受申请后，必须在 48 小时内作出裁定。裁定采取诉前财产保全措施的，应当立即开始执行。申请人应当在人民法院采取诉前财产保全措施后 15 日内起诉。未在该期限内起诉的，人民法院应当解除诉前财产保全。

3. 财产保全的实施

根据《民事诉讼法》的有关规定，"财产保全限于请求的范围，或者与本案有关的财物"。其中，"请求的范围"一般指保全的财产其价值与诉讼请求相当或与利害关系人的请求相当；"与本案有关的财物"一般指本案的标的物。财产保全的措施包括"查封、扣押、冻结或者法律规定的其他方法"。

被申请人提供担保的，人民法院应当解除财产保全。申请有错误的，申请人应当赔偿被申请人因财产保全所遭受的损失。

22.3.2　先予执行

所谓先予执行，是指人民法院在做出终审判决以前，为解决权利人生活或生产经营的急需，根据当事人申请，依法裁定义务人预先履行义务的诉讼法律制度。

1. 先予执行的适用范围

根据《民事诉讼法》第 97 条的规定，人民法院对下列案件，根据当事人的申请，可以裁定先予执行：

（1）追索赡养费、抚养费、抚育费、抚恤金、医疗费用的；

（2）追索劳动报酬的；

（3）因情况紧急需要先予执行的。

2. 先予执行的适用条件

根据《民事诉讼法》第 98 条的规定，人民法院裁定先予执行的，应当符合下列条件：

（1）当事人之间权利义务关系明确，不先予执行将严重影响申请人的生活或者生产经营的；

（2）被申请人有履行能力的。

人民法院可以责令申请人提供担保，申请人不提供担保的，驳回申请。申请人败诉的，应当赔偿被申请人因先予执行遭受的财产损失。

［案例 22-2］

农民工张某已经为某路桥公司工作三年了，但是却没有拿到一点劳动报酬。2006 年 8 月 30 日，张某将路桥公司告上了法庭，要求路桥公司支付自己的劳动报酬。经过核实，确认张某提供的情况基本属实。为了解决张某生活上的困难，2006年9月5日，在没有作出终审判决前，法院裁定路桥公司提前支付张某部分劳动报酬5000元。

你认为法院的裁定正确吗？

分析：

正确。根据《民事诉讼法》第97条的规定，人民法院对下列案件，根据当事人的申请，可以裁定先予执行：

(1) 追索赡养费、抚养费、抚育费、抚恤金、医疗费用的；

(2) 追索劳动报酬的；

(3) 因情况紧急需要先予执行的。

可见，张某的情况符合先予执行的条件。而仅仅支付部分劳动报酬也无不妥，因为先予执行的目的在于解决当事人所面临的困境，而不是提前满足当事人的诉讼请求。

22.4　审判程序

审判程序是民事诉讼法规定的最为重要的内容，它是人民法院审理案件适用的程序，可以分为一审程序、二审程序和审判监督程序。

22.4.1　一审程序

一审程序包括普通程序和简易程序，普通程序是指人民法院审理第一审民事案件通常适用的程序。普通程序是第一审程序中最基本的程序，具有独立性和广泛性，是整个民事审判程序的基础。本节主要介绍普通程序。

普通程序是《民事诉讼法》规定的民事诉讼当事人进行第一审民事诉讼和人民法院审理第一审民事案件所通常适用的诉讼程序。同时，由于我国现行《民事诉讼法》并未单独规定有关审判程序的总则，普通程序的有关规定在一定程度上还起着程序总则的作用。例如，《民事诉讼法》第157条规定："第二审人民法院审理上诉案件，除依照本章规定外，适用第一审普通程序"。

适用普通程序审理的案件，根据《民事诉讼法》第135条的规定，应当在立案之日起6个月内审结。有特殊情况需要延长的，由本院院长批准，可以延长6个月；还需要延长的，报请上级法院批准。

1. 起诉和受理

(1) 起诉

根据《民事诉讼法》第108条规定，起诉必须符合下列条件：

1) 原告是与本案有直接利害关系的公民、法人和其他组织；

2) 有明确的被告；

3) 有具体的诉讼请求、事实和理由；

4) 属于人民法院受理民事诉讼的范围和受诉人民法院管辖。

起诉方式，应当以书面起诉为原则，口头起诉为例外。而在工程实践中，基本都是采用书面起诉方式。《民事诉讼法》第 109 条第 1 款规定："起诉应当向人民法院提交起诉状，并按照被告人数提出副本"。根据《民事诉讼法》第 110 条规定，起诉状应当记明下列事项：

1）当事人的姓名、性别、年龄、民族、职业、工作单位和住所，法人或者其他组织的名称、住所和法定代表人或者主要负责人的姓名、职务；

2）诉讼请求和所根据的事实和理由；

3）证据和证据来源、证人姓名和住所。

(2) 受理

根据《民事诉讼法》第 112 条的规定，人民法院收到起诉状，经审查，认为符合起诉条件的，应当在 7 日内立案并通知当事人。认为不符合起诉条件的，应当在 7 日内裁定不予受理。原告对裁定不服的，可以提起上诉。

2. 审理前的主要准备工作

(1) 送达起诉状副本和提出答辩状

《民事诉讼法》第 113 条规定："人民法院应当在立案之日起五日内将起诉状副本发送被告，被告在收到之日起十五日内提出答辩状。被告提出答辩状的，人民法院应当在收到之日起五日内将答辩状副本发送原告。被告不提出答辩状的，不影响人民法院审理。"

此外，当事人对管辖权有异议的，应当在提交答辩状期间提出。

(2) 告知当事人诉讼权利义务及组成合议庭

人民法院对决定受理的案件，应当在受理案件通知书和应诉通知书中向当事人告知有关的权利和义务，或者口头告知。

普通程序的审判组织应当采用合议制。《民事诉讼法》第 115 条规定："合议庭组成人员确定后，应当在三日内告知当事人。"

3. 开庭审理

(1) 法庭调查

法庭调查，是在法庭上出示与案件有关的全部证据，对案件事实进行全面调查并有当事人进行质证的程序。根据《民事诉讼法》第 124 条的规定，法庭调查按照下列程序进行：

1）当事人陈述；

2）告知证人的权利义务，证人作证，宣读未到庭的证人证言；

3）出示书证、物证和视听资料；

4）宣读鉴定结论；

5）宣读勘验笔录。

(2) 法庭辩论

法庭辩论，是当事人及其诉讼代理人在法庭上行使辩论权，针对有争议的事实和法律问题进行辩论的程序。法庭辩论的目的，是通过当事人及其诉讼代理人的辩论，对有争议的问题逐一进行审查和核实，借此查明案件的真实情况和正确适用法律。

（3）法庭笔录

《民事诉讼法》第 133 条规定，书记员应当将法庭审理的全部活动记入笔录，由审判人员和书记员签名。

法庭笔录应当当庭宣读，也可以告知当事人和其他诉讼参与人当庭或者在 5 日内阅读。当事人和其他诉讼参与人认为对自己的陈述记录有遗漏或者差错的，有权申请补正。法庭笔录由当事人和其他诉讼参与人签名或者盖章。

（4）宣判

法庭辩论终结，应当依法作出判决。根据《民事诉讼法》的有关规定，判决前能够调解的，还可以进行调解。调解书经双方当事人签收后，即具有法律效力。调解不成的，如调解未达成协议或者调解书送达前一方反悔的，人民法院应当及时判决。

根据《民事诉讼法》第 129 条、第 130 条的规定，原告经传票传唤，无正当理由拒不到庭的，或者未经法庭许可中途退庭的，可以按撤诉处理；被告反诉的，可以缺席判决。被告经传票传唤，无正当理由拒不到庭的，或者未经法庭许可中途退庭的，可以缺席判决。

人民法院一律公开宣告判决，同时必须告知当事人上诉权利、上诉期限和上诉的法院。最高人民法院的判决、裁定，以及超过上诉期没有上诉的判决、裁定，是发生法律效力判决、裁定。

22.4.2 第二审程序

第二审程序，又称上诉程序或终审程序，是指由于民事诉讼当事人不服地方各级人民法院尚未生效的第一审判决或裁定，在法定上诉期间内，向上一级人民法院提起上诉而引起的诉讼程序。由于我国实行两审终审制，上诉案件经二审法院审理后，作出的判决、裁定为终审的判决、裁定，诉讼程序即告终结。

1. 上诉期间

根据《民事诉讼法》第 147 条的规定，当事人不服地方人民法院第一审判决的，有权在判决书送达之日起 15 日内向上一级人民法院提起上诉；不服地方人民法院第一审裁定的，有权在裁定书送达之日起 10 日内向上一级人民法院提起上诉。

2. 上诉状

《民事诉讼法》规定当事人提起上诉，应当递交上诉状。上诉状应当通过原审法院提出，并按照对方当事人的人数提出副本。

3. 二审法院对上诉案件的处理

根据《民事诉讼法》第 153 条的规定，第二审人民法院对上诉案件，经过审理，按照下列情形，分别处理：

（1）原判决认定事实清楚，适用法律正确的，判决驳回上诉，维持原判决；

（2）原判决适用法律错误的，依法改判；

（3）原判决认定事实错误，或者原判决认定事实不清，证据不足，裁定撤销原判决，发回原审人民法院重审，或者查清事实后改判；

（4）原判决违反法定程序，可能影响案件正确判决的，裁定撤销原判决，发回原审人民法院重审。

第二审人民法院的判决、裁定，是终审的判决、裁定。第二审法院作出的具有给付内容的判决，具有强制执行力，如果有履行义务的当事人拒不履行，对方当事人有权向法院申请强制执行。

对于发回原审法院重审的案件，原审法院仍将按照一审程序进行审理。因此，当事人对重审案件的判决、裁定，仍然可以上诉。

22.4.3　审判监督程序

审判监督程序，即再审程序，是指对已经发生法律效力的判决、裁定、调解书，人民法院认为确有错误，对案件再行审理的程序。审判监督程序不是独立审级，也不是案件审理的必经程序。

再审程序既可由法院系统内部主动提起，也可依人民检察院的抗诉而提起，还可以根据当事人的申请而提起。当事人申请再审，应当在判决、裁定发生法律效力后2年内提出。

[案例 22-3]

2005年6月7日，人民法院一审判决 Y 建筑公司因施工质量问题赔偿建设单位25万元人民币。Y 建筑公司不服判决，于2005年6月12日上诉，但二审法院维持了原判。你认为 Y 建筑公司是否还有机会改变这个结果？

分析：

有机会。尽管二审法院作出的判决是最终的判决。但是，为了判决、裁定的错误，《民事诉讼法》规定了审判监督程序。

《民事诉讼法》第179条规定："当事人的申请符合下列情形之一的，人民法院应当再审：

（1）有新的证据，足以推翻原判决、裁定的；

（2）原判决、裁定认定事实的主要证据不足的；

（3）原判决、裁定适用法律确有错误的；

（4）人民法院违反法定程序，可能影响案件正确判决、裁定的；

（5）审判人员在审理该案件时有贪污受贿，徇私舞弊，枉法裁判行为的。"

所以，如果具有上述情形之一，Y 建筑公司有机会改变二审作出的判决。另外，《民事诉讼法》第177条规定："各级人民法院院长对本院已经发生法律效力的判决、裁定，发现确有错误，认为需要再审的，应当提交审判委员会讨论决定。最高人民法院对地方各级人民法院已经发生法律效力的判决、裁定，上级人民法院对下级人民法院已经发生法律效力的判决、裁定，发现确有错误的，有权提审或者指令下级人民法院再审。"这也意味着二审的结果可能会被改变。

22.5 执行程序

审判程序与执行程序是并列的独立程序。审判程序是产生裁判书的过程，执行程序是实现裁判书内容的过程。强制执行，是指法院的执行机构依照法定程序，对发生法律效力并具有给付内容的法律文书，以国家的强制力为后盾，依法采取强制措施，迫使具有给付义务的当事人履行其给付义务的行为。

22.5.1 执行的申请

1. 据以申请执行的主要法律文书

根据《民事诉讼法》的有关规定，对于下列具有法律效力的法律文书，一方当事人不履行的，对方当事人可以向有管辖权的法院申请执行：

（1）法院制作的发生法律效力的民事判决、裁定以及生效的调解书；

（2）仲裁机构制作的依法由人民法院执行的仲裁裁决书、生效的仲裁调解书；

（3）公证机关依法赋予强制执行效力的债权文书等。

2. 申请执行的期限

根据《民事诉讼法》第 219 条的规定，申请执行的期限，双方或有一方当事人是公民的为 1 年，双方是法人或者其他组织的为 6 个月。该期限从法律文书规定履行期间的最后一日起计算，法律文书规定分期履行的，从规定的每次履行期间的最后一日起计算。

22.5.2 执行措施

执行措施是法院依法强制执行生效法律文书的方法和手段。根据《民事诉讼法》第 22 章及相关司法解释规定，执行措施主要包括：

1）查询、冻结、划拨被执行人的存款；

2）扣留、提取被执行人的收入；

3）查封、扣押、拍卖、变卖被执行人的财产；

4）搜查被执行人隐匿的财产；

5）强制被执行人和有关单位、公民交付法律文书指定的财产或票证；

6）强制被执行人迁出房屋或退出土地；

7）强制被执行人履行法律文书指定的行为；

8）需办理有关财产权证照转移手续的，向有关单位发出协助执行通知书；

9）强制被执行人支付迟延履行期间债务利息及迟延履行金。

10）依申请执行人申请，通知对被执行人负有到期债务的第三人向申请执行人履行债务。

《中华人民共和国仲裁法》（下文简称《仲裁法》）于 1994 年 8 月 31 日第八届全国人民代表大会常务委员会第九次会议通过，自 1995 年 9 月 1 日起施行。

《仲裁法》的立法目的在于为保证公正、及时地仲裁经济纠纷，保护当事人的合法权益，保障社会主义市场经济健康发展。

《仲裁法》分为八章，共八十条。本书仅对于工程建设密切相关的规定予以介绍。

根据我国《仲裁法》的规定，只有平等主体的公民、法人和其他组织之间发生的合同纠纷和其他财产权益纠纷，才可以仲裁。下列纠纷不适用《仲裁法》裁决：

（1）婚姻、收养、监护、扶养、继承纠纷；

（2）依法应当由行政机关处理的行政争议；

（3）劳动争议案件和农业集体经济组织内部的农业承包合同纠纷，由法律另行规定。

23.1 仲裁的特点与仲裁法律基本制度

1. 仲裁的特点

仲裁作为一个法律概念有其特定的含义，即指发生争议的当事人（申请人与被申请人），根据其达成的仲裁协议，自愿将该争议提交中立的第三者（仲裁机构）进行裁判的争议解决制度。

仲裁具有以下特点：

（1）自愿性

当事人的自愿性是仲裁最突出的特点。仲裁以当事人的意思自治为前提，即是否将纠纷提交仲裁，向哪个仲裁委员会申请仲裁，仲裁庭如何组成，仲裁员的选择，以及仲裁的审理方式等都是在当事人自愿的基础上，由当事人协商确定的。仲裁的自愿性也决定了仲裁与诉讼相比，前者更加灵活和方便。

(2) 专业性

专家裁案，是民商事仲裁的重要特点之一。民商事仲裁往往涉及不同行业的专业知识，例如，建设工程的纠纷处理不仅涉及有工程建设有关的法律法规，还常常需要运用大量的工程造价、工程质量方面的专业知识和熟悉建筑业自身特有的交易习惯和行业惯例。因此，仲裁由具有一定专业水平的专家担任仲裁员，是确保仲裁结果准确、公正的重要保障。

(3) 独立性

根据《仲裁法》第 14 条的规定："仲裁委员会独立于行政机关，与行政机关没有隶属关系。仲裁委员会之间也没有隶属关系。"在仲裁过程中，仲裁庭独立进行仲裁，不受任何行政机关、社会团体和个人的干涉，也不受其他仲裁机构的干涉，具有独立性。

(4) 保密性

仲裁以不公开审理为原则。同时，按照各仲裁规则的规定，当事人及其代理人、证人、翻译、仲裁员、仲裁庭咨询的专家和指定的鉴定人、仲裁委员会有关工作人员亦要遵守保密义务，不得对外界透露案件实体和程序的有关情况。因此，当事人之间的纠纷及有关的商业秘密，不会因仲裁活动而泄露。

(5) 快捷性

仲裁实行一裁终局制度，仲裁裁决一经作出即发生法律效力。这使得当事人之间的纠纷能够迅速得以解决。

2. 仲裁法律基本制度

(1) 协议仲裁制度

仲裁协议是当事人仲裁自愿的体现，当事人申请仲裁、仲裁委员会受理仲裁、仲裁庭对仲裁案件的审理和裁决，都必须以当事人依法订立的仲裁协议为前提。可以说，没有有效的仲裁协议，就不会有仲裁。《仲裁法》第 4 条规定，没有仲裁协议，一方申请仲裁的，仲裁委员会不予受理。

(2) 或裁或诉制度

仲裁和诉讼是两种不同的争议解决方式，当事人只能选择其中一种加以采用。《仲裁法》第 5 条明确规定："当事人达成仲裁协议，一方向人民法院起诉的，人民法院不予受理，但仲裁协议无效的除外。"因此，有效的仲裁协议即排除法院对案件的司法管辖权，只有在没有仲裁协议或者仲裁协议无效的情况下，法院才可以对当事人的纠纷予以受理。

(3) 一裁终局制度

《仲裁法》第 9 条第 1 款规定："仲裁实行一裁终局的制度。裁决作出后，当事人就同一纠纷再申请仲裁或者向人民法院起诉的，仲裁委员会或者人民法院不予受理。"当事人应当履行仲裁裁决。一方当事人不履行的，另一方当事人可以依照民事诉讼法的有关规定向人民法院申请强制执行。

23.2　仲裁协议

仲裁协议是指当事人自愿将已经发生或者可能发生的争议通过仲裁解决的书面协议。在民商事仲裁中，仲裁协议是仲裁的前提，没有仲裁协议，就不存在有效的仲裁。

1. 仲裁协议的类型

根据《仲裁法》第16条第1款的规定："仲裁协议包括合同中订立的仲裁条款和其他以书面形式在纠纷发生前或者纠纷发生后达成的请求仲裁的协议。"据此，仲裁协议应当采用书面形式，口头方式达成的仲裁意思表示无效。仲裁协议既可以表现为合同中的仲裁条款，也可以表现为独立于合同而存在的仲裁协议书。而在实践中，仲裁条款是最常见的仲裁协议形式。

2. 仲裁协议的内容

根据《仲裁法》第16条的规定，仲裁协议应当具有下列内容：

（1）请求仲裁的意思表示；

（2）仲裁事项；

（3）选定的仲裁委员会。

这三项内容必须同时具备，仲裁协议才能有效。其中，由于仲裁没有法定管辖的规定，因此当事人选择仲裁委员会可以不受地点的限制，但必须明确、具体。如果仲裁协议对仲裁协议或者仲裁委员会没有约定或约定不明确，且当事人达不成补充协议的，仲裁协议无效。

例如，中国国际经济贸易仲裁委员会的示范仲裁条款："凡因本合同引起的或与本合同有关的任何争议，均应提交中国国际经济贸易仲裁委员会，按照申请仲裁时该会现行有效的仲裁规则进行仲裁。仲裁裁决是终局的，对双方具有约束力。"

3. 仲裁协议的效力

（1）对当事人的法律效力

仲裁协议一经有效成立，即对当事人产生法律约束力。发生纠纷后，当事人只能通过向仲裁协议中所约定的仲裁机构申请仲裁的方式解决该纠纷，而丧失了就该纠纷向法院提起诉讼的权利。

（2）对法院的约束力

有效的仲裁协议将排除法院的司法管辖权。根据《仲裁法》第26条的规定，当事人达成仲裁协议，一方向人民法院起诉未声明有仲裁协议，人民法院受理后，另一方在首次开庭前提交仲裁协议的，人民法院应当驳回起诉（但仲裁协议无效的除外）。

（3）对仲裁机构的法律效力

仲裁协议是仲裁委员会受理仲裁案件的基础，是仲裁庭审理和裁决仲裁案件的依据。没有有效的仲裁协议，仲裁委员会将不能获得仲裁案件的管辖权。同时，仲裁委员会还只能对当事人在仲裁协议中约定的争议事项进行仲裁，对超出仲裁协议约定范围的其他争议无权仲裁。

（4）仲裁协议的独立性

《仲裁法》第19条规定，仲裁协议独立存在，合同的变更、解除、终止或者无效，不影响仲裁协议的效力。

［案例 23-1］

A建筑公司与B开发公司签订的施工承包合同中约定了解决纠纷的方法，双方同意采取仲裁的方式来解决纠纷。2006年7月4日，B开发公司以A建筑公司不具备资质为由，到法院起诉请求确认该合同无效。你认为法院是否会受理？

分析：

法院会裁定不予受理。《民事诉讼法》第111条规定："依照法律规定，双方当事人对合同纠纷自愿达成书面仲裁协议向仲裁机构申请仲裁、不得向人民法院起诉的，告知原告向仲裁机构申请仲裁。"

《合同法》第57条也规定："合同无效、被撤销或者终止的，不影响合同中独立存在的有关解决争议方法的条款的效力。"本案例中采用仲裁的方式即是解决争议方法的条款，该条款有效的意义就在于能够提供一条途径来确认合同本身是否有效。

23.3 仲裁程序

23.3.1 申请和受理

1. 申请仲裁的条件

根据《仲裁法》第21条的规定，当事人申请仲裁，应当符合下列条件：

（1）有仲裁协议；

（2）有具体的仲裁请求和事实、理由；

（3）属于仲裁委员会的受理范围。

2. 申请仲裁的方式

根据《仲裁法》第22条、第23条的规定，当事人申请仲裁，应当向仲裁委员会递交仲裁协议、仲裁申请书及副本。其中，仲裁申请书应当载明下列事项：

（1）当事人的姓名、性别、年龄、职业、工作单位和住所，法人或者其他组织的名称、住所和法定代表人或者主要负责人的姓名、职务；

（2）仲裁请求和所根据的事实、理由；

（3）证据和证据来源、证人姓名和住所。

3. 审查与受理

根据《仲裁法》的有关规定，仲裁委员会收到仲裁申请书之日起5日内，认为符合受理条件的应当受理，并通知当事人；认为不符合受理条件的，应当书面通知当事人不予受理，并说明理由。

仲裁委员会受理仲裁申请后，应当在仲裁规则规定的期限内将仲裁规则和仲裁员名册送达申请人，并将仲裁申请书副本和仲裁规则、仲裁员名册送达被申请人。被申请人收到仲裁申请书副本后，应当在仲裁规则规定的期限内向仲裁委员会提交答辩书。仲裁委员会收到答辩书后，应当在仲裁规则规定的期限内将答辩书副本送达申请人。被申请人未提交答辩书的，不影响仲裁程序的进行。被申请人有权提出反请求。

当事人申请财产保全的，仲裁委员会应当将当事人的申请依照民事诉讼法的有关规定提交人民法院。

23.3.2 仲裁庭的组成

1. 仲裁庭的组成形式和程序

根据《仲裁法》第 30 条的规定，仲裁庭可以由三名仲裁员或者一名仲裁员组成。由三名仲裁员组成的，设首席仲裁员。根据该规定，仲裁庭的组成形式包括合议仲裁庭和独任仲裁庭两种。

（1）合议仲裁庭组成程序

根据《仲裁法》第 31 条的规定，当事人约定由三名仲裁员组成仲裁庭的，应当各自选定或者各自委托仲裁委员会主任指定一名仲裁员，第三名仲裁员由当事人共同选定或者共同委托仲裁委员会主任指定。第三名仲裁员是首席仲裁员。

（2）独任仲裁庭组成程序

根据《仲裁法》第 31 条的规定，当事人约定一名仲裁员成立仲裁庭的，应当由当事人共同选定或者共同委托仲裁委员会主任指定仲裁员。

《仲裁法》第 32 条还规定，当事人没有在仲裁规定的期限内约定仲裁庭的组成方式或者选定仲裁员的，由仲裁委员会主任指定。

2. 仲裁员的回避

《仲裁法》第 34 条规定，仲裁员有下列情形之一的，必须回避，当事人也有权提出回避申请：

（1）是本案当事人或者当事人、代理人的近亲属；

（2）与本案有利害关系；

（3）与本案当事人、代理人有其他关系，可能影响公正仲裁的；

（4）私自会见当事人、代理人，或者接受当事人、代理人的请客送礼的。

23.3.3 开庭和裁决

1. 仲裁开庭和审理

仲裁应当开庭进行，当事人可以协议不开庭。当事人应当对自己的主张提供证据。仲裁庭认为有必要收集的证据，可以自行收集。证据应当在开庭时出示，当事人可以质证。当事人在仲裁过程中有权进行辩论。仲裁庭应当将开庭情况记入笔录。

2. 仲裁中的和解、调解

（1）仲裁中的和解

根据《仲裁法》的规定，当事人申请仲裁后，可以自行和解。达成和解协议的，可以请求仲裁庭根据和解协议作出裁决书，也可以撤回仲裁申请。

当事人达成和解协议，撤回仲裁申请后反悔的，可以根据仲裁协议申请仲裁。

（2）仲裁中的调解

根据《仲裁法》的有关规定，仲裁庭在作出裁决前，可以先行调解。当事人自愿调解的，仲裁庭应当调解。调解不成的，应当及时作出裁决。

调解达成协议的，仲裁庭应当制作调解书或者根据协议的结果制作裁决书。调解书与裁决书具有同等法律效力。调解书经双方当事人签收后，即发生法律效力。在调解书签收前当事人反悔的，仲裁庭应当及时作出裁决。

3. 仲裁裁决

根据《仲裁法》的有关规定，仲裁裁决应当按照多数仲裁员的意见作出，少数仲裁员的不同意见可以记入笔录。仲裁庭不能形成多数意见时，裁决应当按照首席仲裁员的意见作出。裁决书自作出之日起发生法律效力，具体体现在：

（1）当事人不得就已经裁决的事项再申请仲裁，也不得就此提起诉讼；

（2）仲裁裁决具有强制执行力。

[案例 23-2]

A 建筑公司与建设单位就工程质量纠纷进行了仲裁。A 建筑公司选择的仲裁员并没有按照 A 建筑公司的意愿做出裁决，而是做出了不利于 A 建筑公司的裁决。对此，A 建筑公司提出异议，认为既然该仲裁员是自己选定的，就应该为自己的利益服务。你认为 A 建筑公司的观点正确吗？

分析：

不正确。

《中华人民共和国仲裁法》第 7 条规定："仲裁应当根据事实，符合法律规定，公平合理地解决纠纷。"所以，仲裁员不同于律师，需要保持客观公正，而不是为选定他的一方的利益服务。

23.4 仲裁裁决的撤销

仲裁实行一裁终局制度，仲裁裁决一经作出，即发生法律效力。如果仲裁裁决发生错误就必然损害当事人的合法权益，而仲裁制度没有内部的监督制度，因此，只能由法院进行外部监督，具体体现在仲裁裁决的撤销与不予执行。

1. 申请撤销仲裁裁决的理由和条件

根据《仲裁法》第 58 条、第 59 条的规定，当事人提出证据证明裁决有下列情形之一的，可以向仲裁委员会所在地的中级人民法院申请撤销裁决：

（1）没有仲裁协议的；

（2）裁决的事项不属于仲裁协议的范围或者仲裁委员会无权仲裁的；

（3）仲裁庭的组成或者仲裁的程序违反法定程序的；

（4）裁决所依据的证据是伪造的；

（5）对方当事人隐瞒了足以影响公正裁决的证据的；

（6）仲裁员在仲裁该案时有索贿受贿、徇私舞弊、枉法裁决行为的。

当事人申请撤销裁决的，应当自收到裁决书之日起 6 个月内提出。

2. 仲裁裁决被撤销的法律后果

仲裁裁决被人民法院依法撤销后，当事人之间的纠纷并未解决。在这种情况下，根据《仲裁法》第 9 条的规定，当事人就该纠纷可以根据双方重新达成的仲裁协议申请仲裁，也可以向人民法院起诉。

23.5　仲裁裁决的执行

1. 仲裁裁决的强制执行

《仲裁法》第 62 条规定："仲裁裁决作出后，当事人应当履行裁决。一方当事人不履行的，另一方当事人可以依照民事诉讼法的有关规定，向人民法院申请执行。"

2. 仲裁裁决的不予执行

根据《仲裁法》第 63 条和《民事诉讼法》的相关规定，被申请人提出证据证明裁决有下列情形之一的，经人民法院组成合议庭审查核实，裁定不予执行：

（1）当事人在合同中没有仲裁条款或者事后没有达成书面仲裁协议的；

（2）裁决的事项不属于仲裁协议的范围或者仲裁机构无权仲裁的；

（3）仲裁庭的组成或者仲裁的程序违反法定程序的；

（4）认定事实的主要证据不足的；

（5）适用法律确有错误的；

（6）仲裁员在仲裁该案时有索贿受贿、徇私舞弊、枉法裁决行为的。

仲裁裁决被人民法院依法裁定不予执行的，当事人就该纠纷可以重新达成仲裁协议，并依据该仲裁协议申请仲裁，也可以向人民法院提起诉讼。

行政复议，是指行政机关根据上级行政机关对下级行政机关的监督权，在当事人的申请和参加下，按照行政复议程序对具体行政行为进行合法性和适当性审查，并作出裁决解决行政侵权争议的活动。在我国，行政复议的基本法律依据是《中华人民共和国行政复议法》（以下简称《行政复议法》）。

24.1 行政复议范围

1. 可以申请行政复议的事项

行政复议保护的是公民、法人或其他组织的合法权益。行政争议当事人认为行政机关的行政行为侵犯其合法权益的，有权依法提出行政复议申请。根据《行政复议法》第6条的有关规定，在工程建设领域，建设工程行政纠纷当事人可以申请复议的情形通常包括：

（1）行政处罚。即当事人对行政机关作出的警告、罚款、没收违法所得、没收非法财物、责令停产停业、暂扣或者吊销许可证、暂扣或者吊销执照、行政拘留等行政处罚决定不服的。

（2）行政强制措施。即当事人对行政机关作出的限制人身自由或者查封、扣押、冻结财产等行政强制措施决定不服的。

（3）行政许可。包括：当事人对行政机关作出的有关许可证、执照、资质证、资格证等证书变更、中止、撤销的决定不服的，以及当事人认为符合法定条件，申请行政机关颁发许可证、执照、资质证、资格证等证书，或者申请行政机关审批、登记等有关事项，行政机关没有依法办理的。

（4）认为行政机关侵犯其合法的经营自主权的。

（5）认为行政机关违法集资、征收财物、摊派费用或者违法要求履行其他义务的。

(6) 认为行政机关的其他具体行政行为侵犯其合法权益的等等。

2. 不得申请行政复议的事项

根据《行政复议法》第 8 条规定,下列事项应按规定的纠纷处理方式解决,而不能提起行政复议:

(1) 行政机关的行政处分或者其他人事处理决定

当事人不服行政机关作出的行政处分的,应当依照有关法律、行政法规的规定(如《中华人民共和国国家公务员法》等)提起申诉。

(2) 行政机关对民事纠纷作出的调解或者其他处理

当事人不服行政机关对民事纠纷作出的调解或者处理,如建设行政管理部门对有关建设工程合同争议进行的调解、劳动部门对劳动争议的调解、公安部门对治安争议的调解等,当事人应当依法申请仲裁,或者向法院提起民事诉讼。

24.2 行政复议程序

根据《行政复议法》的有关规定,行政复议应当遵守如下程序规则:

1. 行政复议申请

当事人认为具体行政行为侵犯其合法权益的,可以自知道该具体行政行为之日起 60 日内提出行政复议申请,但法律规定的申请期限超过 60 日的除外。因不可抗力或者其他正当理由耽误法定申请期限的,申请期限自障碍消除之日起继续计算。

申请人对县级以上地方各级人民政府工作部门的具体行政行为不服的,申请人可以向该部门的本级人民政府申请行政复议,也可以向上一级主管部门申请行政复议。

2. 行政复议受理

行政复议机关收到复议申请后,应当在法定期限内进行审查。对不符合法律规定的行政复议申请,决定不予受理的,应书面告知申请人。根据《行政复议法》第 21 条规定,行政复议期间具体行政行为不停止执行。但是,有下列情形之一的,可以停止执行:

(1) 被申请人认为需要停止执行的;

(2) 行政复议机关认为需要停止执行的;

(3) 申请人申请停止执行,行政复议机关认为其要求合理,决定停止执行的;

(4) 法律规定停止执行的。

3. 行政复议决定

申请人可以查阅被申请人提出的书面答复、作出具体行政行为的证据、依据和其他有关材料,除法律规定不得公开的情形外,行政复议机关不得拒绝。行政复议过程中,被申请人不得自行向申请人和其他有关组织或者个人收集证据。

根据《行政复议法》第 28 条的规定,行政复议机关负责法制工作的机构应当对被申请人作出的具体行政行为进行审查,提出意见,经行政复议机关的负责人同意或者集体讨论通过后，按照下列规定作出行政复议决定：

（1）具体行政行为认定事实清楚，证据确凿，适用法律正确，程序合法，内容适当的，决定维持；

（2）被申请人不履行法定职责的，决定其在一定期限内履行；

（3）具体行政行为有下列情形之一的，决定撤销、变更或者确认该具体行政行为违法；决定撤销或者确认该具体行政行为违法的，可以责令被申请人在一定期限内重新作出具体行政行为：

1）主要事实不清、证据不足的；

2）适用依据错误的；

3）违反法定程序的；

4）超越或者滥用职权的；

5）具体行政行为明显不当的。

（4）被申请人不按照法律规定提出书面答复、提交当初作出具体行政行为的证据、依据和其他材料的，视为该具体行政行为没有证据、依据，决定撤销该具体行政行为。

《行政复议法》还规定，申请人在申请行政复议时，可以一并提出行政赔偿请求。行政复议机关对于符合法律规定的赔偿要求，在作出行政复议决定时，应当同时决定被申请人依法给予赔偿。

除非法律另有规定，行政复议机关一般应当自受理申请之日起 60 日内作出行政复议决定。行政复议决定书一经送达，即发生法律效力。申请人不服行政复议决定的，除法律规定为最终裁决的行政复议决定外，可以根据《行政诉讼法》的规定，在法定期间内提起行政诉讼。

行政诉讼，是指人民法院应当事人的请求，通过审查行政行为合法性的方式，解决特定范围内行政争议的活动。在我国，行政诉讼的基本法律依据是《中华人民共和国行政诉讼法》（以下简称《行政诉讼法》）。行政诉讼和民事诉讼、刑事诉讼构成我国基本诉讼制度。

行政复议与行政诉讼的基本关系是：除法律、法规规定必须先申请行政复议的以外，行政纠纷当事人可以自由选择申请行政复议还是提起行政诉讼。行政将纠纷当事人对行政复议决定不服的，除法律规定行政复议决定为最终裁决的以外，可以依照《行政诉讼法》的规定向人民法院提起行政诉讼。

25.1 行政诉讼受案范围

1. 应当受理的行政案件

《行政诉讼法》第11条规定："人民法院受理公民、法人和其他组织对下列具体行政行为不服提起的诉讼：

（1）对拘留、罚款、吊销许可证和执照、责令停产停业、没收财物等行政处罚不服的；

（2）对限制人身自由或者对财产的查封、扣押、冻结财产等行政强制措施不服的；

（3）认为行政机关侵犯法律规定的经营自主权的；

（4）认为符合法定条件申请行政机关颁发许可证和执照，行政机关拒绝颁发或者不予答复的；

（5）申请行政机关履行保护人身权、财产权的法定职责，行政机关拒绝履行或者不予答复的；

（6）认为行政机关没有依法发给抚恤金的；

（7）认为行政机关违法要求履行其他义务的；

（8）认为行政机关侵犯其他人身权、财产权的。"

2. 不予受理的行政案件

根据《行政诉讼法》第12条规定："人民法院不予受理公民、法人或者其他组织对下列事项提起的诉讼：

(1) 国防、外交等国家行为；

(2) 行政法规、规章或者行政机关制定、发布的具有普遍约束力的决定、命令；

(3) 行政机关对行政机关工作人员的奖惩、任免等决定；

(4) 法律规定由行政机关最终裁决的具体行政行为。"

25.2 行政诉讼程序

1. 行政诉讼证据的特别规则

行政诉讼证据的规则与民事诉讼证据规则有相近之处，但也有其自身的特别规则。根据《行政诉讼法》第31条、第32条规定，主要表现在：

(1) 民事诉讼举证责任分配的基本规则是"谁主张，谁举证"。而在行政诉讼中，被告对其作出的具体行政行为负有举证责任，并应当提供该具体行政行为的证据和所依据的规范性文件。

(2) 在行政诉讼中，行政诉讼证据主要是在作出具体行政行为程序中已产生或确定的证据，并主要由被告提供。在诉讼过程中，被告不得自行向原告和证人收集证据。

2. 起诉和受理

(1) 起诉

公民、法人或者其他组织(原告)提起行政诉讼，应当在法定期间内进行，具体包括：

1) 除法律另有规定的以外，行政复议申请人不服行政复议决定，可以在收到行政复议决定书之日起15日内向法院提起诉讼。行政复议机关逾期不作决定的，申请人可以在复议期满之日起15日内向法院提起诉讼。

2) 不申请行政复议，直接向法院提起行政诉讼的，除法律另有规定的以外，应当在知道作出具体行政行为之日起3个月内提出。

此外，根据《行政诉讼法》和《中华人民共和国国家赔偿法》的有关规定，原告认为其合法权益受到行政机关或其工作人员作出的具体行政行为侵犯造成损害，有权在提起行政诉讼时一并提出。

(2) 受理

根据《行政诉讼法》第42条及相关规定，人民法院接到起诉状，经审查，应当在7日内立案或者作出裁定不予受理。原告对裁定不服的，可以在裁定送达之日起10日内提起上诉。

3. 审理和判决

根据《行政诉讼法》的规定，行政诉讼期间，除法律规定的情形外，不停止具体行政行为的执行。法院审理行政案件，不适用调解。

人民法院审理行政案件，应主要对具体行政行为是否合法进行审查。根据《行政诉讼法》第 54 条的规定，人民法院经过审理，根据不同情况，分别作出如下判决：

（1）具体行政行为证据确凿，适用法律、法规正确，符合法定程序的，判决维持。

（2）具体行政行为有下列情形之一的，判决撤销或者部分撤销，并可以判决被告重新作出具体行政行为：

1）主要证据不足的；

2）使用法律、法规错误的；

3）违反法定程序的；

4）超越职权的；

5）滥用职权的。

（3）被告不履行或者拖延履行法定职责的，判决其在一定期限内履行。

（4）行政处罚显示公平的，可以判决变更。

当事人不服第一审判决的，有权在判决书送达之日起 15 日内提起上诉。第二审判决、裁定，是终审判决、裁定。当事人对已经发生法律效力的判决、裁定，认为确有错误的，可以提出申诉，申请再审，但判决、裁定不停止执行。

4. 执行

《行政诉讼法》第 65 条规定，当事人必须履行人民法院发生法律效力的判决、裁定。原告拒绝履行判决、裁定的，被告行政机关可以向第一审法院申请强制执行，或者依法强制执行。被告行政机关拒绝履行判决、裁定的，第一审法院可以采取以下措施：

（1）对应当归还的罚款或者应当给付的赔偿金，通知银行从该行政机关的账户内划拨；

（2）在规定期限内不履行的，从期满之日起，对该行政机关按日处以罚款；

（3）向该行政机关的上一级行政机关或者监察、人事机关提出司法建议。接受司法建议的机关，根据有关规定进行处理，并将处理情况告知人民法院；

（4）拒不履行判决、裁定，情节严重构成犯罪的，依法追究主管人员和直接责任人员的刑事责任。

主要参考文献
References

[1] 建设部政策法规司. 建设法律法规. 北京：中国建筑工业出版社，2002.

[2] 建设部政策法规司，人事教育司. 建设行政管理人员法律知识读本. 北京：中国建筑工业出版社，2001.

[3] 何佰洲. 建设工程合同实务指南. 北京：知识产权出版社，2002.

[4] 何佰洲. 建设工程行政管理人员法律知识读本使用指南. 北京：中国建筑工业出版社，2002.

[5] 何佰洲. 全国一级建造师执业资格考试用书. 建设工程法规及相关知识(第二版). 北京：中国建筑工业出版社，2010.

[6] 雷胜强. 建设工程招标投标实务与法规、惯例全书. 北京：中国建筑工业出版社，2000.

[7] 雷胜强. 国际工程风险管理与保险. 北京：中国建筑工业出版社，2002.

[8] 何红锋. 工程建设中的合同法与招标投标法. 北京：中国计划出版社，2002.

[9] 孔祥俊. 担保法例解与适用. 北京：人民法院出版社，2000.

[10] 何佰洲. 建设法律概论. 北京：中国建筑工业出版社，1999.

[11] 建设部. 建设法规教程. 北京：中国建筑工业出版社，2002.

[12] 卫明. 建筑工程施工强制性条文. 北京：中国建筑工业出版社，2002.

[13] 建设部标准定额司. 工程建设标准强制性条文辅导教材. 北京：中国计划出版社，2001.

[14] 贵立义，林清高. 经济法概论. 大连：东北财经大学出版社，2002.

[15] 何红锋. 建设工程合同签订与风险控制. 北京：人民法院出版社，2007.

[16] 李欣宇，隋平.《中华人民共和国劳动合同法》精解. 北京：中国政法大学出版社，2007.

[17] 林镥海. 建设工程施工合同施法解释操作指南. 北京：法律出版社，2005.